GOLDMANN
ESOTERIK

Buch

Im gleichen Flugzeug, mit dem Piet Bogner im Papua-«Land» ankommt, befindet sich der Leichnam eines jungen Mannes, der bei einem Streit ums Leben kam und nun in sein Heimatdorf gebracht wird. Bogner wundert sich, daß die vielen Menschen, die den Toten nach Hause geleiten, sich so seltsam gebärden und ihn, den Europäer, auf eine ganz sonderbare Art anstarren. Bogner wird eingeladen, im Heimatdorf des Toten an den Abschieds- und Begräbniszeremonien teilzunehmen. Im Dorf wird die Situation immer unheimlicher: Die Komongu stieren den Fremden an wie hypnotisiert. Als der den Leichnam in der Pappkiste sieht, ist Bogner plötzlich klar, warum sich die Dorfbewohner so rätselhaft benehmen: Der Tote sah ihm zum Verwechseln ähnlich. Einziger Unterschied – der Papua namens Raimond hatte dunkle Haut. Die Komongu glauben, daß Raimond als Weißer wiedergeboren und zurückgekehrt ist. Sie nehmen Bogner als «weißen Papua» in ihren Stamm auf und initieren ihn in ihre Rituale und Geheimnisse.

Autor

Piet Bogner, 1945 in München geboren, lebt dort als freiberuflicher Völkerkundler und Papua-Forscher. Seit 1972 führte er neun Feldforschungen in beiden Teilen Neuguineas durch. Ergebnisse seiner Forschungsarbeiten wurden bisher in zahlreichen Publikationen sowie in mehreren Sachbüchern veröffentlicht. Der Bayerische Rundfunk hat mehrfache von Piet Bogner gestaltete Sendungen über Musik und Kultur der Naturvölker ausgestrahlt.

Piet Bogner

Die Ahnen rufen

*Ein Weißer
erlebt seine Wiedergeburt
als Papua*

GOLDMANN VERLAG

Alle Karten, Skizzen und Zeichnungen sind aus der Feder von Piet Bogner für seine Feldstudien in Papua-Neuguinea. Sie ersetzen zum Teil die Fotos der im Walter Verlag erschienenen Erstausgabe. Die Zeichnungen der Kapitelvorsätze stellen ein Frauenhaus der Komongu dar, die im Kolumnentitel ein Männerhaus.

Der Goldmann Verlag
in ein Unternehmen der Verlagsgruppe Bertelsmann

Made in Germany · 2/88 · 1. Auflage
Genehmigte Taschenbuchausgabe

Umschlaggestaltung: Design Team München
Druck: Elsnerdruck, Berlin
Verlagsnummer: 11819
Herstellung: Gisela Ernst
Lektorat: Michael Görden
ISBN: 3-442-11819-0

Rumba-Guri und dem Komongu-Stamm

Inhalt

Wissen wollt Ihr und handeln,
und keiner fragt sich:
Was bin ich für ein Gefäß zum Gehalt?
Was für ein Werkzeug zur Tat?
GOETHE

Prolog

Dieses Buch beschreibt ein außergewöhnliches Erlebnis: Ich kam 1977 zum drittenmal als Forscher nach Papua-Neuginea, wurde dort vom Stamm der Komongu als Wiedergeborener «erkannt» und in einen Sippenverband aufgenommen. Ich ließ mich integrieren, lebte als Papua unter Papuas, denn *selbst alles miterleben ist das Fundament echter Kenntnis.* So konnte ich Mentalität, Denk- und Verhaltensweisen im direkten Kontakt intensiv kennenlernen. Die aufregendste, geheimnisvollste Erfahrung war meine Freundschaft zu einem alten Medizinmann. Er hat mir eine Tür geöffnet, hinter der mir eine andere Wirklichkeit begegnete.
Ich habe versucht, meine – naturgemäß subjektiven – Erlebnisse, Einblicke und Erkenntnisse so exakt wie möglich zu schildern und wünsche mir, daß mein Buch dazu beiträgt, Vorurteile gegenüber anders denkenden Menschen abzubauen, sie besser zu verstehen, sie zu achten und zu respektieren. Denn Überheblichkeit steht uns schlecht an: Menschen in anderen Kulturkreisen – ob schwarz, weiß, rot oder gelb – sind nicht «besser» und nicht «schlechter» als wir.
Im April 1978 kehrte ich zu den Komongu zurück und setzte die Aufzeichnungen über das Leben der Bergpapuafrau Okani fort (als Buch ebenfalls im Walter-Verlag erschienen unter dem Titel «In der Steinzeit geboren. Eine Papuafrau erzählt»). «Meine» Sippe glaubte, daß ich mir mit Hilfe dieser Arbeit mein erstes, mein vergessenes Leben ins Gedächtnis zurückrufen wolle.
«Wann kommst du wieder?» fragten sie mich, als ich abreisen mußte.
«Vielleicht in einem Jahr», antwortete ich.
«Wieviele Monde sind das?»

«Zwölf.»

Noch gaben sie sich scheinbar mit meiner Antwort zufrieden.

1979 kam ich wieder und beendete die Okani-Biographie. Mein Aufenthalt in der Sippe war von Spannungen gekennzeichnet. Die Erwartungen, daß ich ihnen Wohlstand und Reichtum bringe, wurden offen und massiv zum Ausdruck gebracht. Viele von ihnen verstanden es nicht und waren enttäuscht, als ich ihnen erklärte, daß ich nicht in der Lage bin, ihre materiellen Wünsche zu erfüllen. Nur Guri und Okani stellten mir nie eine derartige Frage. Sie waren es auch, die die entstehenden Spannungen schließlich neutralisieren konnten.

Mein aufrichtiger Dank gebührt dem Linguisten Oswald Zaumsegel, der mir seit Beginn meiner Feldforschungsarbeiten im Siane-Gebiet bei allen sprachlichen Schwierigkeiten eine unschätzbare Hilfe war.

Piet Bogner

I. Teil:
Meine Wiedergeburt

Die alte Fokker 28 hüpft wie ein fliehendes Känguruh und setzt mit quietschenden Reifen auf der Landebahn auf. Wieder haben wir unseren Ausgangspunkt Goroka, die Landeshauptstadt der Eastern Highland Province von Papua Neuguinea, erreicht. «Bye, bye!» ruft uns die schlanke, pechschwarze Lissy nach, als wir die kleine Gangway passieren. Die hochgewachsene Schönheit, umhüllt von einem bunt gemusterten Paradiesvogelkleid, stammt von der Insel Bougainville. Sie fliegt seit drei Jahren als Stewardeß bei der Air Niugini.

«Aaiyee, aaiyee – yee – yee!» dringt schrilles Klage- und Trauergeschrei zu uns, eine melancholische Begrüßung, mit der wir nicht gerechnet haben.

Vor dem kleinen Flugplatzgebäude warten wir auf unser Gepäck. Hinter der Rollfeldumzäunung und im Wartesaal stehen dichtgedrängt weinende Papuafamilien. Weit über hundert Menschen. Für Sekunden starren mich unzählige Augenpaare an, fragend, zweifelnd und irgendwie entgeistert. Noch nie in meinem Leben habe ich mich so beobachtet gefühlt wie in diesen Augenblicken.

«Warum starren dich alle so an?» flüstert Anja. «Wollen sie etwas von dir?»

«Keine Ahnung. Ich finde das auch sehr merkwürdig», sage ich achselzuckend und zünde eine Zigarette an. Unauffällig, nur aus dem Augenwinkel, beobachte ich die Einheimischen, die links und rechts von uns am Gitter warten.

Gruppenweise verschwinden sie für kurze Zeit hinter dem Gebäude. Mit triefend nassen, lehmverschmierten Gesichtern stehen sie plötzlich wieder heulend neben uns. Unbehagen steigt in uns hoch. Endlich kommen unsere Kisten zum Vorschein. Die erste, die zweite. Wo bleibt die dritte?

Es folgen ein großer unförmiger Sack, einige Gemüsebündel und Reissäcke, schließlich unsere dritte Alu-Kiste. Wir atmen auf. Unsere Ausrüstung ist komplett. Zwei Papua-Männer schleppen sie zum nahestehenden Gepäckkarren.

Wieder und noch lauter «aaiyee, aaiyee» schlägt uns die Woge hysterisch kreischenden Trauergesangs entgegen. Im selben Moment zerren die beiden Gepäckträger eine lange braune Pappkiste aus der Ladeluke der Maschine.

Nun ist alles klar. Die Trauergemeinschaft hat den Leichnam erwartet, den sie zurückbringen wird in seine Heimat, irgendwohin in ein Dorf, vielleicht jenseits der Berge.
Alles klappt wie verabredet. Buka, der «Chef der Mud Men», unser alter Bekannter aus dem Asaro-Tal, seit vier Jahren Ambulanzwagenfahrer, bringt uns ins nahe Hospital, das uns seit Jahren als Hauptbasislager für unsere Expeditionen dient. Mit einer jungen Oberschwester aus Rabaul teilen wir das kleine Gästehaus, das der Regierung gehört. Auf dem Campingtisch liegt ein Zettel: Herzlich willkommen! Wir sehen uns gegen 19 Uhr zum Dinner. Dr. Taureka.
«Dann nichts wie an die Arbeit», rufe ich Anja zu. «Wenn wir morgen nach Rurape wollen, müssen wir noch heute unsere Kisten ‹buschfertig› machen.»
Es klopft an unsere Tür. Eine breitnasige Krankenschwester tritt zögernd ein. Ihr Aussehen läßt mich sofort auf ihre Herkunft schließen. Sie muß eine Hochländerin sein. Ihr Gesicht wirkt grob. Obschon ihre Lippen nicht wulstig sind, scheint ihr Mund groß. Ihre schwarzen buschigen Brauen betonen die großen, tiefliegenden Augen. Das spiralig-krause Haar verleiht ihrem Schädel ein massiges Aussehen. Sie ist mittelgroß und von halbschlankem, kräftigem Körperbau.
Ich habe sie eine Weile stumm betrachtet, ehe ich frage:
«Ja bitte, was ist?»
«Sori tumas.» Sie stockt plötzlich. Mit offenem Mund starrt sie mich an.
Ich denke an die unvergeßlichen Blicke am Flugplatz – sie drückten das gleiche aus – Unsicherheit, Angst, Zweifel. Dann stottert sie:
«Dr. Tau... Dr. Taureka hat mich hergeschickt, er...»
«Ich weiß, wir sollen heute abend zum Dinner kommen», sage ich und nicke. Energisch schüttelt sie ihren wolligen Kraushaarkopf.
«Nein, es ist etwas ganz anderes. Er sagte, ihr würdet euch dafür interessieren...» Wieder unterbricht sie sich. Ihre Augen scheinen meine Seele zu berühren. Schon früher habe ich in diesem Land bisweilen das Gefühl gehabt, so angesehen zu werden. Ihr Blick trifft mich tief, seine Intensität und Durchdringlichkeit lösen unbeschreibliche Empfindungen in mir aus.
«Um was geht es denn?» frage ich verwundert.

Hörbar senkt und hebt sich ihr Atem. Mit ungewöhnlich hoher Stimme antwortet sie langsam:
«Willst – du – mitkommen zum Toten-Singsing? Mein Bruder...», sie heult auf, wirft sich vor meine Füße und umklammert sie. Ein Weinkrampf schüttelt ihren Körper. Sie stammelt: «Raimond, dai pinis – Raimond ist tot.»
Anja versucht sie zu trösten. Langsam steht das Mädchen wieder auf, läßt den Kopf hängen, reibt sich mit beiden Händen die Tränen aus dem Gesicht und sagt leise:
«Sori, sori, mi sori tumas. Meine Leute vom Dorf haben mich heute morgen verständigt. Sie sagen, du bist mit meinem toten Bruder zurückgekommen. Sie glauben...», wieder fängt sie an zu schluchzen, «sie meinen, Raimond ist als Weißer wiedergekommen.»
Mein Blick wandert zu Anja, die nachdenklich ihre Stirn runzelt. Ohne auf diese paradoxe Aussage einzugehen, frage ich:
«Hat dein Bruder unten an der Küste gearbeitet?»
«Ja, seit gut einem Jahr. Er war auf einer Plantage bei Port Moresby.»
«Ist er krank geworden?»
«Nein.»
«War es ein Unfall?»
«Er hatte Streit. Meine Eltern wurden vor einigen Tagen zusammen mit dem Dorfcouncil nach Goroka gerufen. Sie mußten sich im Polizeihauptquartier melden. Dort wurde ihnen der Vorfall aus dem Polizeirapport vorgelesen.»
«Und wie kam es zu dieser Auseinandersetzung?»
«Raimond bekam großen Ärger mit einem Bena Bena-Mann. Eine dumme Mädchensache, weißt du. Das Ganze spielte sich auf einer Party unten am Koki-Markt ab. Raimond war mit Freunden bei wantoks in einer der vielen Fischerhütten eingeladen. Es wurde getanzt, gesungen und viel Bier getrunken. Dann kam das mit dem Mädchen. Beide wollten sie es haben. Dem Mädchen war das egal. Es wollte nur Geld.»
«Wieso Geld?» frage ich erstaunt.
«Es war eine pus pus meri, eine Prostituierte. Jedenfalls kam es zu einer hitzigen Auseinandersetzung. Raimond prügelte sich mit dem Bena Bena-Mann. Als der Kampf immer heißer wurde, versuchten

die wantoks, die beiden zu trennen, was ihnen nach einiger Zeit auch gelang. Es wurde weitergetanzt, -gesungen und -getrunken. Dann – niemand dachte mehr an Streit – passierte es. Der Bena Bena-Mann stürzte plötzlich auf Raimond und stach ihn mit einem Messer nieder. Mein Bruder muß sofort tot gewesen sein, meint die Polizei.»

Sie unterbricht ihre Erzählung. Verheulte, mattglänzende Augen starren mich verzweifelt an.

«Das war vor zwei Wochen», fährt sie mit verhaltener, fast tränenerstickter Stimme fort. «Raimond lag bis gestern in der Eisbox im Hospital in Port Moresby. Die Sippe des Mörders mußte erst das Geld für die Leichenüberführung aufbringen.»

Erst jetzt merke ich, daß ihre Hand meine fest umklammert. Anscheinend sind wir uns beide des unbewußten Kontakts bewußt geworden, wie in einer Reflexhandlung lösen sich unsere Hände voneinander. Nervös beginnt sie an ihrem Schwesterhäubchen zu fingern. Eine Haarklammer fällt auf den Boden. Wir bücken uns gleichzeitig, stoßen mit den Köpfen zusammen und reiben gleichzeitig unsere Stirnen.

Unsere Blicke treffen sich – wir fangen an zu lachen. Das erste Lachen, das ich an diesem Menschen sehe. Ein offenes, kindliches Lachen, doch nur für wenige Augenblicke. Als würde ein Rolladen heruntergelassen, verwandelt sich ihr Gesichtsausdruck: Melancholie und Trauer kehren zurück.

«Wie heißt du eigentlich?»

«Hellen, sister Hellen.»

«Das ist meine Frau Anja, und ich heiße Piet.»

Sie nickt, schaut auf ihre Armbanduhr.

«Aber jetzt muß ich wieder zurück auf die Krankenstation.

John, mein Bruder, bringt mich morgen ins Dorf. Kommst du mit?»

Ich zögere, überlege, schaue Anja an, – schließlich:

«Ja, wir kommen mit.»

Wortlos geht sie.

Eigentlich wollten wir unsere Stammesmonographien im Siane-Gebiet fortsetzen. Okani und Oswald erwarteten uns bereits. Jetzt diese sonderbare Trauergeschichte. Und wir wissen nicht einmal, wo, in welchem Dorf überhaupt die Beerdigung stattfinden wird.

Schweigend, von den merkwürdigen Geschehnissen beeindruckt, machen wir uns an die Arbeit. Das Umpacken, Ergänzen und Neuzusammenstellen der Ausrüstung nimmt den ganzen Nachmittag in Anspruch.

Wir machen uns auf den Weg zu Dr. Taureka. Gleich hinter dem Krankenhaus liegt eine weiträumige Siedlung – Goroka West –, in der Dr. Taureka ein schlichtes Holzhaus bewohnt. Daneben befindet sich das Office der Swiss Mission, einer der vielen Religionsgemeinschaften, die sich in Goroka niedergelassen haben. Schräg über die Straße das kleine freistehende Feuerwehrhaus der Stadt.

Wir werden erwartet. Das Wiedersehen mit Dr. Taureka ist herzlich. Er war uns schon vor zwei Jahren ein wichtiger Informant in Sachen Ethno-Medizin gewesen, und unsere Arbeit interessierte ihn sehr. Besonders unsere Aufzeichnungen über das Leben der Bergpapuafrau Okani haben ihn neugierig gemacht.

Dr. Taurekas Mitteilungsbedürfnis ist groß. Nach gut einer Stunde nutze ich die Gelegenheit, er sucht seinen Pfeifenstopfer, ihn zu unterbrechen.

«Was halten Sie von der ganzen Sache, Dr. Taureka?»

«Von welcher?»

«Wir sind heute morgen mit einem Toten angekommen.»

«Ach, das meinen Sie. Na, es fliegen immer wieder mal Tote in der Gegend herum. Das klingt zwar merkwürdig, aber Leichenüberführungen sind nichts Ungewöhnliches – auch hier nicht. Übrigens in diesem Zusammenhang – hat Schwester Hellen euch Bescheid gesagt?»

Wir nicken.

«Und geht ihr mit?»

«Ja, wir werden morgen zusammen mit Schwester Hellen und ihrem Bruder ins Dorf fahren.»

«Großartig, ich wußte doch, das ist etwas für euch. Heute früh im OP hatte ich Hellen als Assistenzschwester. Sie erzählte mir die tragische Geschichte von ihrem Bruder. Soll ja ein recht anständiger, fleißiger Kerl gewesen sein. Schade um ihn. Was doch nicht alles im Suff auf dieser Welt passiert.»

«Besonders in diesem Teil der Insel», füge ich leise hinzu.
Nachdenklich rückt Dr. Taureka seine Brille zurecht, nickt einige Male und meint ernst:
«Da haben Sie ein Kernproblem angesprochen. Ehrlich gesagt, ich schäme mich für meine Nation. Wir Australier haben viele Fehler gemacht – doch das war vielleicht der größte. Wir hätten niemals das Bier nach Niugini bringen dürfen. Doch die Geschäftsinteressen stehen über allem. Es gibt viele skrupellose Geschäftemacher, die keine ethischen Werte kennen. Sie fragen nicht, ob etwas gut oder schlecht für ein Volk ist. Wichtig ist nur der Umsatz, die Kasse muß stimmen. Wie es gemacht wird, ist im Grunde egal. Hauptsache, der Absatzmarkt floriert. Und das tut er in der Tat! Der Bierkonsum steigt jährlich, und die Regierung hierzulande verdient dabei nicht schlecht. – Über Maßnahmen zur Eindämmung des Alkoholmißbrauchs wird zwar in staatlichen und kirchlichen Institutionen gesprochen, aber es wird nichts Konkretes getan. Sicherlich spielen dabei finanzpolitische Überlegungen eine Rolle, denn das Problem als solches könnte durch ein generelles Alkoholverbot sofort gelöst werden.»
«So, wie es im anderen Teil der Insel, in Irian Jaya, seit zwei Jahrzehnten praktiziert wird», ergänze ich.
«Das ist richtig.
Sehen Sie, allein im medizinischen Bereich sind die Belastungen – wegen des Alkoholismus' – enorm gestiegen. Gut ein Viertel der gesamten Heilversorgung – das Beispiel gilt nur für die Eastern Highland Province – ist auf Unfälle durch Alkoholeinwirkung zurückzuführen. Die Zahl der Alkoholiker nimmt ständig zu. Fälle von Toxikose mit Erblindung, hervorgerufen durch Methylalkohol oder Brennspiritus, sind keine Seltenheit mehr.
Einen sehr makabren Fall habe ich erst kürzlich im wahrsten Sinne des Wortes überlebt. Es war letzte Woche an einem Abend. Ich hatte ein Meeting mit meinen Medizinstudenten, als ich dringend zur Hospitalpforte gerufen wurde. Ich lief sofort hinunter. Bereits im Flur hörte ich das wüste Geschrei eines Betrunkenen. Er stand vor dem Office und beschimpfte durch das Türfenster den Nachtpförtner. Seine rechte Hand hielt drohend ein Buschmesser, die andere

umklammerte einen gelben Reissack. Zwischen ihm und der Office-Tür lag ein voller, total verdreckter Kaffeesack. Ich stutzte, traute meinen Augen nicht. Aus dem Sack sickerte Blut! Im selben Moment bemerkte der Betrunkene mich und kam auf mich zu. Er drückte mir den Reissack in die Arme und meinte, ich solle die Sache sofort wieder in Ordnung bringen, sonst... Verdutzt öffnete ich den Sack und ließ ihn im nächsten Augenblick fallen. – Bei Gott, ich habe bestimmt schon viel gesehen, doch auf das war ich nicht gefaßt. Im Reissack lag der abgetrennte Kopf einer Frau.»
Uns schaudert. Ich merke, wie Anja Gänsehaut bekommt. Ich zünde hastig eine Zigarette an.
«Die Geschichte ist noch nicht zu Ende», erzählt Dr. Taureka weiter: «Ich hatte mich sehr schnell wieder gefangen und erklärte, ich werde alles in Ordnung bringen. Mein Zureden beschwichtigte den unheimlichen Gast. Ich ging ins Office, verständigte unauffällig die Polizei und verwickelte ihn in ein Gespräch. Ohne Mühe konnte der Mann festgenommen werden. – Auf meine Frage, wie das passiert war, meinte der Betrunkene, ein Chimbu-Mann, die Frau sei ihm am Daulo-Paß ins Auto gelaufen und habe dabei ihren Kopf verloren!»
Wir schütteln ungläubig die Köpfe.
«Das ist noch nicht alles», sagt Taureka. «Die Polizei schickte am nächsten Morgen einen Streifenwagen der Highway-Patrol an den beschriebenen Unfallort. Nach längerem Suchen fanden die Polizisten etwa zehn Meter unterhalb der Hochlandstraße am steilabfallenden Hang zwei Kinder, ein Baby und ein etwa fünfjähriges Mädchen. Beide waren tot.»
Die Sirene eines Ambulanzwagens läßt uns aufhorchen. «Es wird Arbeit geben», stellt Dr. Taureka lakonisch fest.
Kurz darauf wird er zu einer Notoperation gerufen.

Nach einer knappen Stunde kehrt der Arzt zurück.
«Es war eine Pfeilspitze», erzählt er. «Der Bursche hatte Glück. Es wurden keine lebenswichtigen Organe verletzt. Allerdings war es eine schreckliche Arbeit. Die Spitze glitt am Rippenbogen ab, dabei brachen zwei dieser scheußlichen Widerhaken ab. Mit der Pinzette

mußte ich eine Menge kleiner Holzsplitter entfernen, denn die Pfeilspitze war uralt und verräuchert.
«Sie sind um Ihre Arbeit wirklich nicht zu beneiden», denke ich, und Anja spricht es aus.
«Halb so schlimm», winkt Dr. Taureka lachend ab. «Okay, zur Zeit können die Tage etwas länger werden, da wir nur zu zweit im Hospital sind. Bill hat in dieser Woche keine Nachtbereitschaft, zudem vertrete ich den Chefarzt. Da kann es schon mal etwas turbulent werden. Aber was soll's, dafür bin ich ja schließlich hier.»
«Entschuldigen Sie, Dr. Taureka, etwas ganz anderes. Was steckt eigentlich hinter dieser geheimnisvollen ‹kuru›-Krankheit? Wir haben schon manches darüber gehört, doch im Grunde wissen wir nichts Konkretes.»
«Oh ja, das ist ein sehr umfassendes und interessantes Thema. Ich will versuchen, es kurz zu umreißen.
Vor rund 25 Jahren begann der Amerikaner Dr. Carleton Gajdusek das Zitterleiden zu erforschen. Das war beim Fore-Stamm. Die Einheimischen nannten diese Krankheit ‹kuru›, den ‹lachenden Tod›. Sie trat nur bei den Fore-Leuten im östlichen Hochland von Neuguinea auf. Gajdusek beschreibt das äußere Erscheinungsbild dieser Krankheit so: Etwa neun Monate nach der Infizierung zeigt sich das erste Krankheitssymptom, das Zittern. Dabei bleibt der Kranke fieber- und schmerzfrei. Das Zitterleiden steigert sich von Woche zu Woche. Allmählich gerät die Gesichtsmuskulatur außer Kontrolle und läßt den Erkrankten als stets lächelnd erscheinen. Nach und nach verliert der Körper die gesamte Muskelkontrolle. Das bedeutet im einzelnen: Gehunfähigkeit, starre Augäpfel, Verlust der Sprache; man kann nicht mehr essen, weil man unfähig ist zu schlucken. Folge: Der Patient verhungert.
Für Gajdusek stand fest, die Ursache dieser schrecklichen Krankheit muß sich im Kopf befinden. Er untersuchte das Gehirn vieler toter ‹kuru›-Patienten. Dabei stellte er fest, die Nervenzellen des Kleinhirns waren alle zerstört. Doch was war die Ursache? Die Untersuchungen gingen weiter. Gajdusek suchte fieberhaft nach dem Krankheitserreger.
Nach fast zwei Jahrzehnten hartnäckiger Forschungsarbeit machte

Gajdusek die sensationelle Entdeckung – er fand ein Bakterium, das etwa zehnmal kleiner als der kleinste bisher bekannte Virus war. Weitere Experimente brachten ihm den Beweis, daß dieser neuentdeckte Virus sich in Zellkulturen züchten läßt und somit übertragbar ist.
Gajdusek hatte es geschafft, der seltsamen Krankheit ‹kuru› auf die Spur zu kommen. Es war meines Wissens übrigens die erste Krankheit, bei der der neuartige Erregertyp als Ursache identifiziert wurde. Er nannte seine Neuentdeckung ‹Slow Viruses›, ‹langsame Viren›, denn dieser Virus bewirkt eine langsame unaufhaltsame Hirnschädigung. Für seine Entdeckung, die weltweite Anerkennung fand, bekam er 1976 den Nobelpreis. – Gajdusek vermutet sogar, daß die Parkinsonsche Krankheit, die Scrapie oder die Multiple Sklerose in engem Zusammenhang mit seinem neuentdeckten ‹slow virus› stehen.»
«Und wie kam es zur Infizierung bei den Fore?»
«Nun, es ist kein Geheimnis, daß die Fore Kannibalen waren. Gemäß der Sitte des Stammes wurden die Toten in Erdöfen gegart und verspeist. Gajdusek hat das in einigen seiner Studien auch festgehalten. Er ging unter anderem der Frage nach, warum überwiegend Frauen und Kinder Opfer dieser heimtückischen Krankheit wurden. Er fand in den Fore-Dörfern sehr bald die Antwort. Sozusagen in der geschlechtlichen Arbeitsteilung hatten stets die Frauen die Aufgabe, das Trauermahl zu kochen. Und da die Hirnmasse der Toten bei den Fore als besondere Nahrung angesehen wurde, wurde sie auch von den Frauen zubereitet. Jetzt stellte sich die Frage, wie kam der Erreger in die Blutbahn, denn es stand fest, daß er bei bloßem Hautkontakt ungefährlich blieb. Doch die Übertragung geschah auf die denkbar einfachste Art. Wir alle kennen den Hygienezustand der Einheimischen im Busch, sie waschen sich so gut wie nie. Sie haben kleine offene Wunden, häufig Furunkel, – Sie wissen ja, die vielen Insektenstiche. Das war der einfachste Weg, wie dieser Erreger, der sich zunächst nur in der Hirnmasse der ‹kuru›-Toten befand, in die Blutbahn kam. Da die Frauen gerade die Hirnmasse mit ihren Händen zu einer breiartigen Speise zubereiteten, aber auch mit denselben Händen ihre Kinder an die Brust nahmen oder ihnen Geschwüre ausdrück-

ten, liegt es auf der Hand, daß sich gerade Frauen und Kinder mit diesem Virus infizierten. Anfang der sechziger Jahre gingen die ‹kuru›-Erkrankungen schlagartig zurück, denn die Regierung verbot die Menschenfresserei und überwachte ihre Anweisungen. Die Toten mußten begraben werden. Bis heute wurden nur noch vereinzelt ‹kuru›-Fälle registriert. Der ‹lachende Tod› wird bald ganz ausgestorben sein. – Dafür kennt die Welt einen neuen tödlichen Virus, der in Neuguinea gefunden wurde, jedoch weltweit verbreitet sein kann – wenn sich Gajduseks Vermutungen im Zusammenhang mit Parkinsonscher Krankheit, Scrapie oder Multipler Sklerose bewahrheiten.»
Die Nacht ist kurz geworden, und wir verabschieden uns von Dr. Taureka.

Sieben Uhr morgens. Am Airport startet die erste Maschine. Vor dem Haus hupt es. Schwester Hellen steht vor der Tür.
«Fertig? Wir können fahren.»
«Ja, soweit alles klar. Hol deinen Bruder», bitte ich Hellen. «Er könnte mir helfen, die Kisten aufzuladen.»
«Good morning, Master.»
Ich schaue auf. Ein entgeistertes Gesicht starrt mich an. Nervöses Zucken. Furcht und Unsicherheit liegen in seinen Augen.
«Good morning, brother John», spreche ich ihn an. «Willst du mir helfen?»
Wortlos, den Kopf gesenkt, packt er eine Alukiste, stemmt sie auf seine breite Schulter und geht. Kehrt zurück, holt die anderen zwei Kisten.
Mit einem alten Toyota-Pritschenwagen fahren wir auf der Hochlandstraße Richtung Westen. Zwischen Kaffeesäcken sitzen wir gut gepolstert, so daß wir die unzähligen Schlaglöcher kaum spüren.
Nach einer halben Stunde erreichen wir die Regierungs- und Polizeistation Asaro. John kauft sich einige Betelnüsse, die am Straßenrand zu je fünf Stück angeboten werden. Hellen steigt aus und ruft:
«Es ist besser, ihr kommt vorne rein. Am Daulo wird es kalt. Ich komme hinten mit der Plane gut zurecht.»
Schnell wechseln wir die Plätze. Dann geht die Fahrt weiter. Links

neben mir sitzt Anja. Sie hält mit einem Ledergürtel die defekte Tür fest, damit sie nicht jedesmal aufspringt, wenn wir über ein Schlagloch fahren. Rechts von mir sitzt John, betelnußkauend und rauchend. Sein schwarzer, verstaubter Filzhut gibt ihm ein verwegenes Aussehen. Seine großen nackten Füße bedienen nervös die Pedale.

«Ist das dein Auto?» frage ich.

John räuspert sich, spuckt einen dünnen Betelsaftstrahl zwischen den Zähnen zum Fenster hinaus und antwortet: «Nein, ich bin nur der Fahrer. Der Wagen gehört der großen Asaro Coffee Company.»

«Arbeitest du dort?»

«Ja, etwa drei Monate im Jahr. Ich fahre während der Kaffee-Ernte. Es ist ein guter Job.»

Ich deute auf die angezogene Handbremse.

«Bagarap bruk pinis, kaputt», ist seine knappe Antwort.

Nicht gerade gemütlich! Lieber würde ich auf einem Stein sitzen oder sonstwo, als ausgerechnet auf einer Spiralfeder, die aus dem zerrissenen Plastikbezug unablässig mein Hinterteil bearbeitet.

Ein schwerer Truck kommt uns entgegen. Mit beiden Händen drükke ich gegen die Windschutzscheibe – Steinschlaggefahr! Im nächsten Augenblick werden wir von einer riesigen Staubwolke eingehüllt. Durch unzählige Ritzen dringt der feine Staub in den Innenraum. Die Augen brennen, Hustenreiz, es ist unangenehm.

Vor uns fährt ein vollbesetzter Kleinlaster. Eine Bierflasche rollt uns entgegen – zerbricht. John weicht aus, schleudert, fängt gut ab und liegt wieder in der Spur. Er hupt wie verrückt, schimpft, hält dabei drohend seine rechte Hand zur Faust geballt aus dem Fenster. Der Wagen vor uns biegt links ab, mit ihm verschwindet die Grölerei, Ausdruck der South-Pacific-Lager-Beer-Laune.

Langsam, oft ruckartig wie eine störrische Ziege, nimmt der Wagen die Steigung der ersten Serpentine. Wir staunen nicht schlecht – wir fahren in «unser» Gebiet! Im Schrittempo schiebt sich das Auto den Daulo-Paß hinauf. Dem Klang nach läuft der Motor nur noch auf drei Zylindern.

In der nächsten Kehre passieren wir eine verlassene Unfallstelle. Die Schnauze eines Lastwagens hat sich etwa einen Meter tief in die rote Lehmwand des Hangabstiches gebohrt. Der Motorblock steht im

völlig zerquetschten Führerhaus. Der Gedanke an die Insassen läßt mich schaudern.
«Das war sicher ein besoffener Fahrer», meint John, schüttelt mißbilligend den Kopf und schaltet herunter auf den ersten Gang. Nach einer weiteren halben Stunde haben wir die Paß-Höhe erreicht. John hält am public workshop an. Der Motor tuckert im Leerlauf weiter.
«Wir müssen etwas warten, das Kühlwasser ist zu heiß.»
Ich nicke Anja erleichtert zu. Wir steigen aus. Hinter mir schnellt singend die Spiralfeder hoch, die mich die ganze Zeit gepeinigt hat, schlägt gegen die Windschutzscheibe. John sieht mich mit großen Augen an, dann lacht er, dreht sich um, holt zwei leere Reissäcke und stopft sie in die Sitzbank.
Es dauert nicht lange, und wir sind von einer Schar fünf- bis achtjähriger Kinder umringt. Wir kennen das Bild, oft haben wir diese Szene hier am Daulo-Paß, entlang der Hochlandstraße, erlebt.
Bettelnd strecken sie uns ihre Hände entgegen. Sie halten selbstgeflochtene Blütenkränze:
«Master, Master, he Misis», ihre hellen Stimmen haben etwas Rührendes, «baiim, please. Kaufe bitte, ich habe Hunger, ten Toea für die Blumen. Ich habe Hunger.»
Wir wissen es. Auch John und Hellen. Es ist die Wahrheit. Diese Kinder betteln um ihr tägliches Brot. In ihren Augen steht es geschrieben: sie leiden Not. Sie alle haben die gleiche Mutter, und die heißt Armut. Die Kinder der Straße sind anders als die Kinder im Busch. Deutlich sind sie von der Schattenseite der Zivilisation geprägt. Allein hier liegen viele Ursachen, die den sozialen Bereich dieser Menschen formen.
Wir kaufen alle Blumenkränze und schmücken gemeinsam mit den Kindern den verstaubten Toyota.
«Was machst du mit deinem verdienten Geld?» frage ich ein Mädchen, das seine Toea-Münzen fest in der Hand hält. Es kreuzt schützend seine Arme vor der Brust. Scheu, etwas verlegen, steht es einige Augenblicke vor mir, guckt zu seinen Gefährten, dann schaut es mit großen, glänzenden Augen zu mir auf:
«Ich kaufe im stua biskits, viele biskits, und teile sie mit meinen Geschwistern.»

Jenseits der Straße, fast versteckt im hohen Gras, sitzen einige Mädchen und flechten neue Blumenkränze. Dabei geht es recht fröhlich zu. Sie unterhalten sich, kichern, kitzeln einander mit langen Halmen an den Ohren, stoßen sich. Immer wieder wandert verstohlen ein Blick zu uns herüber. Ihre Arbeit geschieht aus einer typischen Spiellaune, wie sie oft in Kindergemeinschaften üblich ist. Ihre flinken, geschickten Finger bewegen sich, als gehörten sie gar nicht zu einem Menschen. Mechanisch tun sie alle Griffe. Ohne richtig hinsehen zu müssen, flechten die Kinder Halme zu einem Band und ziehen die Blüten ein. Ihre Arbeit ist bereits zur Routine geworden.
Schwere Nebelschwaden ziehen aus dem Goroka-Tal herauf und bringen Nieselregen. Die bewaldeten Gipfel des Uka Faka und Kofeya werden wie von Geisterhand in einen milchigen Dunstschleier gehüllt. Hohe, bleigraue Wolkentürme, deren Silhouetten mit einem schmalen, leuchtendgoldenen Band verziert sind, stehen über dem Asaro-Tal. Es ist ein faszinierendes Naturschauspiel, der stetige Kulissenwechsel des ewigen Schöpfungsaktes. Drüben im Westen ist die Sicht noch gut. Dunkelblau leuchtet die steile «Nase» des Mount Elimbari. Dazwischen unzählige gefaltete Berge und Täler, eingetaucht in gleißendes Sonnenlicht.
Wir fahren weiter. Langsam, im zweiten Gang bergab. Hier ist die Straße sehr unübersichtlich. Eine scharfe Rechtskurve, dann wieder eine fast rechtwinklige Linkskurve. – John reagiert schnell. Die Räder blockieren, Staub wirbelt auf, der Wagen stellt sich quer und steht. Vor uns einige Kubikmeter gelbrote Lehmerde mit kleineren Bäumen und Büschen. Ein Erdrutsch – nichts Außergewöhnliches. Diese Hindernisse sind für die Hochlandstraße typisch.
John fährt zum public work shop zurück. Es dauert nicht lange, bis das schwere Dröhnen eines Caterpillars in der Luft liegt. – Zum Glück, denn oft sind diese Geräte nicht einsatzbereit. Die Straßenbaumaschine schiebt eine Fahrspur durch die Geröllmasse. Unsere Fahrt geht weiter.

In Höhe von Atarero halten wir. Das Dorf liegt jenseits des Watabungflusses, etwa 80 Meter von der Straße entfernt. Versteckt hinter riesigen Bambusbüschen stehen die Hütten. Wir kennen das Komongu-Dorf. Letztes Jahr haben wir einige Tage zusammen mit Okani und Oswald in Atarero gearbeitet.

«Ist es hier?» frage ich Hellen.

«Nein, wir müssen noch rauf auf die Berge, nach Riyofiyaro.»

«Riyofiyaro???»

John nickt. Er hält seinen angewinkelten Arm hoch und erklärt mir die Marschroute:

«Go, go, go, go, go, maunten antap, orait, na nau go, go, go, go, go. Liklik wara, orait, na nau, go, go, go, go – stop – Riyofiyaro!»

Jetzt kann ich mich wieder entsinnen. Ich kenne das Dorf flüchtig. Vor drei Jahren bin ich durchmarschiert, als ich die Totenhöhlen der Nimalere-Sippe besuchte.

«Ist es weit?» fragt mich Anja.

«Vielleicht drei Stunden. Wir müssen zu Fuß, womöglich auf allen vieren, über zwei oder drei Bergrücken querfeldein durch die Landschaft.»

Anja ist von dieser Auskunft nicht gerade erbaut.

Nach einer Weile kommt John aus Atarero zurück, mit ihm acht Männer. Sie haben Stangen und Lianenbänder mitgebracht, die sie mit flinken Händen an den Kisten befestigen.

Es geht los. Wir überqueren die neue Drahtseil-Hängebrücke und erreichen nach wenigen Minuten den Dorfplatz von Atarero. Im Schatten einer Bananenstaude sitzt eine Gruppe Jugendlicher – sie spielen Karten. Drüben, vor dem Eingang des Männerhauses, steht ein alter Mann und sieht uns stumm nach. Ohne großes Aufsehen ziehen wir durch das Dorf und verschwinden im Busch.

An einem hüfthohen Knüppelzaun entlang, hinter dem die Süßkartoffelgärten der Atarero-Leute liegen, geht es bergan. Der Pfad ist hart, ausgetrocknet und rissig. Jenseits des Tales steigen dünne, gelbbraune Rauchsäulen zum Himmel – die Rodungsfeuer der Yamowe. Die Sonne steigt höher. Es wird heiß. Schweiß und Staub brennen in den Augen. Zweifelhafte Düfte liegen in der Luft. An dieser Stelle ist der Pfad mit Schweinekot übersät, auf dem unzählige Fliegen hokken. Vorn, an der Biegung des Weges, stehen ein paar Schweine. Noch haben die Tiere uns nicht bemerkt. Sie sind gerade dabei, mit ihren kräftigen Rüsselnasen in schubartigen, energischen Bewegungen das

Erdreich aufzulockern, um nach Trieben und Wurzeln zu suchen. Es sieht ulkig aus. Nur ihre kurzen schwarzen Ringelschwänze sind in ständiger kreisender Bewegung – Fliegen sind auch Schweinen lästig. Als wir näher kommen, unterbrechen sie ihre Wühlarbeiten, halten kurz inne, dann verschwinden sie laut grunzend in die Büsche. Die Jungtiere folgen mit hellen aufgeregten Quietschtönen.
«Oi, oi, oi – oi, oi, oi», zirpt es. Eine alte Frau kommt uns entgegen. Sie ruft nach ihren Schweinen. Ein rußgeschwärztes, halbgefülltes Süßkartoffelnetz hängt über ihrem knochigen Rücken. Ihre Hände umklammern einen knorrigen Stock, der sie stützt und mithilft, die Last ihres Lebens zu tragen. Spärlich bedeckt ein schmaler, ausgefranster Rindenschnurschurz ihre Scham. Unzählige Falten haben sich im Laufe eines kargen, entbehrungsreichen Hochlandlebens in ihre ledergegerbte Haut geschnitten. Außergewöhnlich groß wirken die Augen in dem eingefallenen Gesicht. Vereinzelte Krusten ockerfarbiger Erde kleben an Stirn und Backenknochen, Reste einer Gesichtsbemalung.
«Aaiyee», ruft sie plötzlich, als sie mich entdeckt. Sie wendet sich hilfesuchend zu John, spricht ihn an. Er redet leise und ernst auf sie ein. Wieder wendet sie sich mir zu, nickt mehrmals, eine rauhe aufgesprungene Hand ergreift zitternd meine Hand und hält sie fest.
Schweigend stehen wir uns gegenüber. Unsere Blicke scheinen zu verschmelzen. Ich erlebe dieses Gefühl nicht zum erstenmal. Ich glaube, all ihre Gedanken lesen zu können, all ihre Empfindungen zu spüren. Und dennoch frage ich mich, was mag in ihr vorgehen? Was ist der Grund des Wechselspiels zwischen Trauer und Freude? Welche innere Verbindung mag sie erkennen? Die Ereignisse des Vortages – die Ankunft mit dem Toten – das alles drängt sich wieder in den Vordergrund meiner Gedanken. Ein unerklärliches, rätselhaftes, nie zuvor erfahrenes Gefühl breitet sich in mir aus.
Ich spüre die Blicke von Hellen, die bei Anja steht. Ich sehe sie an. Sie dreht sich um und wischt die Tränen aus ihrem Gesicht. Was für eine merkwürdige Atmosphäre. Wortlos zünde ich zwei Zigaretten an, gebe eine davon Anja. Kreischend zieht eine Schar weißer Kakadus über uns hinweg und verschwindet im Nebental.
John ist bereits mit den Trägern vorausgeeilt. Wir verabschieden uns

Weißer Gelbhauben-Kakadu (Cacatua)

von der alten Frau, drücken ihr die Hände. Ein feines Lächeln zieht über ihr Gesicht – freundlich sieht sie uns nach.

Nur langsam geht es voran. Immer wieder tappen wir in die tückischen Fußangeln der Schlinggewächse, verfangen uns an ihren zähen dornigen Ranken. Der Abstieg kostet viel Kraft und Mühe. Ich muß an unsere Träger denken, die barfuß durch die Wälder streifen und so gut wie keine Hindernisse kennen. Wir Europäer dagegen tun uns sehr schwer, haben den Umgang mit der Natur weitgehend verlernt.

Je tiefer wir in das Tal hinunterkommen, desto drückender wird die Luft. Es ist wie in einem Treibhaus. Das Rauschen eines Flusses ist zu hören, wird allmählich immer lauter. Endlich haben wir den Talgrund erreicht. Sumpf! Knöcheltief, von Zeit zu Zeit bis zu den Knien, waten wir durch den Morast.

Plötzlich ein Aufschrei.

«Pieet, schnell!»

«Anja», rufe ich.

Ich haste zurück, rutsche aus, raffe mich hoch.

«Bleib ganz ruhig. Beweg dich nicht.»

Hellen ist bereits bei Anja, liegt längs im Schlamm und hält deren

Hände fest. Fast bis zur Brust steckt Anja in einem wassergefüllten Sumpfloch, das unsichtbar vor uns liegt.
Langsam, Zentimeter für Zentimeter ziehen wir sie hoch. Das Sumpfloch scheint genau ihren Körperdurchmesser zu haben, sie steckt drin wie ein Saugpfropfen.
«Halt die Beine ruhig, gleich haben wir es geschafft.» Es gluckst und blubbert, Luftblasen steigen auf, endlich – geschafft! Hinter ihren Füßen schwappt die olivbraune Brühe wieder in sich zusammen als sei nichts gewesen.
«Bist du in Ordnung?» frage ich besorgt und streiche vermoderte Blätter von ihren Blue jeans.
«Jaaa», es klingt noch etwas zaghaft. «Ich bin furchtbar erschrocken, weißt du. Es ist ein scheußliches Gefühl, wenn man plötzlich den Boden unter den Füßen verliert. Wie sagst du immer – selbst alles miterleben ist das Fundament echter Kenntnis.»
Wir lachen und haben den Schrecken bald vergessen. Mit langen Stöcken markieren wir das Wasserloch. Nach einer Verschnaufpause gehen wir weiter, Hellen mit Anja voran.
Bald darauf erreichen wir den Fluß. An dieser Stelle mag er etwa zehn Meter breit sein. Seine lehmbraunen Wassermassen ziehen träge dahin. Immer wieder treiben abgebrochene Äste und entwurzeltes Buschwerk an uns vorbei.
Hellen klettert spontan auf einen Baum.
«Suchst du etwas?» rufe ich.
«Die Brücke. Sie war immer hier. Jetzt ist sie weg», antwortet sie.
«Welche Brücke? Du meinst wohl einen Baumstamm?»
Hellen nickt, steigt wieder herunter und erklärt:
«Das Hochwasser muß ihn weggerissen haben.»
Erstaunt schaue ich mich um.
«Siehst du, so hoch war das Wasser», Hellen zeigt mir an der Uferböschung geknickte Halme und Sträucher, die gut eineinhalb Meter über dem jetzigen Wasserstand liegen.
Jetzt erst erkenne ich deutlich die Markierungslinie, die das Hochwasser hinterlassen hat.
Es geht weiter durch Sumpf und Gestrüpp. Mehr instinktiv als bewußt folgt Hellen einem imaginären Pfad. Oberhalb der Flußbiegung

findet sie eine Stelle, die es uns erlaubt, von Stein zu Stein springend den Fluß zu überqueren.
Am jenseitigen Ufer entdecken wir die großen gespreizten Fußabdrücke unserer Träger, die ebenfalls diesen Weg gegangen sind.
Der Pfad führt in engen Windungen steil bergan. Langsam nähern wir uns dem Dorf. In unregelmäßigen Zeitabständen dringt die Totenklage an unsere Ohren, immer lauter, immer monotoner. Hellen blickt mich verwirrt an, zieht ihr Gesicht zu einer Grimasse zusammen: «Raimond, Raimond», schreit sie.
In ihrer Stimme liegen Verzweiflung, Leid und Trauer, auch Angst. «Warum diese Furcht», beginne ich mich zu fragen. «Wir wissen alle, daß wir irgendwann einmal sterben müssen. Warum dieser quälende Schmerz, diese beständige Angst?»
Riyofiyaro liegt vor uns. Vor der Dorfumzäunung bricht abrupt der Trauergesang ab. Ein Kind heult auf und sucht Schutz bei seiner Mutter. Unser Kommen wird registriert.
Auf dem Dorfplatz haben sich alle Bewohner versammelt. Sie sitzen in zwei großen Gruppen, Männer und Frauen getrennt. Ihre Gesichter, teilweise die ganzen Körper, sind mit ockerfarbigem Lehm beschmiert – unheimliche Fratzen, wie leblos, wie versteinert, glotzen uns an.
Unwillkürlich denke ich an die Szene von Goroka. Es ist erst gestern gewesen, nun das gleiche Bild. Doch die Effekte sind noch stärker.
Drückende Stille liegt über dem Dorf. Blicke voller Neugier, Furcht und Entsetzen heften sich auf mich, scheinen mich zu verzehren. Wenige Schritte vor mir sitzen einige Frauen dicht zusammengedrängt im Halbkreis. Ich schaue sie an, sehe ihnen voll ins Gesicht. Sie zucken zusammen und ziehen erschrocken die Hände vor ihr Gesicht. Ein etwa zehnjähriges Mädchen, das neben seiner Mutter steht, betrachtet mich abwesend, fängt auf einmal an, Wasser zu lassen, dreht sich um und rennt mit einem erstickten Angstschrei in eine Hütte.
Was ist hier nur los? – Was hat das alles zu bedeuten?
«Hellen», rufe ich und drehe mich um. «Warum sehen die Leute mich alle so an?»
Herzzerreißendes Heulen ist ihre Antwort. Anja steht bei ihr. Sie halten sich die Hände.

Eine schier unerträgliche Spannung liegt über dem ganzen Geschehen. – Es wäre vielleicht besser, wenn wir das Dorf wieder verließen, jetzt sofort. Doch schon im nächsten Augenblick ist entschieden, daß ich bleiben muß.
Eine alte Frau kommt direkt auf mich zu. Mein Herz klopft. Rotunterlaufene, leergeweinte Augen blicken unbeweglich, fest auf mich – Sekunden nur. Wie vom Blitz getroffen, fällt sie auf den Boden, bricht in Weinkrämpfe aus, wälzt sich hin und her. Ihre Finger krallen sich in den ausgetrockneten Lehmboden. Zwei Frauen springen irgendwo auf, rennen schreiend herbei. Sie laufen um mich herum, reißen sich Haare vom Kopf, kratzen sich die Arme blutig.
Plötzlich ein Inferno. Hunderte von heiseren Stimmen setzen zur Totenklage an. Von der Felswand hinter dem Dorf kommt das Echo. Es hat den Anschein, als gäben die Totengeister Antwort.
Meine Hand wird festgehalten, ein alter Mann umklammert sie. «Raimond, Raimond», flüstert er unentwegt. Seine andere Hand steicht behutsam über mein Gesicht. Er krault meinen Bart, reißt einige Haare aus, wickelt sie in ein Blatt und steckt es in seine Netztasche.
Zögernd schaut er auf. Ein scheuer, zugleich prüfender Blick lastet auf mir. Noch nie hat mich jemand so angesehen. Ich bin aufgewühlt, eine zentnerschwere Last scheint mich zu erdrücken. Das lehmverschmierte Gesicht vor mir hat etwas Unheimliches, Unnahbares an sich.
Jetzt fällt es mir ein: «Korofa» – der Schatten des Todes! Natürlich, unsere Freundin Okani hat ausführlich davon erzählt, von den Ängsten ihrer Mitmenschen. Die Furcht vor «Korofa» ist groß, denn er kann sogar töten. Um vom Totengeist nicht erkannt zu werden, verbergen sich die Leute hinter einer Lehmmaske.
Die Reaktion, das Handeln dieser Menschen scheint mir plötzlich völlig klar und verständlich. Mein Gefühl bestätigt es mir. Meine Gedanken versuchen die soeben gewonnene Klarheit zu erfassen, zu verarbeiten – es geht nicht...
Was ist in mir nur los? Gerade habe ich mich mit einem mir fremden Verständnis identifiziert, mehr noch, ich muß es gelebt haben. – Und jetzt stehe ich wieder vor etwas Unüberbrückbarem, das mir fremd

und unbegehbar erscheint. Meine Empfindungen sind geheimnisvoll und für mich selbst unerklärlich. Meine Nerven sind zum Zerreißen gespannt. Was ringsum geschieht, nehme ich mit nie gekannter Deutlichkeit wahr – zugleich ist alles weit weg. Vor mir steht der Alte. Ich sehe, daß in seinem grauen Bart eine kleine schwarze Spinne krabbelt, die alle Mühe hat, sich aus dem verfilzten Haar zu befreien.
Langsam schreitet er um mich herum. Einmal, ein zweites Mal, er berührt meine Kopfhaare, reibt sie zwischen seinen Fingern.
«Hmmm, hmm» – undefinierbare, helle Kehllaute dringen zwischen seinen zusammengepreßten Lippen hervor. Behutsam gleiten seine rauhen Fingerkuppen an den Konturen meiner Ohren entlang. Dann wieder die sonderbaren Töne: «Hmm, hm, hm.»
Immer lauter, kürzer und erbärmlicher klingen seine Ausrufe. Jetzt betastet er vorsichtig meinen Hals, meinen Oberkörper und ergreift plötzlich unter Aufheulen meine Genitalien. Fast schmerzhaft drückt er einen Moment lang meine Hoden. Bewegungslos stehe ich vor ihm, wage kaum zu atmen und spüre Schweiß auf meinem Körper.
Ein stummer, leidvoller Blick versucht mich zu durchdringen. Erst jetzt bemerke ich, daß sein rechtes Auge von einer grauweißen, mattglänzenden Schicht überzogen ist. Es ist völlig blind. Doch sein linkes Auge blitzt, kreuzt ständig meinen Blick, wechselt sprunghaft von meinem rechten zu meinem linken Auge.
«Raimond», flüstert er; es klingt hohl und trocken. «Raimond», stumm bewegen sich seine Lippen weiter.
Immer intensiver wird sein Blick, aber nichts Drohendes ist in ihm, im Gegenteil: ich fühle Freundlichkeit, Wärme, Hoffnung.
Etwas schwerfällig setzt sich der Alte vor mir auf den Boden und schiebt seinen lehmverschmierten Kopf zwischen meine Beine. Seine Arme halten meine Waden fest umklammert.

Landschaft am Daulo-Paß (2800–3000 m ü.M.). In dieser Höhe haben sich zwei Waldtypen ausgeprägt: Der Submontanwald in Lagen von ca. 1000 m bis ca. 2800 m und der Montanwald in den Gebieten über 2800 m. Diese tropischen Bergwälder im Bereich der Wolkengrenze nennt man auch Nebelwälder. Die Bäume sind stark mit Flechten und Moos bewachsen.

Sein Körper beginnt leise zu vibrieren. Er schluchzt. Es klingt erbärmlich, herzzerreißend. Mit einer hingebungsvollen Gebärde schaut er zu mir auf, nickt schwer mit dem Kopf.
Das war ein Zeichen.
Wieder, wie ein gewaltiger Donner, überfällt uns das Klagegeschrei. Es geht durch Mark und Bein. Noch nie habe ich eine solche ergreifende Totenklage – Töne ohne Wortsinn, in denen urmenschliche Gefühle freiwerden – miterlebt.
Anja steht noch immer bei Hellen. Bestürzung und Betroffenheit sprechen aus ihren Gesichtern. Woran mögen sie denken? Kein Zweifel: Das Schicksal hat uns hierher geführt.
Wieder kommen mir die Ereignisse von gestern in den Sinn. Wie in einem Film laufen alle Geschehnisse chronologisch in farbigen Bildern vor meinem geistigen Auge ab. Klar erkenne ich die ganze Reihe der «Zufälle», die mir begegnet sind, und ihre Wirkungen. Zufälle? Ich weiß es nicht. Etwas «Unfaßbares» hat sich zwischen Geist und Verstand geschoben, ich kann es nicht erklären. Ein scheußliches Gefühl des Nicht-Wissens breitet sich in mir aus. Ich fange an zu grübeln. Wir wollten «nur» Beobachter sein, jetzt stehen wir im Mittelpunkt, sind selbst zum beobachteten Objekt geworden.
Unvermittelt sehe ich mich wieder auf dem Dorfplatz stehen. Der Trauergesang ebbt langsam ab, setzt noch einmal ein und endet abrupt.
«Wo ist dein toter Bruder?» rufe ich zu Hellen.
«Sein Körper liegt in seinem Haus.»
«Sein Körper» ... was für eine Antwort.
Der alte Mann scheint meine Frage verstanden zu haben. Er rappelt sich auf, packt meinen Arm, führt mich über den Dorfplatz an den sitzenden, leblos wirkenden Gestalten vorbei und bleibt vor einer verschlossenen Rundhütte stehen.
«Ich komme nicht mit!» höre ich Anja hinter mir sagen. Auf einmal steht ein kleiner Junge vor uns und wirft mir einen scheuen Blick zu. Seine verheulten Augen glänzen sonderbar. Schnell drückt er dem Alten etwas in die Hand und verschwindet wieder. Es ist der Schlüssel für das Vorhängeschloß.
Die Tür besteht aus zusammengefügten Brettern einer oder mehrerer

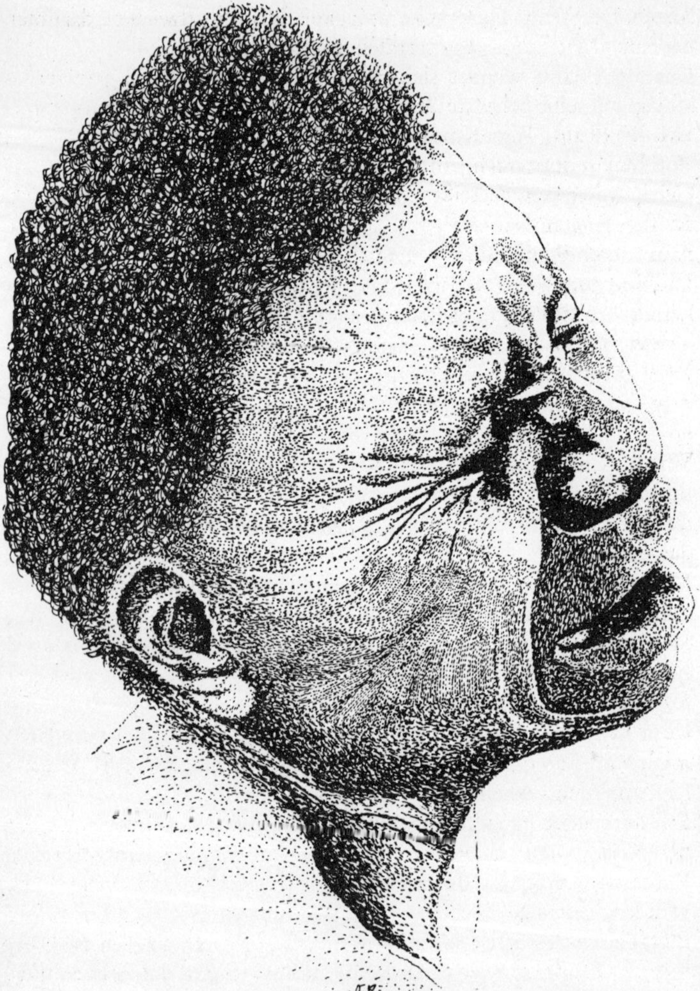

Trauergesang – urmenschliche Gefühle werden frei

Kisten. Ein Stempelaufdruck mit japanischen Schriftzeichen, darunter der Satz «Made in Japan» verraten die Herkunft.
Der alte Mann wendet sich mir zu, ballt seine Hand zur Faust, schlägt auf seine behaarte Brust und krächzt mit zittriger Stimme: «Mi Kindirum, Papa Kindirum – Raimond!»
Von hinten tippt mich jemand an. Es ist Hellen.
«Mein Vater sagt, er heißt Kindirum und...» Sie stockt, schaut mich an. Ihre Augen werden feucht, sie kämpft mit den Tränen: «... und er nannte dich Raimond, wie meinen Bruder, seinen Sohn.»
Ich bin erschrocken. Im nächsten Moment stellt sich wieder das unheimliche Gefühl ein. Es lastet wie ein Alpdruck in mir. «Raimond» – warum nennt Hellens Vater mich «Raimond»?
Wie ein Bleigewicht senkt sich diese Frage in mein Bewußtsein. Was mag diesen alten Mann veranlassen, so etwas zu sagen? Wie kommt er dazu?
Wieder sehe ich die seltsamen Blicke vor mir, die mich seit der Ankunft in Goroka begleiten – mehr noch, ich fühle mich jetzt von diesen Blicken regelrecht verfolgt. Sie lassen nicht ab von mir. Was soll das alles?
Wirr spuken die Gedanken in meinem Schädel herum. Bin ich noch klar im Kopf? Ich fange an zu zweifeln. Unzählige Fragen jagen sich, viele Ungereimtheiten spiegeln sich in meinen Gedanken – ich finde keine plausible Erklärung, keine Antwort... Nur ein drängendes Gefühl gibt mir Angst und Ungewißheit.
Mit einem kräftigen Ruck stößt der Alte die Tür auf. Jemand schiebt mich sanft in die Hütte. Dunkelheit umgibt mich, ich bleibe stehen – ich kann nichts erkennen.
Erst allmählich gewöhnen sich meine Augen an das diffuse Licht. An der Hüttenwand hängen Kleidungsstücke, daneben steht eine alte Kerosinlampe, etwas oberhalb steckt ein Buschmesser. Mein Blick wandert weiter.
Plötzlich – ich stutze. Natürlich, das ist sie. Jetzt erkenne ich die Umrisse der Pappkiste wieder. Sie steht im hinteren Teil der Hütte auf einer Holzpritsche.
Der kleine Junge von vorher steht auf einmal wieder neben mir. Fest umklammert sein dünner Arm meinen Oberschenkel unterhalb der

Shorts. Seine andere Hand streicht behutsam über meine Hand. Große dunkle Kinderaugen blicken fragend auf mich.

Irgendeine Frauenstimme ruft den Jungen zurück. Nur zögernd lösen sich seine Arme von mir – dann rennt er aus der Hütte.

Neben der ausgebrannten Feuerstelle setze ich mich auf den Boden. Der Alte schiebt mir ein zerrissenes Handtuch unter meine Hose.

Im Nu füllt sich die Hütte. Um mich herum kauern gut zwei Dutzend Frauen der Sippe eng zusammen. Vereinzelt huschen noch Männer durch den Eingang, steigen über die sitzenden Frauen hinweg, lassen sich im hinteren Teil des Raumes schweigsam nieder. Der sonderbare charakteristische Geruch der Einheimischen macht sich breit. Eine Mischung von kaltem Rauch und Körperschweiß – fremd und vertraut zugleich und keineswegs unangenehm.

Von allen Seiten werde ich angestarrt. – Was für ein Anblick! Gespenstisch und dämonenhaft, wie lebendige Totenmasken, sitzen diese trauernden Menschen um mich herum.

Nach einer Weile beginnen sie zu summen. Leise, kaum wahrnehmbar und doch klar und deutlich. Zum erstenmal höre ich bei den Papuas diese Art von Gesang. Es sind harmonisch aneinandergereihte Töne – für den Gesang der Hochländer ungewöhnlich melodisch. Enttäuscht stelle ich fest, daß ich weder Tonbandgerät noch Kamera bei mir habe. Alles liegt noch in den Kisten, und sie stehen irgendwo auf dem Dorfplatz.

Durch die offenstehende Tür werden einige Holzscheite gereicht, lehmverkrustete Hände greifen danach. Eine alte Frau ebnet mit dem Fuß die Feuerstelle ein, schiebt die Holzkohlenasche zur Seite. Neben mir knarzt es bedrohlich. Eine Frau hält ein Holzscheit zwischen ihren Zähnen, zieht Span für Span ab, so, als würde sie Zuckerrohr essen. Verstümmelte Fingerglieder einer zerfurchten Hand legen flink das Feuerholz sternförmig zusammen. Eine andere aschengefärbte Hand fährt hoch, schnippt mit den Fingern. – Eine Zündholzschachtel fliegt durch die Luft, von irgendwoher in die erhobene Hand.

Im nächsten Augenblick lodert das Feuer auf. Funken stieben senkrecht zum Kegeldach empor, beißender Rauch breitet sich aus, in dessen Schwaden schemenhaft Lehmfratzen auftauchen und wieder verschwinden. Die Szenerie wirkt mystisch, ist sehr geheimnisvoll.

Wieder diese ungewöhnliche Spannung. Ich zünde mir eine Zigarette an, gebe dem Alten eine, verteile schließlich die ganze Schachtel. Durch augenfälliges Hochziehen der Brauen wird mir gedankt.
Ich schrecke zusammen. Was ist mit mir los? Eine Unruhe von nie gefühlter Intensität steigt in mir auf. Was soll ich tun? Aufstehen – wieder eine rauchen – davonlaufen. Ich versuche, meine Nervosität zu unterdrücken.
Langsam wandert mein Blick zum Sarg – und zieht alle Augen mit. Fast gleichzeitig ein ziehendes Rachenräuspern – wie es so typisch den Hochlandgesängen vorausgeht –, wieder setzt das Klage-Singsing ein. Diesmal klingt es leiser, verhaltener, um so leidenschaftlicher ist der Ausdruck der Gebärden. Der Alte, Papa Kindirum, liegt vornübergeneigt über dem Papp-Koffer und schluchzt trocken.
Abrupt verstummt der Trauergesang. Der Alte schnappt nach Luft, reißt seine Hände hoch – im nächsten Augenblick hämmern seine Fäuste in wahnsinniger Verzweiflung auf den Sarg.
John steht plötzlich hinter ihm, schlingt die Arme um seinen Körper und hält ihn fest. Gebannt starre ich auf die beiden reglos dastehenden Gestalten. Hellen rempelt mich an.
«Willst du ihn sehen?»
«Wen?»
Sie schaut mich verständnislos an und deutet mit einer Kopfbewegung zum Papp-Sarg. Entgeistert starre ich sie an, schüttle den Kopf.
«Du mußt ihn aber sehen», durchschneidet ihre Stimme das unheimliche Schweigen, das sich in der Hütte breitgemacht hat.
«Komm!» Sie rüttelt mich am Arm, packt ihn und zieht mich hinüber.
Der Alte neben John löst sich aus seiner Erstarrung und beginnt fieberhaft am Schloß zu hantieren. Es klemmt. Schnell nimmt er das Buschmesser zu Hilfe. Der Deckel springt auf, gleitet über die Kiste und fällt polternd auf den Boden.
«Aaiy, aaiyee», wogt ein Ausruf des Erstaunens durch die sitzende Menge.
Versteinert starre ich in den dunklen Sarg. Bitter schmeckender Speichel sammelt sich in meinem Mund. Ich wage kaum zu atmen. Süßlich penetranter Leichengeruch breitet sich aus. Mein Magen wird

schwer und verkrampft sich. Der Schweiß bricht mir aus. Jäh wird die lähmende Totenstille unterbrochen. – Ein leises Zirpen ist zu hören, schwillt allmählich an, wird immer lauter, heftiger und unerträglicher, steigert sich schließlich zu einem ohrenbetäubenden schrillen Geräusch, verstummt im nächsten Moment abrupt.
Es kam vom Hüttendach. Ich horche auf – aufs neue setzt der nervensägende Schrillton einer Singzikade ein. Dann ist es wieder still.
Hellen drückt mich an die Stirnseite des Sarges. John knipst die Taschenlampe an. Der Lichtkegel fällt auf einen Plastiksack, der von innen völlig beschlagen ist.
Plötzlich, ein kaltes Kribbeln unter meiner Haut. Ich spüre, wie mir buchstäblich die Haare zu Berge stehen. Der Pulsschlag dröhnt in meinen Ohren. Ich bin zu nichts fähig, meine Gedanken versiegen, stürzen in eine unendliche Leere.
Willenlos beobachte ich Kindirums Hände. Sie zerren an der Plastik. Er beißt den oberen Teil des Sackes auf.
Widerlich beißender Verwesungsgeruch nimmt mir den Atem. Langsam wandert der Lichtstrahl zum Kopf des Toten und verharrt. Eine unsichtbare Hand scheint mir den Hals zu würgen. Ich schnappe nach Luft. Ein Schauer durchfährt meinen Körper, meine Knie werden weich, zittern. Ich will das Zittern unterdrücken, es gelingt mir nicht. Wie magnetisiert schaue ich unablässig auf ein bräunlich-graues, blutleeres fahles Gesicht.
Nein, nein, das kann nicht sein, das ist eine Sinnestäuschung!
Fassungslos stehe ich vor dem Toten. Die Sekunden werden zur Ewigkeit. Ich schließe meine Augen, doch dieses Bild, das Gesicht des Toten, steht noch immer vor mir. Hinzu kommen plötzlich die unheimlichen Fratzen – schemenhaft und verschwommen, dann klar und deutlich –, die Lehmmasken mit ihren ausgehöhlten Augen, ihren starren, leblosen Blicken, die mich seit gestern verfolgten. Es wird dunkel. Die Phantombilder verschwinden. Ich öffne die Augen. Die Taschenlampe ist aus, der Papp-Sarg vor mir wieder verschlossen.
Langsam komme ich zu mir. Meine Gedanken beginnen wieder zu arbeiten. Das lähmende Angstgefühl ist auf einmal wie weggeblasen. Nur eine unerklärliche Spannung bleibt in mir zurück.
Zusammenhänge und Geschehnisse sind nun auf einmal verständlich.

Die Vorgänge der letzten Tage haben einen Sinn bekommen. Es ist kein Traum, kein Hirngespinst, keine Einbildung: Der Tote sah mir zum Verwechseln ähnlich. Einzige Unterschiede: er hatte krauses Haar und braune Haut. Raimond muß mir zu seinen Lebzeiten absolut gleich gesehen haben.
Kopfschüttelnd, noch immer das Gesicht des Toten vor mir, setze ich mich an die Feuerstelle zurück. Ein leises melodisches Summen dringt aus dem Halbdunkel der Hütte an meine Ohren. Es sind die Männer; zusammengekauert, in sich versunken sitzen sie mit leicht wiegenden Köpfen entlang der Rückwand.
Jemand berührt mich. Es ist die alte Frau, die sich bereits am Dorfeingang vor mir auf den Boden warf. Sie kniet vor meinen Füßen, küßt meine Beine, meine Genitalien und heult. Tröstend streicht meine Hand durch ihr verfilztes Haar. Sie ist die Mutter des Toten. Noch während meine Hand auf ihrem wolligen Kopf ruht, spüre ich wieder diese seltsame Spannung in mir. Das unbestimmte Gefühl einer großen Verantwortung erdrückt mich fast. Aber ich bin außerstande es zu erklären; das Gefühl läßt sich nicht fassen, es bleibt grenzenlos.
«Raimond, Raimond», wispert die Frau, die noch immer vor mir liegt und sich mit ihren sehnigen Armen an meine Beine klammert.
«Raimond, Raimond», flüstert sie etwas lauter. Verzweiflung und Hoffnungslosigkeit stehen in ihren Augen. Doch schon im nächsten Moment – so glaube ich zu erkennen – blicken mir aus denselben Augen Wiedererkennen und Vertrautheit entgegen. Mir wird klar, wie schnell Gefühle sich ändern, sich ins Gegenteil verkehren können. Mein tiefes Mitgefühl mit diesen Menschen kann ich weder verbergen noch zurückhalten. Ungeniert wische ich mir die Tränen aus dem Gesicht. Wieder setzt der Trauergesang ein.
Auf dem Dorfplatz beginnt eine heftige Debatte. Männer schreien wild durcheinander. Ich kann nichts verstehen, der Komongu-Dialekt wird zu schnell und hektisch gesprochen.
Hellen kommt zu mir:
«Big Papa will mit dir sprechen.»
«Wer ist das?»
«Mein Onkel. Er ist Council und Sippenführer.»

Schweigend sitzen die Männer um uns. Einige rauchen und kauen Betel, andere essen Süßkartoffeln. Hellen und ich stehen im Kreis der Versammelten.

Wenige Schritte vor uns erhebt sich ein Mann. Langsam kommt er auf mich zu, reicht mir wortlos die Hand, hält sie fest. Wieder mustert mich ein ungewöhnlich scharfer, durchdringender Blick von oben bis unten. Ich habe das Gefühl, als würde ich Stück für Stück zerschnitten. Dann nickt er, läßt meine Hand los und wendet sich seinen Leuten zu. Es ist Big Papa.

Flüsternd unterhält er sich mit einem alten Mann, der etwas abseits von den übrigen Männern sitzt. Es muß ein sehr vertrauliches Gespräch sein. Oft halten beide inne, äugen unauffällig nach allen Seiten, um sich zu vergewissern, daß sie keine Mithörer haben.

Das Gerede wird unruhiger, scheint dramatischer zu werden, denn beide stoßen abwechselnd gefährlich tönende «Zisch»- und «Iii»-Laute aus. Dabei klopfen sie sich mit der flachen Hand nickend auf ihre nackten Oberschenkel.

Mit kurzen «ewé-aiy»-Rufen endet die geheimnisvolle Unterredung. Big Papa richtet sich auf, schaut prüfend in die Runde. Dann, plötzlich, ein gewaltiger, langgezogener Urschrei, er bricht sich am Felsen jenseits des Dorfes, das Echo kehrt mehrfach zurück. Mit eiligen Schritten hetzt Big Papa wie eine Furie im Kreis herum, bleibt stehen, wendet sich und brüllt weiter.

Staunend nehme ich sein Klangvolumen zur Kenntnis. Seine Stimme überschlägt sich und verstummt. Er holt tief Luft, verdreht halbwegs die Augen, donnert aufs neue los. Aufgeschreckt springen halbwüchsige Burschen hoch, hasten über den Dorfplatz und verschwinden hinter den Hütten.

Nach einer Pause, der ein längeres Räuspern vorausgegangen ist, be-

Jäne, die zweite Frau meines Vaters. Durch den Einfluß christlicher Missionen haben sich die polygamen Verbindungen heute fast aufgelöst. Zur typischen Trauertracht gehören neben der Körper- und Gesichtsbemalung Netzhauben.

ginnt Big Papa mit einer Ansprache. Er gestikuliert. Es ist eine leidenschaftliche Rede.

Mit «ewé»-Rufen wird er oft unterbrochen. Ständig beifälliges Nikken der Männer, die mich unentwegt ansehen, bekundet die Richtigkeit seiner Worte. Aus dem Stimmengewirr, das sich wie ein Lauffeuer im Dorf ausbreitet und sich von Hütte zu Hütte neu entfacht –, höre ich immer wieder den Namen des Toten. «Raimond» ist in aller Munde.

Auf einmal – nach kurzem Schweigen, wie es einer tiefen Gefühlsregung vorausgeht – schreit mich Big Papa an:

«...Raimond...», mehr kann ich nicht verstehen.

Beschwörend und feierlich zugleich klingen seine Worte. Er wendet sich wieder zu den Versammelten, deutet bestimmend und direkt auf mich, kommt langsam auf mich zu, bleibt vor mir stehen. Bebend hebt und senkt sich sein Brustkorb im Rhythmus seines Atems. Speichelfäden hängen aus seinem Mund und ziehen sich quer über seinen Kinnbart. Schweißperlen dringen aus seinen lehmverschmierten Poren.

Fragend schaue ich zu Hellen, die mit zusammengepreßten Lippen seitlich von mir steht. Sie schweigt, senkt ihren Blick.

«Hellen, hörst du», rufe ich aufgeregt.

Sie hebt ihren Blick und antwortete leise: «Big Papa sagt: Du, Raimond – Angehöriger der Kanośa-Sippe –, bist wiedergekommen, ‹nimakarawe›, als weißer Mann. ‹Yoyauwe›, Gott – der da oben, hat es so gewollt. Wir haben unsere Ahnen gerufen – und sie haben geantwortet. Sie sagen: Du, Raimond, wirst Reichtum und Wohlstand in die Sippe bringen. Big Papa sagt weiter – doch das hat noch Zeit. Zunächst muß dein Tod gerächt werden. Big Papa will mit einigen Männern ins Dorf des Mörders fahren und dessen Bruder mit dem Messer töten, – so, wie du getötet worden bist. Das sagte Big Papa», endet Hellen mit ihrer Übersetzung.

Unfähig, irgendeinen klaren Gedanken zu fassen, stehe ich reglos da und stiere ins Nichts. Jemand drückt mir eine Süßkartoffel in die Hand, ich glaube, Big Papa.

Wieder steigt das erdrückende Gefühl einer übergroßen Verantwortung in mir auf, breitet sich lähmend über meine Sinne. Ganz allmählich weicht die unerträgliche Spannung. Zurück bleibt das dumpfe Empfinden einer beklemmenden Ungewißheit. Mein Denken setzt wieder ein, blitzartig werden im Gehirn die Vorgänge geordnet; ist dieser Traum einer Wiedergeburt nur ein Traum? Es ist kein Traum, sagt deutlich eine innere Stimme.

Mir wird augenblicklich bewußt – jetzt, in dieser Situation irgendwelche Erklärungen und Rechtfertigungen abzugeben, wäre absurd, sie blieben unverstanden. Ich suche aufgeregt nach einer Möglichkeit, zunächst das Schlimmste zu verhindern: nämlich, daß das gewaltsame Ende meines «ersten Lebens» mit einem neuen Mord gerächt wird. Der schreckliche Gedanke bringt mich fast um den Verstand. In mir pocht das Gewissen: Du darfst das nicht zulassen. Du kannst es ändern.

«Aber wie?» brülle ich verzweifelt.

Die Leute um mich fahren erschrocken zusammen, starren mich ratlos an. «Aber wie» kommt das Echo von der Felswand zurück. Plötzlich finde ich Worte – ganz intuitiv:

«Hellen, sage Big Papa, mein Tod muß durch eine Schadenersatzzahlung gesühnt werden. Das Geld soll an meine Sippe und meine Eltern verteilt werden. Big Papa soll mit den Mekabo den Preis aushandeln – fair und ehrlich. Ich dulde nicht, daß für mein erstes Leben Blutrache geübt wird. Der Mörder sitzt bereits im Gefängnis und büßt für seine Schuld. Sag das Big Papa!»

Verwundert und stumm starrt Hellen mich an.

«Was ist? Sag es ihm schon – aber alles!» rede ich auf sie ein, selbst erstaunt über meinen schroffen Ton, und deute auf Big Papa.

«Ja, Rai-mond», stammelt sie verlegen.

Raimond hat sie mich genannt, Raimond; ein kalter Hauch zieht über meinen Rücken, läßt mich schaudern.

Zögernd beginnt Hellen zu erzählen, unterbricht mehrmals, weicht den durchdringenden Blicken von Big Papa aus. Eine gespannte Ruhe liegt über dem Platz.

Nachdenklich runzelt Big Papa die lehmverschmierte Stirn. Plötzlich ein Kopfschütteln. Die Reaktion springt über, ein zweiter, ein dritter, schließlich viele in der Männerrunde verneinen stumm. Inständig hoffe ich, daß sie meinen Vorschlag annehmen werden.

Auf einmal entsteht ein tumultartiges Durcheinander – Emotionen werden frei und entladen sich – gegensätzliche Meinungen prallen hart aufeinander. Die offene Diskussion hat begonnen.
«Mi kilim Mekabo-man», höre ich eine Stimme in Pidgin-Englisch rufen.
«Mi paitim Bena Bena», schreit ein anderer.
An der großen Feuerstelle vor dem Männerhaus sitzen einige Alte – die Köpfe zusammengesteckt – und beraten.
Mir wird bewußt, daß ich mit meiner Aufforderung einen ungewöhnlichen Denkprozeß ausgelöst habe. Immerhin versuche ich, das ungeschriebene und noch immer praktizierte Gesetz der Blutrache zu unterlaufen.
Schlagartig bricht das Palaver ab. Eisige Stille breitet sich aus. Ein alter Mann steht bewegungslos mit erhobenem Haupt inmitten der schweigenden Versammlung. Tonlos bewegen sich seine vom Betelsaft rotgefärbten Lippen. Sein Gesicht verzerrt sich zu einer Grimasse, nimmt beschwörende Züge an – er reißt den Mund auf und gibt unverständliche Laute von sich.
Ganz allmählich löst sich die Spannung in seinem Körper. Sichtbar erschöpft, wohl von einer übernatürlichen Anstrengung gefordert, läßt er sich nieder und flüstert Big Papa etwas ins Ohr.
Verhaltenes Raunen zieht durch die Männerreihen – ein Zeichen, daß eine Kollektivmeinung gefunden wurde. Schließlich zustimmendes Nicken, das von lauten «ewé»-Rufen begleitet wird.
Mit großer Erleichterung nehme ich diese Reaktion auf. Sie haben also meinen Vorschlag gebilligt... oder doch nicht? Sofort kommt wieder Zweifel auf. Unsicher schaue ich zu Big Papa, dann zu Hellen: «Was meinen sie?»
Aufgeregt antwortet sie:
«Raimond, yu harim, hör zu! Big Papa und viele Männer der Sippe waren mit deiner Bedingung zunächst überhaupt nicht einverstanden. Denn es ist Sippenpflicht, den Mord eines Angehörigen mit Mord zu vergelten. Doch niemand hat gewußt, daß Raimond als Weißer zurückkommen wird. Nun bist du hier. Dein erstes Leben ist vorbei, du hast alles vergessen, du denkst jetzt wie die Weißen. Aber We Namba Rumba-Guri war sich nicht sicher, ob Blutrache oder

Rückzahlung, verstehst du? So hat er zusammen mit deinem Vater und Big Papa beschlossen, die Ahnen um Rat zu fragen. Denn nur er kann die Ahnen rufen und ihre Stimmen hören. Rumba sprach mit den Ahnen – und sie sagten: Big Papa soll bei den Bena Bena-Leuten in Mekabo Geld für dein erstes Leben fordern. Das ist alles.»

Stumm umarme ich Hellen und drücke sie fest an mich. Gott sei Dank, keine Blutrache. Das Schicksal bestimmte Big Papa, mit den Mekabo zu verhandeln.

Vor einer Rundhütte sitzt Anja. Um sie herum das Jungvolk von Riyofiyaro, das ihr aufmerksam beim Filmwechseln zusieht.

«Ai, ai, Raimond», rufen einige Kinder, stoßen sich gegenseitig an und machen mir Platz.

In wenigen Sätzen erzähle ich Anja das unfaßbare Erlebnis in der Hütte und die darauffolgende, ebenso unbegreifliche Ahnen-Entscheidung.

Nachdenklich nickt Anja und meint:

«Piet – genau das habe ich mir vorgestellt. Du wirst es nicht für möglich halten, aber ich habe das in mir gefühlt – schon die ganze Zeit. Doch ich wollte es selbst nicht wahrhaben und versuchte, diese Gedanken zu verdrängen. Bereits in Goroka, als Hellen zu uns kam und dich so anstarrte, kam in mir diese unheimliche Vorahnung auf. Und dann die merkwürdigen Blicke – von John, der alten Frau und schließlich hier von allen Leuten, das verstärkte mein Gefühl, daß zwischen dir und Hellens Bruder irgendeine Verbindung bestehen müsse. Ich weiß, es klingt absurd, aber was du mir soeben erzählt hast, überrascht mich nicht.»

«Das mag schon sein», sage ich zögernd und verblüfft. «Ich hatte auch von Anfang an ein unerklärliches Gefühl. Aber trotzdem – es ist einfach unfaßbar.»

«Und wir werden keine Antwort darauf finden – es – ist – so!»

«Raimond», höre ich plötzlich die Stimme einer alten Frau. «Kaikai, iß.» Sie drückt mir und Anja eine gekochte Süßkartoffel in die Hand und verschwindet wieder im Haus.

«Weißt du, wo unsere Kisten geblieben sind?» frage ich kauend.

«Sie stehen bereits im Haus – deiner Eltern», sagt Anja und deutet auf die offenstehende Hütte.

«Aha, sie rechnen also fest damit, daß wir bleiben.»
«Willst du wirklich hier bleiben?» fragt Anja besorgt.
«Diese Nacht auf alle Fälle.»
«Und was ist mit Okani und Oswald, die beiden warten doch auf uns?»
«Wir können sie jederzeit benachrichtigen, falls wir länger bleiben, das ist kein Problem. Doch dürfen wir jetzt nichts überstürzen. Ich meine, nachdem sich bisher alles relativ gut angelassen hat, sollten wir die weitere Entwicklung noch abwarten. Von hier weggehen können wir allemal. – Doch bedenke, was uns das Schicksal geboten hat! Ich als Wiedergeborener einer Komongo-Sippe. Dich betrachten sie vielleicht als ihre Schwiegertochter, wer weiß! Und es geht ja gar nicht nur um uns; hast du dir schon überlegt, was dieses Erlebnis für unsere Studien bedeutet? So etwas ist ein Traum für jeden Forscher!»
«Du meinst wohl ein Alptraum. – Versteh mich bitte richtig: Weißt du, ich finde das alles wahnsinnig aufregend, natürlich auch interessant. Meine Gefühle sind eben noch etwas ver-rückt. Selbstverständlich bleibe ich – schließlich wollen wir ja arbeiten und sollten diese Gelegenheit wirklich nutzen. Es klingt vielleicht pathetisch, aber trotzdem: mir kommt es vor, als hätte uns das Schicksal eine Tür geöffnet.»
«Ja», sage ich in Gedanken versunken. «Und durch sie sollten wir schauen, solange sie offensteht.»
Hellen setzt sich zu uns. Mit einer gewissen Vertrautheit legt sie ihre Arme um unsere Schultern und lächelt uns an.
Plötzlich ein gellender Schrei.
Was ist passiert?
«Das war bei den Frauen», sagt Hellen.
Wir rennen hinüber. Anja gibt mir die Kamera und wendet sich schaudernd ab. Nach «Rumbaio-o-o» wird gerufen.
«Wer ist das?» frage ich Hellen.
«Kennst du ihn nicht? Er hat zuvor die Ahnen gerufen, Rumba-Guri, der große Buschdoktor. Hab keine Sorge, er wird alles in Ordnung bringen.»
Blut quillt aus der Wunde, eine Frau fängt es mit einem Bananenblatt auf.

«Hellen, warum hat sie das getan?»
«Aus Liebe und Trauer.»
«Für dich, Raimond», setzt sie leise hinzu.
«Für mich?»
«Ja, für dein erstes Leben. – Du mußt wissen, deine Schwester hat dich sehr geliebt.»
Betroffen beobachte ich das Geschehen weiter. Der Medizinmann behandelt also meine «Schwester»! Oberarm und Handgelenk bindet er mit einem dünnen Lianenstreifen ab. Sofort läßt die Blutung etwas nach.
Dann, auf einmal, fängt er an zu singen, den Blick zum Himmel gerichtet; ruhig und monoton fließen seine Worte. Sein Gesang verstummt und geht in leises Murmeln über. Aus seiner Netztasche kramt er eine Twist-Tabakdose hervor und öffnet sie. Kleine Knochenteile, Splitter einer Bierflasche, eine verrostete Rasierklinge und halbwelke Blätter kommen zum Vorschein. Behutsam breitet er Stück für Stück auf einem kleinen roten Tuch vor sich aus. Nimmt einzeln die Blätter, reibt sie prüfend zwischen Daumen und Zeigefinger, riecht an ihnen, legt sie wieder zurück.
Langsam schaut er in die Runde und mustert alle um sich Stehenden. Mit argwöhnischem Blick geht er auf mich zu:
«Smok, smok», flüstert er, nimmt mir die Zigarette aus dem Mund und wendet sich wieder der Verletzten zu.
Der malträtierte Finger ist stark geschwollen.
«Iitsch», zischt es gefährlich aus Rumbas Mund. Mit einer fahrigen Bewegung scheucht er die Fliegen weg und beginnt mit der Behandlung.
Er stülpt auf den Fingerstumpf blutstillende Blätter einer Heilpflanze und legt darauf einen Glassplitter – murmelt ein paar Worte, zieht an der Zigarette und bläst den Rauch auf die abgedeckte Wunde. Anschließend legt er den Glassplitter mit einer Geste der Zufriedenheit in die Blechdose zurück und setzt sich auf den Boden.
Genüßlich pafft er die Zigarette zu Ende. Er kratzt sich unter seinem Schurz, vergißt einen Moment lang das sonst durchaus vorhandene Schamgefühl und sieht intensiv auf sein ausgestrecktes Bein.
Was mag ihn so faszinieren? Dann sehe ich es: Eine grüne dicke Rau-

pe überquert mit rhythmischen Schubbewegungen das faltenreiche Knie.
Rumbas Gesicht bekommt einen listigen Ausdruck. Seine Hand klatscht auf den Schenkel. Ohne aufzublicken schleckt er den grünen Raupenbrei schmatzend aus der Hand.
Sogleich wühlt er wieder geschäftig in seiner Netztasche und fingert einige violettrote Blätter hervor. Bedächtig prüft er beide Seiten der Blätter, steckt sie in seinen fast zahnlosen Mund und kaut.
Nach einer Weile spuckt er den Speichelbrei in seine Hand, entfernt die Blätter von der Wunde seiner Patientin und streicht die «Pflanzensalbe» dick auf den Fingerstumpf.
Mit den weichen Blättern des «rumbi»-Baumes legt er einen Blattverband an. Darüber stülpt er eine Bambushülse und entfernt die Abbindung an Oberarm und Handgelenk der jungen Frau – meiner «Schwester».
Sorgfältig packt er seine Utensilien in das Netz, hängt es über seine Schulter und setzt sich wieder zu den anderen Männern.
Ich remple Hellen an: «Was macht er da?»
«Er trauert», ist die knappe Antwort.

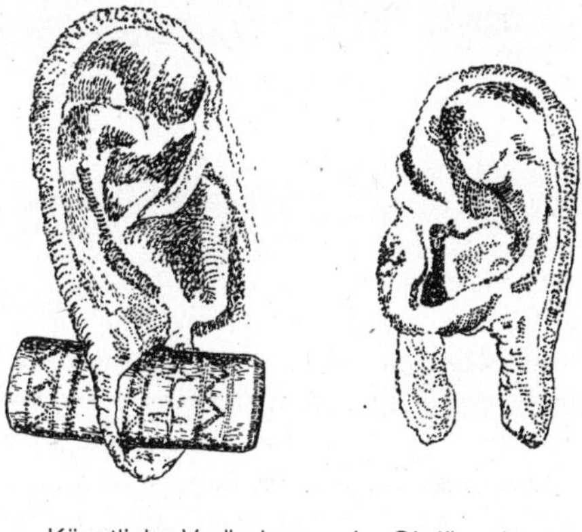

Künstliche Veränderung der Ohrläppchen.
Links: Bambusröhrchen als Ohrenschmuck,
rechts: durchtrenntes Ohrläppchen (Trauersitte)

Ein dünnes, scharfkantiges Bambusmesser steckt in einem Loch im Ohrläppchen eines Mannes, ein kurzer ruckartiger Schnitt – Blut tropft auf seine Schulter. Niemand stört sich daran. Er dreht sich um. Eine leidende Jammergestalt steht vor uns. – Ich stutze: Das ist doch der Alte – mein Vater!
«R-ai-m-o-nd», spricht er mit zittriger Stimme, ergreift meinen Bart, hält ihn für einige Sekunden fest und geht dann mit schleppenden Schritten zum Männerhaus.
Was wird er sich noch alles antun? Ich sehe ihm sinnend nach.
Immer wieder, in ungleichen Abständen, setzt das Trauer-Singsing ein. Doch es hat an Intensität eingebüßt – es klingt verhaltener, gedämpfter, aber um so geheimnisvoller.
Allmählich verschwindet die Sonne hinter den Bergen, die Schatten werden länger. Es wird dunkel – die erste Nacht in Riyofiyaro.
Hellen und Anja haben sich in die kleine Rundhütte zurückgezogen. Sie schlafen zusammen mit Gunime, unserer «Mutter», im Familienhaus.
Big Papa persönlich weist mir einen Platz im Männerhaus zu. Es ist ein altes, in seiner Form noch ursprüngliches Haus (siehe Anhang S. 305). Doch das ist schon alles: Die Innenausstattung ist weitgehend vom Zeitwandel geprägt. In Höhe der beiden Türöffnungen sind in der Mitte des Hauses zwei Feuerstellen angelegt. Jeweils an den Stirnseiten des Hauses befinden sich die Schlafstellen: Grob zusammengenagelte Holzpritschen – darüber, etwa in Mannshöhe, eingebundene Holzroste – Abstellflächen für den persönlichen Hausrat jedes einzelnen.
Betroffen registriere ich: Pappkartons, Koffer, Rucksäcke, Blechki-

Diese beiden Speere hat Rumba-Guris Großvater mit Steinwerkzeugen geschnitzt.
Oben: Kampfspeer, *unten:* Zeremonienspeer

sten, ein Kofferradio. Dazwischen verstaubte Bambusrohre und Zeitungen. An den Wänden: Buschmesser, Stahläxte, Netztaschen, Speere, Bogenstäbe, dazu bündelweise Pfeile, getrocknete Tabakblätter, Betelnüsse, Kalkkalebassen, Spiegel, Taschenlampen und europäische Kleidung – viele alte Lumpen. Die Zivilisationsgüter haben auch in Riyofiyaro Einzug gehalten! In mehreren Reihen hocken die Männer eng beisammen um die Feuerstellen. Sie rauchen, kauen Betel und sprechen angeregt miteinander.
Auf einmal ertönen draußen Rufe. Namen sind zu hören, auch Raimond. Sofort stockt die Unterhaltung. Flink werden Zigaretten ausgedrückt und hinter die Ohren gesteckt. Betelsaftfontänen spritzen zischend ins Feuer, manche reiben sich erwartungsvoll die Hände.
Durch beide Türöffnungen reichen Frauenhände dampfende Schüsseln. Essenszeit! Schweigsam wird die karge Abendmahlzeit eingenommen: kleine braungedämpfte Kochbananen, Süßkartoffeln mit Blattgemüse. Rülpslaute unterbrechen gelegentlich das eintönige Schmatzen. Hunde tauchen auf und verschwinden im nächsten Augenblick mit eingezogenen Schwänzen.
Bald darauf setzt das Gerede wieder ein. Verwundert stelle ich fest, daß auf einmal mehr Pidgin-Englisch als Komongu-Dialekt gesprochen wird. John flüstert mir zu:
«Jetzt geht es um die Höhe der Rückzahlung.»
Wortlos nicke ich und hoffe inständig, daß sie mich nicht nach dem Preis fragen.
«Raimond», höre ich die autoritäre Stimme von Big Papa.
Also doch. Hat der Alte meine Gedanken erraten?
«Raimond», wiederholt er nach einer kurzen Pause. «Was denkst du, wieviel sollen wir verlangen?» Dabei deutet er unmißverständlich durch die Türöffnung hinüber zur Hütte, in der der Tote liegt.
Es ist still geworden. Selbst die Natur scheint auf meine Antwort zu lauschen. Und je tiefer diese Stille mich umfängt, um so unheimlicher und rätselhafter werden meine Empfindungen. Ich spüre die starren, scharfen Blicke, die meine widerstreitenden Gefühle wie mit Röntgenstrahlen zu durchleuchten scheinen.
Ein Gefühl der totalen Entblößung überfällt mich, verschlingt mich, vereinnahmt mich. Ganz und gar wieder der beklemmende Druck

einer großen Ungewißheit, die teils lähmend, teils aktivierend auf mich zu wirken beginnt. Unzählige Gedanken drängen sich in mein Bewußtsein, schieben sich wirr durcheinander, verschwinden im nächsten Moment. Neue tauchen auf, ohne Ordnung, völlig unkontrolliert. Ein Chaos!

Plötzlich völliger Stillstand. Alle Gedanken haben sich aufgelöst, es herrscht absolute Leere in mir.

«Was meinst du, Raimond?» dringt fragend eine Stimme von außen in mich ein. Es ist Big Papa.

«Das kann ich nicht bestimmen – die Entscheidung muß die Sippe finden», kommt aus mir blitzschnell die Antwort.

Zu Tode erschrocken fahre ich zusammen. Diese Stimme ist fremd, es ist nicht meine, registriert mein Bewußtsein. Wer hat geantwortet, fragt mein Verstand, wiederholt, was die Stimme gesagt hat:

«Das kann ich nicht bestimmen – die Entscheidung muß die Sippe finden.»

Das sind nicht *meine* Gedanken. Nein, das war ich nicht!

Verzweifelt suche ich nach einer Antwort, doch ich finde sie nicht. Das soeben aus meinem Mund Gesprochene bleibt mir unerklärlich. Ebenso unbegreiflich hat sich im nächsten Augenblick das dumpfe Gefühl einer großen Verantwortung wieder aufgelöst.

Mit weitgeöffnetem Mund – wohl von dieser Antwort gleichfalls überrascht – wendet sich Big Papa zu Rumba-Guri, der mit eingezogenem Kopf bewegungslos und mit verkniffenen Augen über das Feuer hinweg zu mir rüberschielt. Ein Mienenspiel von größter Darstellungskraft setzt sich in seinem Gesicht in Bewegung – und endet im nächsten Moment mit einem kurzen Augenaufschlag zu Big Papa.

«Also gut», setzt Big Papas tragende Stimme ein. «Wir werden das Ganze in die Hand nehmen.»

Im Nu entflammt von neuem eine hitzige Debatte:

«Lumpen! Pack! – Die sollen zahlen!» dringt es aus dem Wirrwarr in Qualm gehüllter Kraushaarköpfe.

Jäh durchdringt ein schriller, kommandoartiger Schrei das raucherfüllte Männerhaus. Schnell verebbt das Gezeter zu unterdrücktem Flüstern.

Big Papa hat das Wort erbeten. Er steht auf, kratzt hörbar sein Hin-

terteil und verschränkt in drohender Pose seine Arme vor der Brust. Im Schein des auflodernden Feuers wirken seine Falten noch tiefer, scheint seine Nase noch breiter, sehen seine Brauen noch buschiger aus. Gefährlich blitzen seine Augen.
Sein grimmiges Aussehen läßt darauf schließen, daß er zu allem bereit ist. Nichts rührt sich mehr in der Hütte.
«Wieviel Kina sollen wir verlangen?»
Sein Blick wandert fordernd zu Rumba-Guri, der im gleichen Augenblick stirnrunzelnd die Frage zu verarbeiten scheint – denn erst nach einer geraumen Weile nickt er mit großen, erleuchteten Augen und antwortet:
«Planti, planti moni – viel, viel Geld!»
«Ja, wir sollen viel Geld verlangen», sagt John, springt auf, um die beratende Versammlung besser zu überblicken. «Wißt ihr auch, warum? Die Mekabo haben nämlich viel Geld, das weiß ich ganz genau! Sie besitzen mehr Kaffeebäume, als wir alle zusammen.»
Gemurmel setzt ein, dann wieder Stille.
Big Papa wiegt nachdenklich seinen Kopf:
«Aha, so ist das also. Hmm, die Burschen haben mehr Geld als wir alle zusammen. Gut – dann fordern wir soviel, daß wir mehr Geld haben als sie.»
«Tru, das ist wahr! Und Schweine sollen sie noch dazugeben», bestimmt Rumba-Guri nachdrücklich und fügt sogleich mit bebenden Lippen hinzu: «Dann sind *wir* die reichste Sippe weit und breit!»
«Aber wir müssen aufpassen. Ich kenne diese Brut, das sind ganz ausgekochte Geschäftemacher», warnt John und setzt sich wieder neben mich.
«Wenn sie nicht auf unsere Forderung eingehen, dann – dann gehe ich eben aufs Gericht nach Goroka», entgegnet Big Papa mit einer abfälligen Handbewegung.
«Aber – was ist viel Geld?» fragt er wieder die Männer in der Runde. «Wieviel sollen wir verlangen?»
«Wir verlangen hundert Pfund – nein, mehr – zehn Dollar – noch mehr, tausend Shilling!» schlägt ein alter Mann aus der zweiten Reihe vor.
Big Papa horcht erstaunt auf, formt seinen Mund zu einem Trichter:

«Nogat – nein!» brüllt er und stampft wütend mit dem Fuß auf den Boden.
«Wir müssen das neue Geld verlangen – Kina!» fordert er und straft den Alten mit einem vernichtenden Blick.
«Jawohl», krächzt es vorn an der Feuerstelle. «Kina heißt das neue Geld. Das sollt ihr euch merken», ermahnt Rumba-Guri die Männer und fügt nach einer Pause hinzu: «Aber wieviel?»
«Hundert Pfund», tönt es plötzlich aus der dritten Reihe. «Hundert Pfund», wiederholt dieselbe Stimme – trocken und bestimmt, so als sei es endgültig und beschlossen.
«Heuii», schreit Big Papa, «Yu toktok hambak – du redest Blödsinn!» und fuchtelt aufgeregt mit den Armen, als wolle er einen ganzen Schwarm Moskitos auf einmal erschlagen.
Er schnaubt wütend und stampft im Männerhaus auf und ab.
«Kina – keine Pfund!» brüllt er dem Unbelehrbaren mit sich überschlagender Stimme ins Gesicht und klopft sich wie ein Wahnsinniger auf die Brust.
Es herrscht absolute Stille. Nur Big Papas keuchender Atem ist zu hören.
«Nur Kina», setzt Rumba-Guri die Belehrung fort und droht mit erhobenem Zeigefinger: «Nur Kina, nur Kina», wiederholt er langsam und einprägend und mustert dabei seine rundumsitzenden Sippengenossen mit zuckenden Mundwinkeln.
«Jawohl – Kina», bestätigt Big Papa und meint geringschätzig: «Alles andere ist hambak, nichts wert.»
Beifällig nicken die Männer. Versonnen schaut er in die Runde, ratlose Augen begleiten ihn.
«Tausend Kina», sagt er schließlich zögernd mit nachdenklich abschätzendem Blick.
«Mehr, noch mehr!» schreit unerwartet einer aus der hinteren Reihe, «500 Kina!» und schnippt mit den Fingern so aufgeregt, als hätte er gerade alles Geld dieser Welt in einer Summe genannt. Ein mißbilligender Blick von Big Papa stoppt schlagartig das Fingerschnippen.
«Blödsinn! Alles Blödsinn!» ruft John ärgerlich dazwischen.
«Hambak, hambak», lispelt Rumba-Guri beflissen zu seinem Nachbarn und schüttelt heftig, aber mit nichtssagender Miene den Kopf.

«Tausend ist mehr als fünfhundert», klärt John auf.
Wieder verständnisvolles Nicken in allen Reihen.
«Wieviel also?» fragt Big Papa und räuspert sich.
«Fünftausend Kina», ruft John.
«Ai, ai, ai, ai», läßt sich Rumba-Guri vernehmen, reibt verlegen sein ledernes Bein. Er hebt den Blick um keinen Millimeter, hüllt sich in rätselvolles Schweigen, gibt der Sippschaft nichts preis von seinen Gedanken. Vielleicht sind die Dimensionen für ihn selbst in den Bereich des Unfaßbaren gerückt, denn plötzlich starrt er Big Papa fragend an. Der schüttelt den Kopf, dreht sich um, bleibt wortlos vor mir stehen. Nur seine Augen sprechen, fordern mich auf, etwas zu sagen, quasi: «Du weißt doch alles – so hilf mir doch!»
Ich spüre die Macht der Suggestion: Bange Sekunden vergehen. Big Papa wendet sich langsam wieder seinen Männern zu:
«Ihr kennt euch doch alle nicht aus mit soviel Geld», sagt er vorwurfsvoll, hält seine linke Hand mit weitgespreizten Fingern vors Gesicht und beginnt zu zählen:
«Rauwokoi, eintausend», dabei klappt er den kleinen Finger in seinen Handteller.
Niemand wagt sich zu räuspern. Andächtig lauschen ihm alle so, als würde er nun endlich das große Geheimnis preisgeben. Mit feierlich erhobener Stimme setzt er fort:
«Lere – zweitausend», und knickt seinen Ringfinger ein.
«Lere rauwokoi – dreitausend», klingt es singend; er drückt den Mittelfinger herab.
«Lere uto lere uto – viertausend», er biegt den Zeigefinger nach innen.
«Ande – fünftausend», und legt den Daumen auf die eingezogenen Finger.
Stolz erhebt er seine geballte Faust:
«Das sind fünftausend Kina!»
Heftig nicken alle.
Big Papa hält plötzlich inne – äugt auf seine rechte Hand, ballt sie ebenfalls zur Faust:
«Und das sind fünftausend Kina.»
Wieder bejahen alle.

«Das sind zusammen zehntausend», ruft John.
«Sag mir ja nichts Falsches», murmelt Big Papa, ohne John eines Blickes zu würdigen. Gespannt schaut er auf seine Fäuste, fieberhaft arbeitet es in ihm. – Dann: Ein freudiger Ausruf:
«Das sind zweimal fünftausend Kina!» Er schüttelt wie wild seine Fäuste.
Drüben beginnt Rumba-Guri zu zählen:
«Rauwokoi, lere, lere rauwokoi...» und endet schließlich an seinem kleinen linken Zeh (vgl. Zählmethode Anhang, Seite 306).
«Soviel werden wir verlangen», ruft Big Papa im Brustton der Zufriedenheit und schlägt die Fäuste gegeneinander. «Zweimal fünftausend Kina! – Seid ihr einverstanden?»
«Ja», klingt es einsilbig zurück.
«Gut, dann fahre ich morgen mit John zu den Bena Bena und werde unsere Forderung stellen.»
Rumba-Guri winkt mit dem Arm:
«Laß dich ja nicht kleinmachen von dieser Mörderbande!» und setzt leise hinzu: «Der Schutz der Ahnengeister ist dir gewiß!»
Dann knickt er in sich zusammen, schließt die Augen, fast unmerklich bewegen sich seine Lippen.
Big Papa sieht gespannt auf Rumba-Guri. Offenbar wartet er auf dessen Zuspruch. Nur das Rascheln der Mäuse im Grasdach der Hütte ist zu hören.
Langsam öffnet Rumba-Guri wieder seine Augen. Geistesabwesend schaut er um sich, zögernd hebt er seinen Kopf und spricht:
«Du kannst gehen.»
«Mi save pinis – ich weiß Bescheid», antwortet Big Papa gedankenvoll und geht aus dem Männerhaus.
Rasch löst sich die beratende Versammlung auf. Im Dunst der Rauchschwaden huschen Gestalten an mir vorbei und verschwinden lautlos in der Dunkelheit. Es sind die Jüngeren der Männergesellschaft, die in ihre Familienhäuser zurückkehren. Nur die Alten sind geblieben. Zwei kauern noch an der Feuerstelle und unterhalten sich leise. Die anderen beziehen ihr düsteres Nachtquartier.
Ruhe ist eingekehrt im Männerhaus von Riyofiyaro. Draußen, irgendwo im Dunkel der Nacht, ertönt der Ruf einer Eule – aus dem

Tal kommt die Antwort zurück. Der kühle Nachtwind spielt mit den Kaffeesäcken an den Eingängen und läßt die Holzkohlenglut für Momente hellgelb aufglimmen.

Vor meinem geistigen Auge ziehen alle Einzelheiten des heutigen Tages in Bruchteilen von Sekunden vorüber. Klar und deutlich hat mein Bewußtsein alles gespeichert. Meine Gedanken und meine Sinne haben sich beruhigt.

Plötzlich – meine Gedanken stocken. Ich horche auf.

«Aaiyee», ein langgezogener Schrei – der Klageruf einer Frau. Dann wieder Totenstille.

Gänsehaut läuft über meinen Rücken. Ich merke, wie sich meine Haare aufrichten. Wieder zucke ich zusammen. Wieder das gespenstische «Aaiyee, aaiyee», monoton, schrill – diesmal gleichzeitig aus mehreren Hütten. Kinder heulen, ein Hund bellt.

Schleppend und schwermütig zieht der Trauergesang durch das Dorf, endet nach einer Weile.

Noch immer sitze ich an der glimmenden Feuerstelle – unbeweglich – und neben mir der Alte, mein Vater. Seit ich das Männerhaus betreten habe, ist er keinen Schritt von meiner Seite gewichen. Im Schein des schwachen Feuers wirkt er mumienhaft. An vielen Stellen seines ausgezehrten Körpers hat sich die Erdfarbe bereits abgelöst. Er schläft in Hockstellung: Die Arme sind um seine Beine geschlungen, der Kopf ruht auf den angewinkelten Knien. Ein langer dünner Speichelfaden klebt matt schimmernd auf dem Schienbein. Um sein verletztes Ohrläppchen hat sich ein schwarzer, verkrusteter Blutklumpen gebildet. Ungewöhnlich stark treten seine Backenknochen hervor – woher mögen seine Vorfahren einmal gekommen sein? Viele Fragen beschäftigen mich. Mit einemmal überkommt mich das Gefühl einer tiefen Zuneigung zu diesem vor mir sitzenden Menschen. Ich kann es nicht verdrängen – es ist da und breitet sich aus.

Erst jetzt glaube ich, seine Trauer, seinen Schmerz, doch auch seine Hoffnung und Freude wirklich intensiv zu spüren. Mein Mitgefühl hat sich mit ihm – ja mit allen anderen der Sippe solidarisiert.

Fast zur gleichen Zeit ächzt und knarzt es in den Ecken des Männerhauses. Plastikplanen rascheln, Schleim wird durch die Nase gezogen,

Gelenke knacken, Husten und Räuspern erfüllen den Raum – Morgenaufbruchstimmung.
Schlaftrunken bewegen sich Jammergestalten zur Feuerstelle – fröstelnd reiben sie sich ihre Körper warm. Holzscheite werden auf die Glut gelegt, Süßkartoffeln kullern in die heiße Asche und werden behende mit kleinen Holzzangen gewendet.
«Good morning, brata.»
Überrascht drehe ich mich um. John steht hinter mir.
«Bist du schon wach?» fragt er erstaunt und gähnt laut.
«Ich habe nicht geschlafen», entgegne ich kurz.
«Warum denkst du soviel nach?! Wir werden das Geld schon bekommen», antwortet John selbstsicher und fügt hinzu:
«Ich werde mit Big Papa zuerst nach Goroka fahren und im Police Office die Rückzahlung anmelden. Hab also keine Sorgen.»
Mit einem Ruck wirft er den Kaffeesack hoch und verschwindet in der kühlen Morgendämmerung.
Dann – ein herzzerreißendes Heulen neben mir – mein Vater ist erwacht. Langsam löst er sich aus seiner Starre. Mit ausgestreckten Armen stürzt er sich im nächsten Moment auf mich. Ich habe Mühe, das Gleichgewicht zu halten. Wir umarmen uns, drücken uns fest, klopfen uns stumm auf die Schultern.

Der alte, weise Bena Bena-Mann aus dem Dorf Mekabo. Zur charakteristischen Haartracht dieses Stammes gehören die eingedrehten Haarschnüre. Sie sind in unterschiedlichen Längen und Flechtsystemen in eine Haube oder direkt in die Hinterkopfhaare eingearbeitet. Ein Kasuarfederstirnband ergänzt den Kopfschmuck. Verkürzte Kasuarfederkiele stecken in den durchstoßenen Nasenflügeln. Eine weiße, runde Zierscheibe aus dem Boden eines Conus-Schneckengehäuses, getragen in der durchbohrten Nasenscheidewand vervollständigt den Nasenschmuck.

«Papa», sage ich und nicke ihm zu.
«Papa, es ist doch alles in Ordnung – beruhige dich – ist ja gut, Papa!» meine Stimme zittert.
«Raimond, mein Sohn», flüstert er und bebt am ganzen Körper. Sein trauriger Blick macht mich betroffen, verschämt wischen wir beide unsere Augen trocken.
Er setzt sich zurück an die Feuerstelle; ich gehe hinaus in die blendende Morgensonne.
Für kurze Zeit verweile ich im Schatten des Männerhauses. Meine Augen brennen entsetzlich. Der ständige Qualm an der Feuerstelle, dazu die Übernächtigung haben die Netzhäute stark überreizt.
Langsam, noch mit unsicheren Schritten, überquere ich den Dorfplatz. Kinder flitzen lachend vorbei, rufen mir vergnügt zu: «Good morning!»
Frauen stehen vor ihren Häusern, hacken Holz, werfen verstohlene Blicke herüber. Einige schwatzen. Babys schreien, Hunde bellen, Schweine grunzen.
Die Morgenidylle von Riyofiyaro hat sich mit all ihrer Geschäftigkeit entfaltet.
Vor der Rundhütte sehe ich Anja und Hellen. Sie unterhalten sich. Dahinter der Kopf von Gunime, meiner Mutter; sie huscht eben in die Hütte zurück.
Kurz darauf kommt sie mit einem Plastikteller voll Süßkartoffeln auf mich zu. Mit einem scheuen, doch warmherzigen Blick drückt sie mir den Teller in die Hände:
«Pikinini, yu kaikai – Kind, dein Essen», krächzt sie und verschwindet wieder in der Hütte.
Aufgeregt kommt Hellen:
«Mi sori tumas. Ich muß mit John zurück nach Goroka, heute abend beginnt mein Nachtdienst im Krankenhaus», erklärt sie ein bißchen traurig, «bye, bye, Raimond, bye, bye, Anja», und läuft zu der wartenden Gruppe.
Am Dorfeingang stehen die Männer und palavern. John kann ich sofort an seinem großen Schlapphut erkennen.
Aus dem Männerhaus jenseits des Dorfplatzes tritt nun eine groteske Gestalt. Wer ist denn das? Ich glaube meinen Augen nicht zu trauen.

– Was? Nein! – Doch, natürlich, das ist er, deutlich kann ich ihn an der alten Schirmmütze erkennen.
Mit schwerfälligen Schritten stolziert er über den Platz, bleibt stehen, dreht sich bedächtig um und blickt zu uns. Auffallend langsam hebt er einen Arm zum würdevollen Gruß: «Ich werde alles in Ordnung bringen, Raimond. Mache dir keine Sorgen», erklärt er, Stolz in der Stimme, und strebt den Wartenden entgegen.
Kein Zweifel, das ist er, Big Papa. Ich sehe ihn genauer an: unter seiner Schirmmütze quillt das schwarze Kunsthaar einer Perücke hervor und verleiht seinem Gesicht, das von einer überdimensionalen Sonnenbrille halb verdeckt wird, etwas Dämonisches. Er trägt ein weißes Hemd mit hochgestelltem Kragen, aber offen, weil die Knöpfe fehlen. Darüber, fast passend, einen schwarzen mantelähnlichen Wollsakko, unter dem die weiten Bunde von knallgelben Shorts hervorstehen. Um seine Schulter hängt eine Netztasche, aus der unverkennbar ein Schirm herausragt.
Big Papa hat sich zur Karikatur eines englischen Gentleman herausgeputzt. Ich weiß nicht, ob ich lachen oder weinen soll. Zwei in der Farbe annähernd rote, jedoch ungleich lange Kniestrümpfe bedecken seine ausgeprägten Waden – jedenfalls zum größten Teil, denn ein faustgroßes Loch gibt jedem fremden Betrachter sofort Auskunft darüber, daß Big Papa noch in Trauer ist.
Sein Schuhwerk versetzt mich in Schrecken: Wenn ich mir den Pfad hinunter zur Hochlandstraße vorstelle – beim ersten Abwärtsschritt würde ich mir in diesen Dingern Hals und Bein brechen. Seine Füße stecken nämlich lose in schwarzen, sehr ausgetretenen Galoschen.
«Fehlt ihm nur noch das Dokumentenköfferlein», sage ich scherzhaft zu Anja, die halb betroffen, halb verdutzt zu ihm hinüber starrt.

Mit melodischen klingenden Ausrufen «aiy-yo-aiy-yo-hey-ya-hey-ya» verabschiedet sich die kleine Gruppe von Riyofiyaro und taucht unter im Regenwald.
Da geht er nun, Big Papa, «Buschgentleman» und Amtsperson in einem, ostwärts, hinüber ins Bena Bena-Land.
Anja seufzt «Wenn das nur gut geht».
«Warum nicht, Anja. Big Papas Absichten sind durchaus im Sinne

der Regierungsgesetze. Die Behörden in Goroka werden ihn mit Sicherheit unterstützen. Davon bin ich überzeugt, denn immerhin verhindert er einen Blutrachefeldzug.»
In Gedanken versunken gehen wir zum Haus zurück. Die Tür steht offen.
«Gunime!» rufe ich.
Keine Antwort. Kaum sitzen wir, stimmt jemand das Klagegeschrei an, das uns nun schon merkwürdig vertraut vorkommt: «Aaiyee».
«Das ist doch Gunime?!» sagt Anja verwundert.
Noch einmal: «Aaiyee – aaiyee.» Gunime hockt bei ihrem toten Sohn, zwei Hütten von uns entfernt.
Mir fällt Okani ein, die von ihren Toten- und Bestattungsbräuchen erzählt hatte: Das Trauer-Singsing endet in der Regel erst mit der Beisetzung des Leichnams.
«Das werden wir noch einige Zeit hören», sage ich zu Anja und gebe ihr eine Süßkartoffel. Langsam verzehren wir unser Frühstück.
«Ich sehe noch immer Big Papa vor mir, findest du es nicht auch deprimierend?» frage ich Anja, die schweigend nickt.
«Mit aller Gewalt versuchen sie nun selbst, an all diesen Plunder der westlichen Zivilisation zu kommen.»
«Piet, reg dich nicht auf! Der Akkulturationsprozeß ist nicht zu stoppen.»
«Natürlich nicht. Der gesamte Kulturwandel ist ein Phänomen der Zeit. Aber ich frage mich immer wieder, warum so – verstehst du? Ich bin absolut nicht mit den vielen Methoden einverstanden, mit denen hier Akkulturation teils bewußt, teils auch unbewußt ‹gemacht› wird.»
«Du hast ja recht», versucht Anja mich zu beschwichtigen.
«Ich stelle nur fest», rede ich hartnäckig weiter, «und das ist meine Meinung, die Kulturen sind vergewaltigt worden, die Sozialstrukturen wurden unterdrückt, und das eben ist das Unnatürliche an diesem Akkulturationsprozeß hierzulande. Wir haben es seit Jahren selbst erlebt und können es immer wieder beobachten, in welchem unkontrollierbaren Tempo sich die kulturelle Evolution, speziell hier im Hochland, zu einer ‹mißratenen Kulturmumie› entwickelt hat. Jawohl! – So sehe ich das.»

«Hoffentlich nur für die Dauer weniger Generationen», sagt Anja, verblüfft über meine Gereiztheit.
«Das halte ich für sehr fraglich. Was wir hier vorfinden, sind heute bereits die Anfänge eines sozialen Chaos. Aber das ist nicht nur meine Meinung. Denke an Okanis Aussagen – darin liegt die Bestätigung der Betroffenen.»
«Piet, ich bin ja derselben Auffassung, kein Kontinent ist von dieser Tragödie verschont geblieben. – Aber ich mag nun wirklich nichts mehr davon hören. Komm, wir machen ‹waswas› – wir gehen hinunter zum Fluß.»
Wir sind gerade dabei, uns auszuziehen, als es hinter uns im Gebüsch raschelt. Vielleicht ein Schwein? Ich greife nach einem Kieselstein.
Zweige knicken, Halme werden zur Seite gebogen – völlig unerwartet stehen Gunime und eine andere Frau vor uns. Unauffällig lasse ich den Stein wieder fallen – er landet auf meinen Zehen.
«Wir – waschen – uns», erkläre ich den beiden und hoffe, daß sie den Unterton meiner Stimme wahrnehmen.
Vergeblich! Mit einem feinen, versteckten Lächeln setzen sie sich auf einen großen Stein und schauen an uns vorbei – als wären wir Luft.
Im nächsten Augenblick stürmt eine Kinderschar schreiend um die Flußbiegung.
«Auch das noch!» zischt Anja hinter dem Handtuch hervor. «Nie können wir allein sein.»
Doch Gunime scheint das Mißfallen Anjas selbst nicht zu gefallen. Mit einem Satz rutscht sie tollkühn ins Flußbett hinab, sammelt flink einige Steine und schleudert sie mit Gezeter dem grölenden Nachwuchs von Riyofiyaro entgegen. Schreiend und Grimmassen schneidend laufen die Kinder um sie herum. Sie werden immer ausgelassener, immer frecher. Glück für Gunime: Flugs hat ihre knochige Hand einen besonders tolldreisten Jüngling erfaßt, zieht sein Ohr lang und ermahnt ihn, sich besser zu benehmen.
Mein «moralischer Beistand» soll nicht fehlen; ich erhebe drohend die Faust. Im Nu herrscht Ruhe.
Sichtlich in ihrer Spiellaune gekränkt, zieht die Jungschar mit gesenkten Köpfen flußabwärts, wo sie hergekommen war.
Gunime unterdrückt ihr Keuchen. «Raimond, ich gehe jetzt mit Jäne

in den Garten», sie deutet auf ihre Begleiterin. «Ich will Anja deinen Garten zeigen.»
Anjas Gesicht ist noch immer hinter dem Handtuch verborgen.
Als hätte sie meine Frage erraten, antwortet sie kurz:
«Morgen.»
«Hast du gehört, Gunime. Morgen – morgen will sie mitkommen. Heute ist sie zu müde.»
Sie nickt verständnisvoll in Richtung Handtuch.
So plötzlich sie gekommen waren, sind die zwei Frauen wieder im Dickicht der Uferböschung verschwunden.
«Ist das nicht eigenartig? Gunime sprach von meinem Garten!»
Anja wiegt nachdenklich den Kopf und räumt ihr Waschzeug zusammen. Dann, wie aus heiterem Himmel:
«Am liebsten ginge ich auf und davon!»
«Was? Wieso?» frage ich arglos.
Anja zieht vielsagend ihre Brauen hoch:
«Ich habe die ganze Nacht kein Auge zugemacht.»

Und Anja fängt an zu erzählen:
«Also: Ich komme mit Hellen in die Hütte. Gunime und eine Frau – übrigens die gleiche, die zuvor hier war, sitzen reglos vor der Kochstelle und stieren vor sich hin.
‹Das ist Gunime, Raimonds, Johns und meine Mutter›, erklärt Hellen. ‹Und das ist Jäne, die zweite Frau von Raimonds, Johns und meinem Vater. Sie war mit einem Bruder meines Vaters verheiratet. Als er starb, nahm mein Vater sie als zweite Frau.›
‹Gunime›, ruft Hellen ihre Mutter aus ihren Träumen zurück, ‹das ist Anja, Raimonds Frau.›
Völlig entgeistert schaut Gunime mich an.
‹Das ist Raimonds Frau›, wiederholt Hellen und klopft mir auf die Schulter.
Endlich – sie hat verstanden. Leben kommt in ihre Knochen, langsam geht sie auf mich zu, bleibt zögernd vor mir stehen. Unheimlich wirkt die Trauerbemalung in ihrem Gesicht. Ich habe Mühe, ihren seltsamen Blick zu ertragen, der prüfend über meinen Körper wandert.

Dann: Wie von einem Stromschlag getroffen zucke ich zusammen. Ihre Hand berührt meine Brust – tastet sie ab. Im nächsten Moment liegt ihr Mund darauf, als wollte sie saugen. Wie gelähmt stehe ich vor ihr.
Plötzlich spüre ich ihre Hand an meiner Scham. Rasch zieht sie die Hand wieder zurück, führt sie zum Mund und küßt sie mehrmals. Schweigend geht sie wieder zurück an die Feuerstelle.
Erst nach einer Weile löst sich meine Spannung. Mir wird klar, daß hinter dieser ‹Begrüßung› ein weit tieferer Sinn stecken muß, vielleicht ist es eine symbolische Geste der Familienaufnahme und der Familienzugehörigkeit. Doch ich wage nicht zu fragen – jedenfalls nicht jetzt. Vielleicht kann Hellen mir später darüber Auskunft geben; ich setze mich auf die Alu-Kiste.
Kurz darauf beginnt ein geschäftiges Treiben in der Hütte. Kochvorbereitungen werden getroffen. Man merkt, daß die beiden Frauen schon oft miteinander gekocht haben, jede hat ihre bestimmten Aufgaben. Jäne schält emsig mit einem Taschenmesser große Süßkartoffeln, doch nach der zweiten oder dritten wirft sie das Messer kurzerhand in die Ecke, kramt aus ihrer Netztasche ein Bambusmesser hervor und schält fast doppelt so schnell weiter.
Währenddessen hat Gunime zwei Töpfe mit Wasser auf den durchlöcherten Benzinfaßboden gestellt.
‹Weißt du, Anja›, sagt Hellen mit geheimnisvoller Stimme, ‹Mama kocht uns heute ein besonderes Essen.›
‹So! Was denn?› frage ich neugierig.
‹Mama kocht einen kokoruk, einen Gockel›, flüstert sie mir ins Ohr und kratzt sich mit einem Bambuskamm verträumt den Kopf.
Nach einer Weile taucht Gunime prüfend ihre Hand in einen Was-

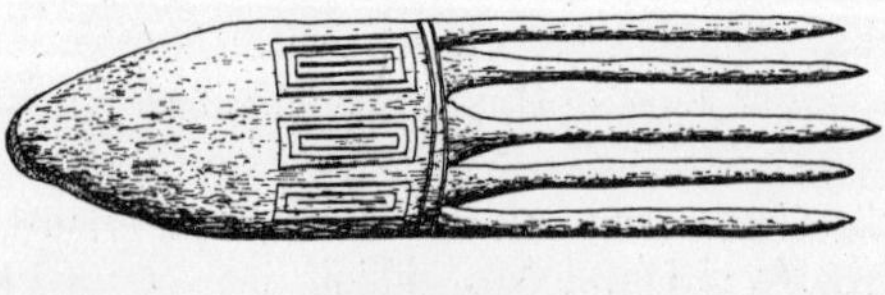

Bambuskamm mit eingebrannter Ornamentierung

sertopf, zieht sie sofort wieder heraus, dreht sich um und greift nach einem Wolldeckenbündel. Behutsam breitet sie mit feierlicher Miene eine Decke aus, und – ich glaube, ich sehe nicht richtig – da kommt das Federvieh zum Vorschein.

Hellen zieht mich an ihre Seite:

‹Gunime hat mit ihm geschlafen!› Dabei lächelt sie mich liebevoll an: ‹Du weißt ja – wegen der Ratten!›

‹Ist das wahr?› frage ich, und ein kalter Schauer läuft über meinen Rücken. Ich denke an die bevorstehende Nacht – das kann ja heiter werden!

Im Nu ist der Hahn gerupft, die Federn werden sorgsam in einem kleinen Bambusrohr verstaut.

Um Himmels willen, was macht sie denn jetzt? Kurz entschlossen packt sie das nackte Tier, steckt es in den Wassertopf und stülpt einen Deckel drauf. Da schmort es nun, komplett samt allen Eingeweiden, nur ohne Federn.

Zufrieden rollt sich Gunime zwischen den beiden Handflächen eine Buschzigarette, zündet sie mit einem glimmenden Hölzchen an und verschwindet sofort in einer mächtig stinkenden Rauchwolke. Nur ein erbärmliches Husten verrät ihren Standort. Nach einigen Momenten taucht sie luftschnappend wieder auf, nimmt noch einen tiefen Zug und blickt mit tränenden Augen erwartungsvoll auf den Suppentopf.

Lautlos tritt eine Frau in die Hütte, schiebt ihren Kordelschurz durch den Schritt und setzt sich stumm neben Gunime ans Feuer. Hellen schaut kurz auf:

‹Das ist Kama, eine Schwester von Mutter›, ruft sie mir zu und sucht auf Jänes Kopf weiter nach den kleinen juckreizerregenden Tierchen.

Ich muß mir das Lachen verkneifen: Jäne hält sich die Petroleumlampe dicht vor den Kopf, damit Hellen auch wirklich keines der Biester in den Spiralkraus-Haarnestern übersieht.

Auf einmal stöhnt Kama. Mit beiden Händen hält sie ihre rechte Brust.

Ich erschrecke: Ihre Brustwarze ist ein riesiger Eiterherd, blutwässrige Flüssigkeit tropft auf ihren Oberschenkel.

Entsetzt wende ich mich zu Hellen:

‹Schau mal an! Sie sollte sich schleunigst im Krankenhaus behandeln lassen.›

‹Aai›, staunt Hellen, ‹was hast du denn mit deiner Brust gemacht?› und schüttelt den Kopf.

Kama lächelt, aber man sieht ihr an, daß sie Schmerzen hat.

‹Das war mein Jüngstes. Es konnte einfach nicht genug bekommen, und als ich ihm die Brust nehmen wollte, schnappte es und biß mir die Warze halb weg.› Piet, ich dachte, ich höre nicht richtig!

‹Da hast du aber selbst Schuld›, meint Hellen. ‹Ich würde nie ein Schwein an meine Brust lassen.›

‹Das sagst du!› faucht Kama gereizt: ‹Ihr Jungen seid doch alle gleich.›

‹Nein, das sind wir nicht›, antwortet Hellen erbost. ‹Nur bin ich der Meinung, das Schwein gehört zum Schwein und das Baby an die Brust.›

‹So, glaubst du etwa, ich lasse meinen Liebling verhungern? Wenn das Mutterschwein noch lebte, hätte ich keine kranke Brust.› Kama ist aufgebracht.

Eine noch gelegentlich praktizierte Trauersitte der Komongu-Frauen: Das Abschlagen von Fingergliedern. Die früher mit dem Steinbeil, heute mit dem Buschmesser abgetrennten Fingerglieder werden über der Feuerstelle luftgeräuchert und als Amulette aufbewahrt oder getragen.

Dieser Fingerverstümmelung, die vielen Hochlandstämmen Neuguineas bekannt war, unterzogen sich bemerkenswerterweise überwiegend nur Frauen. Bei Todesfällen naher Verwandter, wie Ehemann, Kind, Bruder oder Schwester, wurde während der Trauerzeremonie von mancher Trauernden das erste Glied eines Fingers der linken Hand abgeschlagen.

Im Gegensatz zu den Frauen war bei den Männern des Komongu-Stammes das Ohrläppchenschlitzen als Trauersitte ausgeprägt. Mit einem scharfen Bambusmesser wurde das bestehende Ohrloch, das gewöhnlich der Schmuckaufnahme diente, durchgetrennt.

‹Mach, was du willst mit deiner Brust, es ist ja nicht meine›, sagt Hellen, ‹aber du solltest nach Watabung gehen und dir vom Doctorboy Penicillin geben lassen.›

‹Was sagst du da? Das Zeug kenne ich nicht›, brummt Kama mit ablehnender Geste.› Ich werde das vom We Namba Guri machen lassen, denn von eurer neuen Medizin halte ich sowieso nichts.›

‹Du hast eben keine Ahnung›, schreit Hellen ihr ins Gesicht. ‹Im Krankenhaus werden alle Leute mit der neuen Medizin behandelt. Sie wirkt sofort und heilt viel schneller. Das weiß ich ganz genau, schließlich arbeite ich schon drei Jahre damit. Probier sie doch mal aus, dann wirst du's selbst sehen.

Etwas unsicher geworden gesteht Kama zögernd:

‹Na ja, das kann vielleicht schon stimmen. Für euch junge Leute mag die neue Medizin ganz gut sein, aber nicht für mich.›

‹Sie ist für alle Leute gut›, erklärt Hellen mit Nachdruck und sieht mich auffordernd an.

‹Du hast recht, Hellen. Sie sollte unbedingt zum Doktor gehen›, sage ich.

‹Hast du das gehört, Kama?› fragt Hellen.

‹Ja, ja, irgend etwas werde ich schon tun. Vielleicht gehe ich nach Watabung – oder…›

Kama glotzt stumpf vor sich hin – sie kämpft mit ihren Widersprüchen, ringt nach einer Entscheidung.

‹Gut, Hellen, ich habe es mir überlegt. Morgen gehe ich auf die Krankenstation. Wenn meine Brust aber nicht besser wird, muß mir We Namba Guri helfen.›

Gunime sitzt mit gleichgültiger Miene unbeweglich vor der Feuerstelle und läßt den Suppentopf nicht aus den Augen.

Dann, völlig unerwartet, schrecken mich wieder Aaiyee-aaiyee-Rufe auf. Das Klagegeheul nagt an meinen Nerven. Hellen und Kama fallen mit ein. Wie ein Windgesang zieht das Trauerlied von Hütte zu Hütte.

Im Grunde sind die Empfindungen der Menschen hier nicht anders als unsere. Sie haben Sorgen und Nöte genau wie wir, sie kennen Kummer und Leid, Freude und Muße. Was unterscheidet sie aber von uns? Sie sind anders – aber wieso? Was an ihnen ist anders? Ist es

ihr ausgeprägtes Mitgefühl, ihre Natürlichkeit, ihre Offenheit? Ohne Zweifel: Es ist ihre ganze Psyche. Ja, es ist ihre ganze Seele.
Endlich – der Trauergesang verstummt. Ohne mit der Wimper zu zucken nimmt Gunime mit bloßen Händen die heißen, rußgeschwärzten Töpfe vom Feuer und macht sie auf. Ein übelriechender Fleischgeruch verschlägt mir fast den Atem.
Jäne stellt alles verfügbare ‹Geschirr› zusammen: zwei Plastikteller, eine Alu-Waschschüssel und zwei ‹rape›-Holzschalen, wohl der Rest aus dem traditionellen Haushalt.
Bedächtig füllt Gunime die große Schüssel mit Süßkartoffeln, stemmt sie in die Hüfte und geht aus dem Haus.
‹Sie bringt den Männern das Essen›, erklärt Hellen, ohne mich anzusehen.
Gebannt starrt sie auf Jäne, die eben mit einem Bambusmesser dem gekochten Hahn zu Leibe rückt. Ein schneller Schnitt – die Eingeweide fallen ihr halbwegs entgegen –, es stinkt bestialisch. Ich wende mich voller Ekel ab – Piet, kannst du das nachfühlen? Plötzlich, wie aus dem Boden gestampft, steht Gunime hinter mir, unbeweglich, ihre Augen blitzen drohend.
Im nächsten Moment stürmt sie auf Jäne los, reißt ihr den Hahn aus den Händen, haut ihn ihr um den Kopf und straft sie mit einem verächtlichen Blick.
Verlegen kratzt sich Jäne an den Füßen und schaut teilnahmslos drein.
Hellen beugt sich zurück:
‹Du mußt wissen, nur Gunime gibt und verteilt das Essen. – Sie ist die erste Frau!›
Ohne Messer, mit roher Gewalt zieht Gunime den Hahn in die Breite, legt die einzelnen Stücke auf die Teller, dazu die üblichen Beilagen. Hellen und ich bekommen die größten Portionen, Gunime überreicht sie mit einem breiten Lächeln, einem freundlichen Nicken, als wollte sie sagen: ‹Laßt's euch schmecken!›
Ich will nur die Süßkartoffeln und die Blätter essen. Die Blätter schmecken bitter, und ich schlucke das Grünzeug fast ungekaut hinunter. Das Fleisch! – Ich spüre es bereits unverdaut und bleischwer im Magen, obwohl es noch auf dem Teller liegt.

Ich kämpfe gegen den Brechreiz. Halbroh liegt ein grauer formloser Fleischklumpen, gespickt mit kleinen Federkielen, in einer wäßrig trüben Blutsoße.
Voller Abscheu und Grausen wende ich mich an Hellen:
‹Ich bin soo satt›, sage ich mit belegter Stimme, ‹vielleicht schaffst du noch das Stückchen Fleisch.›
Hellen ist entzückt, schnappt gierig nach dem Fleisch und verschlingt es.
In der Soße schwimmt noch ein mitgekochter Kakerlak. Doch das stört mich nicht mehr, ich habe gegessen. Gunime vermengt die Eingeweide mit Süßkartoffeln zu einem Brei für die Jungschweine, die sich in einem kleinen Schweinehaus, nur wenige Schritte von uns entfernt, grunzend bemerkbar machen.
‹Bist du auch wirklich satt›, fragt Hellen nach einer Weile, klopft mir auf den Bauch und sieht mich besorgt an.
Ich sage ‹ja und wie. Bis oben hin!›
Sie nickt zufrieden:
‹Weißt du, Anja, dieses Essen gibt es nicht alle Tage›, und sie schleckt sich genüßlich die Lippen sauber. ‹Der Kokoruk war ein Geschenk›, erfahre ich dann.
‹Gunimes Schwester Kama hat ihn mitgebracht. Sie bleibt hier, bis Raimond beerdigt ist.›
‹Und wann wird das sein?›
‹Ich denke, wenn Big Papa von den Bena Bena zurückkommt.›
‹Also erst nach der Rückzahlung.›
Sie bejaht und hält ihr Gesicht in den Händen vergraben.
Eine lange Pause entsteht, während ich überlege, ob es nicht besser wäre, Riyofiyaro bald wieder zu verlassen.
‹Anja, wie heißt Raimond mit seinem neuen Namen?› fragt Hellen mich plötzlich.
Ich stutze, begreife nicht sofort, was sie will.
‹Piet›, schießt es aus mir heraus, und ich wundere mich selbst über diese Antwort.
‹Piet-Raimond›, spricht Hellen in Gedanken versunken vor sich hin und setzt leise hinzu: ‹Er ist als Weißer wiedergekommen.› Piet-Raimond, der Name spukt durch mein Hirn und versetzt mich in große

Unruhe. Was wird noch alles geschehen? Ist es nicht besser, ich sage zu Hellen, Piet ist nichts als ein Doppelgänger? Die Leute sollen in ihm nicht Raimond sehen. Doch – sie würden es nicht glauben. Keiner von ihnen zweifelt daran, alle sind überzeugt, daß Raimond wiedergekommen ist.
‹Hellen›, frage ich vorsichtig, ‹hat sich Piet-Raimond verändert?›
Sie guckt verständnislos, versteht offenbar meine Frage nicht, dann antwortet sie unsicher:
‹Verändert – sagst du. Wie meinst du das?› Sie sieht mich forschend an.
Ich schweige.
‹Natürlich hat er sich verändert›, sagt Hellen. ‹Er ist als Weißer ...› Sie unterbricht sich. ‹Ich weiß auch, warum. Er wird die Sippe reich machen. Er wird trade stores aufbauen und viel Geld machen, so, wie alle Weißen.› Sie holt tief Luft: ‹Dann werden wir genauso sein wie die Australier. Raimond hat davon geträumt, er wollte schon immer so sein wie die Weißen. Jeden Toea hat er sich in Port Moresby zusammengespart, um sich später einmal ein Geschäft und ein Auto kaufen zu können. Er wollte nicht ständig *für* die Weißen arbeiten, sondern *mit* den Weißen, verstehst du!?›
Ich nicke. Eine Flut von Zukunftsgedanken, vermischt mit Erinnerungen, läßt meinen Kopf zu einem Hexenkessel werden.
‹Weißt du ...›, höre ich Hellens Stimme.
‹Was?› frage ich willenlos.
‹Raimond wollte auch eine Familie haben, Kinder und eine schöne Frau – aber nur eine!›
Sie legt ihren Arm um meine Schulter, sieht mich nachdenklich an:
‹Du bist doch Raimonds Frau?›
‹Ja, natürlich. Warum fragst du?›
Sie lacht vergnügt, schiebt sich ganz nahe an mich heran und flüstert mir ins Ohr:
‹Und – wann bekommst du ein Baby?›
‹Ach das hat noch Zeit›, reagiere ich ein bißchen verlegen.
Auf einmal ruft jemand: ‹Gut nait.› Gunime steht gebückt, mit einer Wolldecke und einem Bündel Feuerholz unter dem Arm, an der Tür, lächelt uns liebevoll zu und verläßt das Haus.

‹Wo geht sie hin?›
‹Sie geht hinüber zu Raimond.›
‹Ins Männerhaus?› wundere ich mich.
‹Nein, nein›, wehrt Hellen ab. ‹Da haben doch Frauen nichts zu suchen. Sie geht in Raimonds Hütte.›
‹Zum Toten?›
‹Ja, sie betrauert seinen Körper. Morgen früh kommt sie zurück.›
‹Ist sie allein dort?›
‹Nein, es sind noch einige alte Frauen bei ihr.›
Ein sägendes Geräusch läßt uns zusammenfahren. Im nächsten Augenblick lachen wir, denn es ist Jäne, die ausgebreitet in voller Länge auf der Schlafmatte liegt und gänsehauterregend schnarcht. Als Nakkenstütze hat sie eine Astgabel unter den Kopf geschoben. Daneben liegt Kama, eingerollt wie eine Katze, in einer alten Decke.
‹Wir schlafen hier›, sagt Hellen und rollte eine wunderbar geflochtene Bastmatte aus. ‹Die hat mir Raimond mal mitgebracht – sie stammt von der Küste.›
Hellen zieht sich aus, legt sorgsam ihren Mini-Rock zusammen und sagt:
‹Diese Kleidung ist nichts für hier.›
Geschickt wickelt sie sich ein Badetuch um den Körper, dreht die Petroleumlampe aus und schlüpft unter ein weißes Laken, das vermutlich vom Krankenhaus stammt.
Mitternacht war lange vorbei – aber ich konnte nicht schlafen. Aus dem Männerhaus dringt angeregtes Palaver über den Dorfplatz. Kama dreht sich ständig hin und her, stöhnt, ihre Brust muß sehr schmerzen.
Dann: Wieder das Klagegeschrei, heiser und monoton – unerträglich! Neben mir liegt Hellen, träumt wohl lebhaft, zuckt mit Händen und Füßen, spricht wirres Zeug.
Hinten an der Wand fällt ein Deckel polternd auf den Boden. Jäne schreckt hoch, zischt gefährlich wie eine Schlange und verscheucht die Ratten.
Bewegungslos liege ich im Schlafsack – in mir spielt alles verrückt.
Meine Disziplin und meine Selbstbeherrschung hatten mich verlassen. Ich mußte alle meine Kräfte zusammennehmen und mir klarmachen,

daß ich freiwillig hier bin und nichts anderes tue, als zu versuchen, wie die Einheimischen zu leben.
Nach und nach beruhigen sich meine Nerven; die Überreiztheit läßt allmählich nach – trotzdem liege ich wach.
Plötzlich – etwas krabbelt auf meiner Haut, es ist am Rücken, schließlich juckt es oben und unten, an den unmöglichsten Stellen – überall! Ich könnte aus der Haut fahren.
Ich rede mir ein, es sei nur eine Juckreizallergie, und versuche, das scheußliche Gefühl zu ignorieren.
Wieder das Kribbeln – dann ein Biß am Fuß. Verdammtes Viehzeug. Ich reiße den Schlafsack auf und leuchte mit der Taschenlampe mein Bein ab.
Nichts – gar nichts! Keine Rötung, kein Stich, keine Spur von einem Insekt.
Ich war nicht sicher, ob ich träumte und mir alles nur einbildete. Ich probierte, endlich zu schlafen. Doch das beständige Gefühl von Kribbeln und Krabbeln in mir und an mir ließ mich nicht zur Ruhe kommen.
Da, plötzlich ein Biß am Po, fast gleichzeitig einer am Bauch. Ich springe auf. Irgend etwas läuft über mein Gesicht, verfängt sich in den Wimpern. Ich greife etwas Körniges, zerreibe es mit den Fingern, knipse die Taschenlampe an. Schweinerei, Wanzen! Piet, da war das Maß voll. Ich war sauer und wütend.
Gründlich durchstöbere ich den Schlafsack, finde zwei, vier, fünf der übelriechenden Biester und mache kurzen Prozeß mit ihnen.
An Dösen oder Einschlafen war nicht mehr zu denken, ich war überwach. Die Nacht schien keine Ende zu nehmen.
Endlich! Ich höre sie erwachen, Kama, Hellen, Jäne, fast gleichzeitig. Gähnend unterhalten sie sich im Komongu-Dialekt.
Bald steht auch Gunime, von der Wolldecke umhüllt, in der Hütte.
Jäne entfacht ein neues Feuer, Hellen sitzt frierend daneben und kratzt sich ausdauernd den Kopf. Gunime legt Süßkartoffeln in die Holzkohlenglut.
‹Good morning, Anja›, begrüßt mich Hellen. ‹My sister›, fügt sie lachend hinzu.
‹Siané, guten Tag›, kommt es breit von Gunimes Lippen.

Jäne und Kama nicken.
‹Hast du gut geschlafen?› fragt Hellen vergnügt.
‹Ja, ja›, sage ich gallig und zeige ihr die Wanzen- und Flohstiche.
‹Ai, ai, plnti laus kaikai – viele Läuse haben an dir gegessen.› Sie schüttelt verwundert den Kopf, ‹mi sori tumas›, und sieht mich mitleidig an.
Das, mein Lieber, war der wahrhaftige Bericht über meine erste Nacht in Riyofiyaro.»
«Auch nicht gerade beneidenswert», sagte ich trocken und klopfe Anja tröstend auf die Schulter.
Noch immer sitzen wir am Ufer unter einem hohen Bambusbusch.
«Und trotzdem glaube ich, diese Nacht hat dir einiges gebracht.»
Sie sagt nichts.
«Weißt du – auch solche Belastungen, wie du sie heute nacht erlebt hast, führen zu einem Sich-selbst-Erkennen. Gerade diese Begegnung zwischen dem Bekannten und dem Unbekannten ist wichtig. Denn in diesem Bereich müssen wir unsere Erkenntnisse suchen. Nur etwas Neues zu wissen, genügt nicht, man muß Erfahrungen machen und das Neue wirklich erleben. Erst dann verstehen wir unsere Reaktionen und können unser Verhalten begreifen.»
Anja schaut mich an:
«Diese Nacht war zweifellos lehrreich für mich, aber auch eine harte Lektion. Aber ich bin schon dabei, das Erlebte zu verdauen»; sie lächelt wieder. «Mach dir keine Sorgen um mich, ich bin davon überzeugt, die kommenden Nächte weitaus gelassener zu überstehen.»
Wir lachen und halten uns in den Armen.
«Halt still – ein Schmetterling sitzt auf deinem Kopf», sage ich und betrachte aufmerksam den Falter.
Langsam wiegt er mit den Flügeln auf und ab, breitet sie schließlich ganz waagrecht aus.
Ein Prachtexemplar von einem Vogelschwingenfalter. Blitzschnell rollt er seine lange schwarze Rüsselzunge aus und labt sich an einem Wassertropfen, der in Anjas Haaren glänzt. Die Flügeloberseiten leuchten blau, ein schwarzer Rand umrahmt sie. Seine Flügelspanne mag gut zehn Zentimeter betragen. Nach einigen Sekunden schwebt er im Zickzack auf und davon.

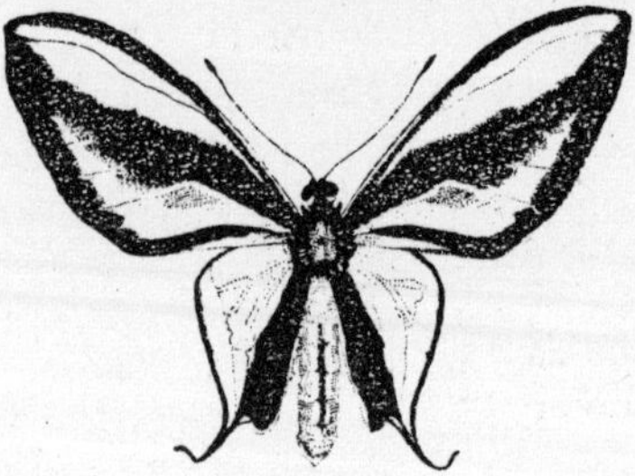

Vogelschwingenfalter der Gattung Ornithoptera paradisea

Wir kommen ins Dorf zurück. Es wirkt fast wie ausgestorben. Die Leute sind in den Gärten, bei Rodungsarbeiten im Busch, am Straßenmarkt bei Atarero und Watabung oder sonst wo. Nur das Husten und verhaltene Palaver der Alten und Kranken dringt aus einigen Hütten.

Zwei, drei Hunde laufen Futter suchend quer über den Platz. Neben einer Rundhütte sitzt eine Greisin in der Sonne. Vor ihr, auf einer Plane, geschälte Kaffeebohnen, die sie mit streifenden Handbewegungen fortwährend wendet, damit sie schneller trocknen.

Wir gehen auf Gunimes Hütte zu. Im nächsten Moment tritt eine Frau heraus. Als sie mich sieht, erschrickt sie und starrt mich verwirrt an.

«Das ist Kama», flüstert Anja.

Die Frau mit der kranken Brust, fällt mir sofort ein.

«Hallo, Kama!» rufe ich und winke.

Unschlüssig bleibt sie stehen.

«Raimond», murmelt sie leise und blickt mich neugierig an.

«Yu toktok pisin – sprichst du Pidgin?» überrumple ich sie.

«Mi toktok», kommt es verlegen von ihren Lippen.

«Wann gehst du nach Watabung?» Ich deute auf ihre Brust. Ängstlich stiert Kama auf den Boden.

«Bist du schon bei Rumba-Guri gewesen?» bohre ich weiter. Sie nickt.

«Und – hat er was getan?»

Mit zittrigen Händen ergreift sie meine Arme:
«Er hat mich wieder fortgeschickt», antwortet sie halb beleidigt, halb wütend.
«Warum?»
«We Namba Guri sagte, ich solle später wiederkommen. Jetzt habe er keine Zeit, denn er hat eine große Sache im Kopf, worüber er nachdenken muß.»
«Wenn du noch länger wartest, verfault dir die Brust!» fahre ich sie an.
Entsetzt guckt sie zuerst mich an, dann Anja. Meine Worte haben ihre Wirkung nicht verfehlt.
«Raimond, kannst du mir helfen?» fragt sie kläglich. «Hellen meint, die neue Medizin ist gut. Sie würde allen Leuten helfen.»
«Glaubst du auch daran?» frage ich mit ernster Miene.
«Wenn du daran glaubst, so will ich auch fest daran glauben.»
«Dann komm!» fordere ich sie auf, und wir gehen in die Hütte. Mit unerschütterlichem Gleichmut läßt Kama die schmerzhafte Wundreinigung über sich ergehen. Auf eine sterile Mullbinde streiche ich Zugsalbe, decke, so gut es geht, alles keimfrei ab und lege ihr einen Kreuzverband über Schulter, Rücken und Brust. «Kama, hör gut zu! – Du darfst den Verband nicht abnehmen, auch nicht schwer arbeiten: keine Gartenarbeit, nicht Holz hacken – hast du verstanden?!»
Sie nickt lächelnd.
«Morgen früh kommst du wieder!»
«Ja, Raimond. Tenkyu tru.»
Während Kama und Anja über alle möglichen Dinge reden, packe ich den Verbandskasten sorgfältig wieder zusammen.
Mit einemmal bricht ihre Unterhaltung mitten im Satz ab: unerwartet steht Rumba-Guri im Hütteneingang. Über seine Schulter erhebt sich finster der Kopf von Kindirum, meinem Vater.
Es läuft mir heiß und kalt über den Rücken. Hoffentlich mißbilligt er meine soeben vollbrachte Behandlung an Kama nicht. Kann ja sein, daß er es als eine grobe Verletzung seiner persönlichen Angelegenheiten auffaßt.
Scharf mustert Rumba-Guri Kamas auffällig weißen Verband. Jeder Muskel in seiner linken Gesichtshälfte zuckt, selbst sein Ohr bewegt

sich. Langsam wandert sein Blick zu mir. Ich weiche aus; nervös bükke ich mich und reinige die Pinzette. Dreckige, rauhe, aufgesprungene Männerfüße schieben sich in mein Blickfeld, sie kommen immer näher, bleiben dicht vor mir stehen.
Ich springe auf.
«Du hast ihr geholfen», bricht Rumba-Guri das lähmende Schweigen. Wortlos nicke ich.
«Gutpela, gutpela, sehr gut, sehr gut», lispelt er in ruhigem Tonfall und schaut mich zufrieden an.
Ich atme erleichtert auf. Diese Antwort habe ich nicht erwartet.
Neugierig betrachtet er die offenstehenden Aluminiumkisten, ohne dabei Anja und Kama auch nur eines Blickes zu würdigen. Hinter ihm steht Kindirum und bewundert mit weit aufgerissenen Augen die Pinzette in meiner Hand. Unaufhörlich schnippt er mit dem Zeigefinger an seiner Unterlippe und erzeugt lustige Blubbertöne. Die zunächst gefährliche, böse Atmosphäre hat sich sichtlich entspannt.
«Ewé, ewé – hm ewé», murmeln die beiden beifällig und ziehen die Mundwinkel nach unten.

Mit einem Ruck dreht sich Rumba-Guri um:
«Raimond», flüstert er bebend, «wir haben etwas Wichtiges mit dir zu besprechen», und deutet mit den Augen zum Eingang. «Komm mit!» In seiner Aufforderung schwingt etwas Geheimnisvolles.
In Gedanken versunken folge ich dem Alten.
Was, um Himmels willen, wollen sie mit mir besprechen? Ich zermartere mein Hirn mit Fragen, die mir im nächsten Augenblick völlig absurd erscheinen. Irrwege der Gedanken und Gefühle. Ich muß über mich selbst lachen, denke einen Moment lang, das könnte der Weg zum Wahnsinn sein, und versuche, die dumpfen Gedanken zu vertreiben.
Wie geistesabwesend bleibe ich stehen:
«Was wollt ihr hier?» platzt es aus mir heraus.
«Psst, i-tambu», wispert Guri. Seine Augen umkreisen aufmerksam den Dorfplatz, springen von Hütte zu Hütte.
Niemand ist zu sehen. Nur die Alte vorn bei den Kaffeebohnen, doch sie kehrt uns den Rücken.

Mein Vater öffnet die Tür. Ein Schwarm Schmeißfliegen summt wie wildgewordene Hornissen um unsere Köpfe. Der Leichengeruch ätzt wie Schwefeldampf meine Lungen.
Schnell zünde ich mir eine Zigarre an. Ich bekomme Herzklopfen. Flüchtig huscht mein Blick durch die Dunkelheit des Raumes, erfaßt die Konturen der Pappkiste – dann totale Finsternis: Rumba-Guri hat die Tür hinter sich zugedrückt.
Reglos verharre ich auf der Stelle. Es dauert eine Weile – ganz allmählich erkenne ich die unzähligen Ritzen in der Hüttenwand, durch die nadeldünne Lichtstrahlen eindringen.
Die beiden machen sich an der Feuerstelle zu schaffen. Holzkohlenglut glimmt auf, verlischt wieder. Sie pusten. Hellgelb flackert ein Flammenzünglein hoch und erleuchtet für einen Augenblick gespenstisch ihre Gesichter. Im nächsten Moment lodert das Feuer hell.
Schweigsam, mit verschlossenen Mienen sitzen sie mir nun gegenüber, glotzen mich an.
Warten sie auf etwas? Aber worauf? Merkwürdig, sie wollten doch etwas Wichtiges mit mir besprechen.
Jetzt: Rumba-Guris Augen blitzen – funkeln unruhig, finden keinen Punkt, um sich daran festzuklammern. Seine Lippen öffnen sich, pressen sich wieder fest zusammen. Ich fühle, er will mit mir sprechen. Doch irgend etwas hindert ihn daran.
Dann: «Raimond – smok.»
Verwundert gebe ich ihm die Zigarre, er nimmt einen mächtigen Zug, hustet erbärmlich, gibt sie wieder zurück.
«Raimond», krächzt er und beugt sich nach vorn. «Was ich dir jetzt sage, darfst du keinem Menschen weitererzählen.»
Er stockt, überlegt einen Moment, spricht einige Worte im Komongu-Dialekt mit meinem Vater. Der verneint unmißverständlich, Rumba-Guri schüttelt ebenfalls den Kopf, spricht mich wieder an: «Auch nicht Big Papa, wenn er zurückkommt.»
Ich nicke.
«Also, hör zu: Das Leben in unserer Sippe hat sich verändert. Auch bei unseren Nachbarn – überall. Die Jungen leben mit der neuen Zeit und verstehen uns Alte nicht mehr. Das Neue hat ihnen den Kopf verdreht; ja, ja, so ist es. Wir leben zwar in der Sippe, doch die Jungen

hören nicht mehr auf uns – noch schlimmer, sie kümmern sich kaum mehr um uns.»
Er legt sein Gesicht in nachdenkliche Falten, schweigt einige Sekunden, holt tief Atem:
«Raimond», seine Miene nimmt schwermütige Züge an. «Raimond, ihr seid anders geworden. Ihr denkt nicht mehr so wie wir.»
Pause.
«Ihr», hämmert es in meinem Schädel.
Wir sehen stumm aneinander vorbei.
«Raimond, hör zu», zischt er. «Die neue Zeit – ich weiß es nicht, doch ich glaube – sie ist gut und schlecht; darüber sprechen wir aber später. Jetzt paß auf: Du – es ist zu dumm – kannst dich ja an nichts mehr erinnern. Ich muß dir alles wieder erzählen», dabei klatscht er auf seine sehnigen Oberschenkel, so daß mein Vater neben ihm hochschreckt. «Paß auf!» Er zeigt zum Sarg. «Hier liegt dein alter Körper.»
Wie vom Blitz getroffen, fahre ich zusammen.
«Schon unsere Ahnen haben ihre Verstorbenen gegessen – und wir auch!» Er sieht auf Kindirum, der ihm energisch zunickt.
«Nicht, weil wir Hunger hatten, nein, nein! Sondern weil wir sie lieb hatten.»
Rumba-Guri unterbricht. Mein Vater reicht ihm eine Betelnuß, dazu die Kalkkalebasse.
Mühsam bewahre ich die Ruhe. Meine Hände werden feucht, kalter Schweiß bricht aus. Ein Rauchschwall treibt mir Tränen in die Augen.
Plötzlich sehe ich Rumba-Guri und meinen Vater zweimal, dreimal – die halbe Hütte scheint mit denselben Personen angefüllt zu sein, die im nächsten Moment von der Dunkelheit wieder verschluckt werden, während über der Feuerstelle ein Lichtkranz mit den Farben des Regenbogens schwebt.
Dann: Es ist wieder vor mir. Ich schließe die Augen – immer noch ist es da, das blutleere, aschfahle Gesicht des Toten.
Das Bild will nicht weichen – jetzt bewegt sich das Gesicht, flimmert, verzerrt sich bis zur Unkenntlichkeit, verschwindet. Zurück bleibt ein matter milchiger Schein, wird dunkler, endet im schwarzen Nichts.

Angst, beklemmende Angst breitet sich aus – da: Die fremde Stimme in mir, ich höre sie kristallklar:
«Das kann ich nicht bestimmen, die Entscheidung muß die Sippe finden.»
«Nein, nein, Schluß damit!» brülle ich aus Leibeskräften – ohne mich dabei zu hören.
Mein Herz krampft sich zusammen und entspannt sich beim nächsten Atemzug. Langsam, ganz langsam verschwindet diese gräßliche Angst. Krampfhaft suche ich nach einer Erklärung. War ich Opfer einer Wahnvorstellung? – Leide ich an einer Bewußseinsspaltung? Ich finde keine Antwort.
Es hat keinen Sinn, jetzt zu analysieren; ich schaue auf. Meine Augen bleiben an Rumba-Guris fesselndem Blick haften.
«Raimond», klingt es nasal. «Raimond, yu lukluk tambaran – hast du die Ahnen gesehen?» fragt er forschend mit immer größer werdenden Augen.
Ich antworte nicht. In mir wiederholt sich seine Frage, gräbt sich ein in mein Bewußtsein, taucht unter, steht wieder in meinen Gedanken.
Immer mehr versetzt mich seine Frage in Verwunderung. Was mag ihn zu einer solchen Annahme bewegt haben? Hat er meine Gedanken gelesen – sah auch er die Vision? Spürt er die Vorgänge in mir, die ich selbst nicht begreifen kann?
Das ständige Grübeln, der ewige Zweifel bringen mich fast um den Verstand. Ich komme zu keinem Ergebnis – kein Einfall, kein Gedanke, der mir nur im geringsten eine mögliche Erklärung brächte, meine innere Spannung lösen könnte – nichts. Überdies habe ich vollkommen das Zeitgefühl verloren.
«Ssst! Raimond», höre ich Rumba-Guri und rieche seinen herben Betelsaftatem. «Haben dir die Ahnen gesagt, daß wir dich alle sehr lieb gehabt haben? Hmm?»
Mit einem hypnotisierenden Blick unterstreicht er die Wichtigkeit seiner Frage.
Stumm weiche ich aus. Er ahnt es, ja, er fühlt es, daß sich in mir etwas Unerklärliches abgespielt hat. Es ist, als könnte ich seine Gedanken, die mit einemmal zentnerschwer in mir lasten, greifen.
«Bist du einverstanden?» Er stockt, schaut zu meinem Vater. Wieder

starrt er zum Sarg: «Niemand-wird-etwas-davon-erfahren», lispelt er monoton. «Wir essen ein Stück von deinem toten Kopf!»
Das Blut erstarrt in meinen Adern. Plötzlich surrt es in meinen Ohren, immer heftiger, unerträglich – ich springe auf.
Im nächsten Moment spüre ich eine feste Umklammerung: Haarige Arme halten von hinten meinen Brustkorb umkreuzt. Es ist mein Vater. Solche Kräfte hätte ich ihm nie zugetraut.
Rumba-Guri steht vor mir:
«Reg dich nicht auf, tschii-tschii-schsch», versucht er mich zu beschwichtigen und fuchtelt nervös mit den Händen. «Du bist ja wieder gekommen – also können wir auch darauf verzichten!»
Zielsicher spuckt er den Betelsaft zwischen den Zähnen hindurch über die Schulter ins Feuer und kratzt sich gleichzeitig an Kopf und Beinen.
Die starre Umarmung lockert sich. Fest drückt mein Vater seinen Kopf gegen meinen Rücken, zittert, fängt an zu weinen. Rumba-Guri kommt hinzu.
Ich wende mich um, drücke beide Männer an mich:
«Papa, Papa, es ist doch alles in Ordnung», murmele ich in seine Haare.
«Ewé, e-wé», antwortet er mit tränenerstickter Stimme.
Rumba-Guri nickt mit trüben Augen. Wir heulen zusammen. Ein Gefühl der Befreiung und Erleichterung breitet sich in mir aus. Jetzt erst begreife ich – genau in diesem sentimental anmutenden Augenblick –, wieviel Menschlichkeit hinter dieser Art von Kannibalismus steckt.
Schweigend, wie zu Anfang, sitzen wir wieder um das Feuer. Noch halb betäubt von der soeben gewonnenen Erkenntnis drängen sich bereits unzählige neue Fragen in mein Bewußtsein.
«Guri, hast du früher wirklich davon gegessen?» frage ich zweifelnd und zeige zur Pappkiste.
Verblüffung zeichnet sich in seiner Miene ab:
«Aber natürlich! Warum fragst du?»
«Weil ich es eben wissen möchte.»
«Hm, hm, hm.»
Nachdenklich kratzt er sich hinter dem Ohr, fixiert dabei meine

Bergstiefel, streift prüfend mit den Händen über die Profilsohle und nickt verständnisvoll.
«Haben alle Leute der Sippe davon gegessen?»
Er schaut auf:
«Nein, nicht alle. War eine Frau oder ein Mädchen gestorben, so aßen nur die engsten Verwandten davon. Starb jedoch ein Mann oder ein Knabe aus unserer Sippe, so wurde der Tote von uns allen verspeist.»
«Habt ihr ihn vollständig gegessen?»
Rumba-Guri stöhnt:
«Du hast aber auch alles vergessen!»

Urnenkalebasse mit Spiralmusterornamentierung

Schnell flüstert er meinem Vater etwas zu, der sieht mich ungläubig an, schüttelt besorgt den Kopf und gestikuliert.
«Also, Raimond, höre!» beginnt er nach langem Schweigen ernst. «Aber du darfst mit keinem der Sippe darüber sprechen.» In seinen Augen liegt ein seltsamer Glanz. Sieht er zurück in die Vergangenheit?
«Nur wir Männer der Sippe haben das Kopffleisch gegessen. Starb ein großer Mann von uns, so wie ich es bin», stolz klopft sich Guri auf die Brust, «so aßen wir sein Kopffleisch ohne irgend etwas. Danach

zogen wir in den menschenleeren Urwald, weit weg vom Dorf, und bauten uns aus Zweigen und Blättern ein Buschhaus. Dort blieben wir zwei Nächte, warteten, bis das Kopffleisch verdaut war und vergruben den Kot. (Guri deutet von seiner Handspitze bis zum Ellenbogen und zeigt mit dem Finger senkrecht zu Boden.) «Darauf pflanzte jeder Mann für sich das Zuckerrohr. Es war eine bestimmte Sorte, die in den Gärten nicht gepflanzt werden durfte. – So, jetzt weißt du es», endet Guri und starrt geistesabwesend ins Feuer.

«Guri, was war mit dem Zuckerrohr? Habt ihr es gegessen?» frage ich neugierig.

Eine tiefe Falte durchzieht seine Stirn. Ich werde nervös, hüstele.

«Warum fragst du das?» Seine Augen werden zu schmalen Schlitzen.

«Wie soll ich dich verstehen, wenn du mir nicht alles erzählst?!»

«Aaii, aaii«, ruft er verwundert, greift sich zwischen die Beine und wippt aufgeregt hin und her.

«Tschii, tschii, tschii – aiyoó», macht er seinem Staunen Luft. «Was soll schon gewesen sein», druckst er herum. «In dem Zuckerrohr wohnten die Kräfte. Von Zeit zu Zeit, wenn wir neue Kraft brauchten, gingen wir in den Busch und aßen davon.»

«Hattet ihr dann die Kraft von dem verstorbenen großen Mann in euch?»

Guris Augen weiten sich, sein Blick wird unberechenbar:

«Tambu, tambu», zischt er gefährlich und stampft mit beiden Fersen auf, so daß der Boden leicht zittert. Also doch.

Beleidigt sieht er an mir vorbei, reibt mißmutig seine Fersen und murmelt:

«Das ist ein Geheimnis.»

Mir wird bewußt, daß ich durch diese Frage tief in die mystische Seelenwelt von Rumba-Guri eingedrungen bin – ihn vielleicht sogar in diesem Moment verletzt habe. Indirekt habe ich die Antwort auf meine «instinktlose» Frage bekommen.

«Guri, du sollst mir ja das Geheimnis gar nicht verraten. Ich möchte nur wissen, was mit den kranken Leuten in der Sippe geschah, als sie gestorben waren?»

Er überlegt.

«Was, die Kranken... Nun, das kam darauf an. Starb irgendwer an

einer gefährlichen Krankheit, so wurde er weit weg vom Dorf begraben oder auch verbrannt.»
«Und warum?» Ich ärgere mich selbst über meine Frage.
«Du hast aber auch alles vergessen», stöhnt er. «Glaubst du etwa, wir hätten es zugelassen, daß durch die Krankheit unser Boden verunreinigt worden wäre? Hm!»
«Und was habt ihr mit den Leuten gemacht, die euch zu Lebzeiten nicht wohlgesonnen waren?»
«Auch die haben wir aus unserem Dorf getragen – weit weg – und über dem Fluß verbrannt. Somit konnte ihr Totengeist nicht mehr ins Dorf zurückkehren.»
«Habt ihr auch fremde Leute, Feinde, gegessen?»
«Pahh!» er verzieht sein Gesicht zu einer Grimasse und wehrt entschieden mit den Händen ab. «Niemals», sagt er kategorisch und spuckt röchelnd den Betelsaft aus. «Wir Komongu! Ha, was glaubst du denn?! So etwas ist uns nie in den Sinn gekommen.»
«Und euren Nachbarn?» hake ich nach.
Er schüttelt den Kopf.
«Guri, was habt ihr mit den Sangguma-Leuten gemacht?» frage ich leise.
Mißtrauisch schaut er mich an:
«Was weißt du darüber?»
«Ach, nicht viel», antworte ich gleichgültig, «ich habe nur bei den Komengarega einige Geschichten gehört», und weiche seinem stechenden Blick aus.
«Du weißt-also-von-Sangguma», murmelt er abgehackt. «Dann weißt du auch, wie gefährlich diese Leute sind. Sie tragen alle einen bösen Zauber in sich. Ihr Blick kann krank machen, ja sogar töten. Vor diesen Menschen muß man sich in acht nehmen.»
Warnend hebt er seinen Zeigefinger:
«Sprich niemals mit einem Fremden über Sangguma, denn du weißt nie, ob er nicht selbst einer ist.»
«Wieso? Können Sangguma-Personen auch Weißen Schaden zufügen?»
Seine Miene verfinstert sich.
«Warum nicht?!» sagt er neutral und zieht die Schultern hoch.

Deutlich spüre ich, wie Rumba-Guri unruhig wird. Über die schwarze Magie will er nicht so recht sprechen. Er spielt mit seinen Zehen, knickt sie auf und ab – vielleicht zählt er auch. Plötzlich schlägt er mit der flachen Hand neben sich auf den Boden – Aschenstaub wirbelt auf. Gespannt blicke ich auf seine Hand, die er langsam gegen den Feuerschein wendet.
Ein breitgequetschter Kakerlak, etwa vier Zentimeter lang, klebt in seinem Handteller.
Blitzschnell, wie ein Leguan, erfaßt seine Zunge den Kakerlak und läßt ihn im Mund verschwinden. Das muß ein Genuß sein: wie ein Bonbon lutscht er das Insekt, preßt es mit der Zungenspitze gegen den Gaumen und schluckt es schließlich räuspernd und glucksend hinunter. Seine genießerische Miene weckt Ekel in mir.
Noch immer völlig apathisch sitzt mein Vater neben mir und stiert vor sich hin. Sein Gemütszustand entnervt mich, ich leide mit ihm. Seine Niedergeschlagenheit scheint sich sogar auf mich zu übertragen. Ich kämpfe gegen das quälende, stumpfsinnige Gefühl. «Die Zeit heilt Wunden», sagt man. Ich versuche, mich damit zu trösten.
«Pieet!»
Ich schrecke zusammen. Wieder:
«Piet – Piet!» ruft es vor der Hütte.
Die Stimme kenne ich doch – natürlich! Ich springe auf, werde aber gleichzeitig von einer starken Hand festgehalten. Es ist Rumba-Guri.
«Psst – Raimond», er stockt. Ängstlich sieht er mich an. «Sprich mit niemandem darüber – hmm. Du weißt schon.»
Er deutet auf meinen Kopf und schaut rasch zum Sarg.
Ich begreife. Ein kalter Schauer läuft über meinen Rücken.
Wortlos nicke ich und öffne die Tür.
«Was, du!» rufe ich erstaunt. «Wie wußtest du…»
Anja winkt ab.
«Ich habe Okani schon erzählt. Auch Oswald weiß bereits Bescheid, daß wir hier gelandet sind.»
«Wie geht das denn?»
Unsere Freundin Okani lacht:
«Piet, der Busch hat große Ohren.»
«Dann – dann weißt du schon…»

Sie nickt ernst und starrt auf den Boden.
«Willst du ihn...» – Die Worte bleiben mir im Hals stecken. Entsetzt weicht Okani einige Schritte zurück, schüttelt den Kopf.
«Ich denke nicht daran», antwortet sie leise. Ihre Finger fahren nervös an ihrer Halskette entlang und halten das kleine Kruzifix fest.
«Hast du Raimond gekannt?» frage ich und versuche, das Zittern meiner Knie zu unterdrücken.
Sie überlegt einen Moment:
«Nein, ich glaube ni...» Sie unterbricht mitten im Satz, mustert mich eingehend. «...oder doch – oder doch», murmelt sie fassungslos. «Ja!» sagt plötzlich Okani ganz unvermittelt. «Ich habe ihn vor längerer Zeit unten in Watabung gesehen.»
Erschrocken sieht sie mich an.
«Er sah aus – wie du, nur war er ein Komongu-Mann.»
Okani schweigt. Ich spüre, es geht in ihr etwas vor.
Glaubt sie denn auch daran? Gedanken, Ideen bizarrster Art jagen durch meinen Kopf.
Dann, wie aus heiterem Himmel:
«Warum laßt ihr ihn so lange hier liegen», faucht Okani meinen Vater und Rumba-Guri an. «Der Tote gehört schon längst unter die Erde.»
«Mi save, mi save», lispelt Rumba-Guri vorwurfsvoll, holt tief Atem: «Raimond kommt erst in den Boden, wenn wir das Geld von der Bande haben.»
Erregt stampft er mit dem Fuß auf und deutet mit dem Arm hinüber zu den Bergen. Seine Lippen beben.
«Im übrigen ist das *unser* Toter – da hast du gar nichts zu sagen, hmm.»
«Ist ja gut», beschwichtigt Okani.
«Komm, gehen wir», sagt Guri. Beleidigt zieht er sich mit meinem Vater ins Männerhaus zurück.
«Du siehst nicht gut aus», stellt Okani fest und wendet sich zu Anja. «Er hat viel zu schwere Sachen im Kopf.»
Beiläufig meint sie: «Unmöglich, ihn so lange hier in der Hütte liegenzulassen – ganz Riyofiyaro stinkt!»
Sie lacht, schüttelt den Kopf und umarmt Anja. Ihre Stimmung hat

sich im Handumdrehen verändert. Sie ist wieder die alte, unbeschwert, heiter und fröhlich mit strahlenden Augen – so, wie ich sie noch vor wenigen Minuten an der Hüttentür antraf. – Oder so, wie wir Okani vor vier Wochen in Watabung bei Oswald kennengelernt hatten.

Nach einigen Augenblicken schien alles vergessen. Angeregt erzählt sie uns eine amüsante Geschichte. Das sprunghafte Wesen dieser Menschen, die unkalkulierbare Wandlungsfähigkeit ihrer Gefühle kann man immer wieder beobachten, überrascht einen ständig neu.

Okani kommt lachend auf mich zu.

«Piet – Piet», sie zieht mich dabei wohl mehr aus Verlegenheit am Arm. «Du hast das große Salzwasser gesehen!? Ai, ai», meckert sie lustig. «Und es schmeckt wirklich richtig nach Salz?»

Ich nicke. Sie schüttelt ungläubig ihren Wollkopf:

«Nehmt ihr mich auch mal mit zum großen Wasser?» fragt Okani und schaut sinnend in die Ferne.

Ohne auf Antwort zu warten, verabschiedet sie sich:

«Orait, wantokbrata, Anja, bai, bai!»

«Was, du gehst schon?!» fragen wir.

«Was glaubt ihr – ich muß in meinen Kaffeegarten zurück – Bohnen pflücken! Für Kindino muß ich noch Essen kochen.» Sie winkt ab: «Der Vielfraß frißt fast soviel wie eine ganze Sippe», witzelt sie. «Und dann», sie tut, als werde sie wütend und droht mit dem Finger, «dann kommt Oswald nach Rurape mit deinen tausend Fragen auf dem Papier!» Wir lachen.

«Okani, grüße Oswald von uns – und sage ihm, wir bleiben noch einige Zeit in Riyofiyaro.»

Wie im Fluge sind uns die letzten Tage vergangen. Die Alten von Riyofiyaro sind uns – ohne Berechnung, davon sind wir überzeugt, zu echten Freunden geworden. Kein Tag vergeht, ohne daß mir Rumba-Guri und andere Männer der Sippe bereitwillig aus ihrem Leben erzählen.

«Damit du uns wieder verstehst, hm...» leitet Guri stets seine Erzählungen ein.

Er berichtet von morgens bis abends über sein magisches Wissen als

Zauberer und Medizinmann, spricht über geheime Orte, erzählt von Ahnen- und Naturgeistern, gibt Auskunft über das Phänomen «Sangguma», die schwarze Magie.
Anja zieht mit Gunime und Jäne in die Gärten, lernt die Frauensorgen, die Probleme kennen, lebt sich langsam in die Alltagswelt der Papua-Frauen ein.
Sehr erfreulich ist, daß die Medikamente bei Kama ungewöhnlich rasch angesprochen haben. Mit der ernsten Mahnung, kein Ferkel mehr an die Brust zu lassen – was sie auch verspricht – können wir Kama als geheilt entlassen.

Neun Tage sind wir nun schon hier.
Die Überreste «meines ersten Lebens» liegen noch immer drüben im Haus. Täglich gehe ich, begleitet von meinen Eltern, hinüber, um den Toten ein paar Minuten lang zu betrauern.
Allerdings bleibe ich zigarrenrauchend an der offenen Tür stehen, denn es stinkt bestialisch. Die Verwesung muß das Zerfallstadium bereits erreicht haben.
Der Pappkarton hat Löcher. Auf meine Frage, woher sie kommen, erklären mir meine Eltern lakonisch: «Ratten!»
Es läuft mir heiß und kalt über den Rücken.
Gunime schiebt den Kistendeckel etwas zur Seite. Ich erstarre. Willenlos sehe ich zu, wie ihr Arm in der Kiste verschwindet. Plastik raschelt. Gunime beginnt asthmatisch zu husten.
Nach einer Weile zieht sie ihren Arm wieder aus dem Sarg, beschmiert ihre welken Brüste mit dem Leichensaft. Ich ekle mich vor dem Gestank.
«Warum machst du das?» frage ich.
Geistesabwesend starrt sie mich an. Ihre Augen wirken leblos – tot. Langsam legt sie ihre Hände schützend vor ihre Scham.
Fast ängstlich:
«Raimond», sie stockt einen Moment. «Du bist aus meinem Körper gekommen.» Sie blickt zum Sarg. «Du sollst auch wieder in meinen Körper zurück.»
«Aaiyoó», heult neben ihr mein Vater auf und reißt sich ein paar Haarbüschel aus. – Und das seit neun Tagen!

Erst gestern ist Big Papa mit seinen Männern aus Goroka zurückgekehrt. Die Sippe hat beschlossen, unmittelbar nach der «pay back ceremony» – der Rückzahlungszeremonie – den Leichnam zu bestatten. Das soll heute geschehen.
Vier Tage haben die Verhandlungen gedauert. Sie wurden auf neutralem Gebiet, auf dem Marktplatz in Goroka und auf dem Sportplatz in Goroka-West, unter Polizeiaufsicht geführt.
Mit einem hohen einheimischen Verwaltungsbeamten als Vermittler haben sich beide Parteien geeinigt: 7000 Kina, rund 20 000 DM, wurden als Wiedergutmachungssumme ausgehandelt. Soviel war ich – oder vielmehr mein vergangenes Ich – ihnen wert.
Erstaunt sehe ich John an.
«Ich kann das nicht begreifen – soviel Geld bezahlen sie!»
John nickt, lacht selbstsicher.
«Die Burschen, die haben es doch! Das hat sogar die Polizei bestätigt.»
«Wieso?» frage ich arglos.
«Stell dir vor», tönt seine Baßstimme. «Allein drei Tage haben die Ermittlungen im Dorf Mekabo gedauert – drei Tage!»
«Was habt ihr so lange ermittelt?» frage ich.
«Wir doch nicht», brummt John. «Die Regierungsbeamten haben alle Männer der Sippe gefilzt.»
«Warum?» frage ich noch naiver.
«Sie stellten fest, wieviel Geld die Sippe hatte.»
«Aha, jetzt verstehe ich. Anhand der finanziellen und materiellen Verhältnisse wird in einem solchen Fall der Rückzahlungspreis festgesetzt.»
«So ist es», bestätigt John und ergänzt: «Sieben große Schweine müssen sie obendrein noch zahlen. Ha, denen haben wir gezeigt, was ein Komongu-Mann wert ist.»
Stolz klopft er mir auf die Schulter, so heftig, daß ich im nächsten Moment neben der Alu-Kiste auf dem Boden sitze.
Dessen ungeachtet guckt John auf seine Armbanduhr, verzieht mürrisch sein Gesicht.
«Die Kerle sollten bereits hier sein – belo taim, Mittagszeit, hatten wir doch ausgemacht! – Die Angehörigen der Kanoŝa-Sippe sind auch noch nicht hier.»

Er dreht an seiner Uhr, horcht, sieht sie an, klopft daran, horcht abermals.
«Rabis – Klump!» schreit er wütend. «Klok bagarap bruk pinis!»
«Raimond, wie spät ist es?»
«Was glaubst du?» frage ich lachend und deute in den Himmel.
Verdutzt schielt mich John an, geht aus dem Männerhaus, kommt sogleich wieder zurück.
«Vielleicht zehn Uhr», murmelt er in seinen Bart.
«Na, also!» rufe ich. «Wofür brauchst du dann eine Uhr!? Es ist viertel nach zehn.»
John überlegt.
«Alle Weißen haben eine Uhr, du hast auch eine Uhr – warum sollte ich keine haben?»
Ich nicke, bleibe die Antwort schuldig. Spontan fällt mir der Junge ein, dem ich vor Jahren in Marawaka die Uhr erklärte. Er fragte verständnislos: «Master, warum bist du ein Sklave der Zeit?»
Es wird unruhig im Dorf.
«Was ist?» frage ich John. «Kommen sie schon?»
Er schüttelt den Kopf.
«Nein, unsere Leute machen sich fertig.»
Ich schaue aus dem Männerhaus. Ganz Riyofiyaro scheint auf den Beinen zu sein: Vom Kind bis zum Greis, Hunde und Schweine, alles läuft kreuz und quer. Die Gesichter, teilweise die ganzen Körper triefen von gelber Lehmerde. Selbst die Schweine sind mit einer dicken Lehmschicht überzogen, um ihre Hälse baumeln bunte Federkränze.
Vor einer Rundhütte steht eine junge Frau, sie zögert, schaut um sich: Schnell streift sie ihr T-Shirt ab, wirft es in die Hütte, steht in Rock und Büstenhalter da und reibt sich von oben bis unten mit grauschwarzer Erde ein.
Die Alten tragen knielange Kordelschurze und stecken sich frische «kini»-Blätter (Cordylinen) um Hüften und Gesäß.
Jäh unterbricht eine orkanartige Stimme das hektische Treiben: Big Papas Heldentenor ruft seine Sippschaft zur Ordnung.
Im Nu haben sich Frauen und Männer zu zwei großen Blöcken gesammelt und lagern auf dem Dorfplatz.
Vorsichtig besteigt Big Papa das «Rednerpodest», eine halb eingegra-

bene Benzintonne. Seine europäische Kleidung, vor allem die Perükke, wirkt geradezu grotesk. Eine neue, lose um den Hals geschlungene knallrote Krawatte ergänzt den komischen Aufzug. Mit bebender Stimme setzt er an:

«Olgeta harim – hört alle zu: Ich, Council von Riyofiyaro, habe mit den Mekabo verhandelt. Sie haben ihre Schuld eingesehen. Ich habe sie beschimpft – ihnen gesagt, daß sie eine feige, hinterhältige Mörderbande sind. Ich ha...»

Tosendes Beifallsgeschrei unterbricht ihn.

«Harim, harim olgeta», brüllt Big Papa in die hin- und herwiegenden Schlammkopfreihen. «Ich habe mit den Mekabo bereits in Goroka offiziell Frieden geschlossen. So! – Die Bena Bena werden bald kommen, mit ihnen kommt das Geld. Vergeßt also die Feindschaft. Wir Komongu lieben den Frieden – und nicht den Krieg.»

Wieder rauschender Beifall.

«Harim! Männer von Riyofiyaro, laßt also eure Waffen in den Häusern – habt ihr verstanden?!»

Big Papa starrt drohend in die Männergruppe. Eisiges Schweigen. Zögernd und kaum sichtbar nicken die Lehmfratzen.

«Keiner von uns wird kämpfen», schreit er den dumpf vor sich hin starrenden Menschen zu. «Oder wollt ihr ins Gefängnis gehen? Nein!

Heilung durch magisch-rituelle Geisterbeschwörung. Im Ur-Komongu-Dialekt, dessen Worte selbst den Einheimischen nicht mehr bekannt sind, erbittet sich Schamane und Medizinmann Rumba-Guri Kraft und Beistand seiner Ahnengeister.

Dies geschieht immer dann, wenn es sich um unsichtbare Krankheiten handelt. Die Urheber dieser Krankheiten sind im mythologischen Weltbild des Stammes verankert. So können Einflüsse von Toten- und Buschgeistern oder Hexen, um nur einige zu nennen, die Verursacher von lebensbedrohlichen Krankheitszuständen sein. In diesen Fällen, in denen gefährliche magische Kräfte wirken, kann in der traditionellen Krankenbehandlung der Komongu nur ein Medizinmann durch seine magisch-rituellen Heilmethoden helfen.

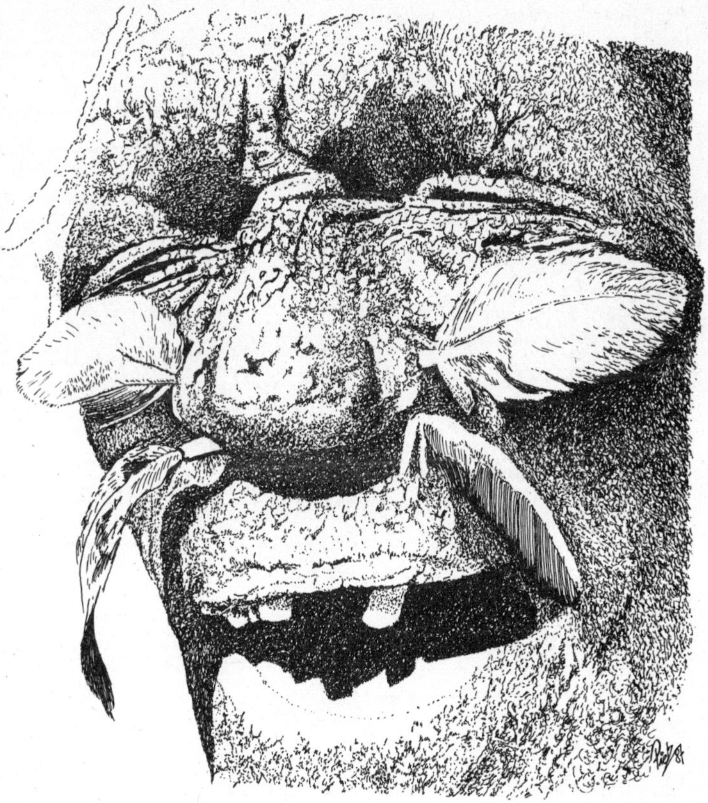

Das sind uns die Mekabo nicht wert. – Männer, ich habe mit vielen Worten in Goroka um unsere Ehre gekämpft. Seht her!» Big Papa fletscht die Zähne und deutet mit seinem Finger durch eine Zahnlücke.
«Ich habe sogar einen Zahn verloren – so habe ich gekämpft!» Noch einmal tosender Applaus.
«Hört zu! – Ich habe für unsern Toten gekämpft, und wir haben gewonnen.»
«He-yo-he, he-yo-he», schmettert die Siegeshymne aus rauhen Männerkehlen.
«Harim, harim olgeta!»
Big Papa fuchtelt wild mit den Armen, gerät in Rage. Mit einem Ruck schiebt er seine Kolonistenmütze zurück.
Im nächsten Moment fällt sie samt Perücke auf den Boden, die Krawatte folgt. Sein kahler Schädel wirkt noch massiver, noch wuchtiger.
Verlegen kratzt er sich gleichzeitig hinter beiden Ohren. «He, John», mit einer gebieterischen Geste deutet er auf die Erde. «Gib mir meine Sachen wieder. Die Mekabo sollen sehen, daß wir auf uns etwas halten. Schließlich leben wir in der neuen Zeit.»
Neben der Benzintonne steht unbeweglich eine Schlammgestalt – Rumba-Guri.
«Hört alle zu», setzt Big Papa seine Ansprache fort. «Wir Komongu sind die friedlichsten Leute. Das weiß auch die Polizei – ja, selbst die Regierung in Goroka weiß, daß bei uns Recht und Ordnung herrschen. Deshalb, Männer, ich sage euch, laßt die Hände weg von den Waffen.»
Mit einem mächtigen Satz springt Big Papa von der Tonne und hockt sich neben Rumba-Guri.
Im nächsten Moment setzen die Trauergesänge ein. Raimonds Leben wird im Komongu-Dialekt besungen.
Anja sitzt auf der Schwelle von Gunimes Hütte und beobachtet das Geschehen aus sicherer Entfernung. Ich habe ihr dazu geraten, denn gerade bei solchen Anlässen lassen sich mögliche Spontanreaktionen in ihren Auswirkungen nie abschätzen.
Ich sitze zusammen mit John vor dem Männerhaus und notiere mir

die Namen der Alten, die das Haus bewohnen. Mit Ausnahme von Oromba sind alle Bewohner des Hauses Witwer.
«John», frage ich, «Gunime und Kindirum gehören doch der Kanośa-Sippe an?»
«Ja, richtig. – Warum fragst du?» Ungläubig guckt John mich an.
Ich gehe nicht auf seine Frage ein.
«John, wieso leben unsere Eltern hier?»
Er legt seine Stirn in Falten:
«Ach, Raimond», seufzt er. «Das ist eine verworrene Geschichte. Du weißt ja, unsere Kanośa-Sippe wohnt seit jeher am Fuß des Daulo im Asaro-Tal. Es war vor langer Zeit, noch vor meiner Geburt – auch noch vor deiner (er sieht mich merkwürdig an) –, da verließen unsere Eltern zusammen mit zwei weiteren Familien die Sippe in Foinda. Warum, weiß ich nicht genau, vielleicht hat es Streit gegeben. Jedenfalls zogen sie über den Daulo und ließen sich hier in Riyofiyaro bei der Infandero-Sippe nieder. Dazu kommt noch, daß Männer von hier Frauen von Foinda heirateten und Männer von Foinda Frauen von hier. Seitdem bestehen verwandtschaftliche Beziehungen zwischen beiden Sippen.»
«Zu welchem Stamm gehören die Kanośa?»
«Eben zu zweien, zu den Andafo und zu den Komongu. Aber», John überlegt einen Moment, «eigentlich fühlen wir uns als Komungu-Leute. Du hast ja selbst gesehen, Big Papa setzte sich voll für die Wiedergutmachung ein, obwohl, wenn man es ganz genau nimmt, es eine reine Angelegenheit der Kanośa-Sippe ist.»
«Und warum haben die Kanośa in Foinda nichts unternommen?» forsche ich weiter.
«Nun, sie fühlten sich nicht zuständig», erwiderte John. «Ihr Council hatte es abgelehnt, die Verhandlungen zu führen. Er sagte, Raimond lebte seit Geburt in Riyofiyaro – also ist es Sache der Komongu.»
Plötzlich – mir fällt der Bleistift aus der Hand:
«Uää – uäu – uu – uu – uää – uää!» Wildes Kriegsgeschrei hallt über den Dorfplatz und kommt mehrfach vom Felsen zurück.
«Ein Überfall?» Unruhig schaue ich John an.
«Nogat», murmelt er nachdenklich. «Endlich kommen sie.»
Er schaut auf seine kaputte Uhr, verzieht das Gesicht.

«Wer, John? Wer?» frage ich nervös.
«Unsere Trauergäste, die Kanośa-Sip...» Seine Worte gehen in dem Höllenlärm unter.
Um Himmels willen, was ist los? Wie benommen beobachte ich die Szene:
Frauen laufen wild kreischend durcheinander, werfen die Arme hoch, fassen sich an die Brüste und schreien in rasender Verzweiflung. Einige schlagen mit langen Cordyline-Zweigen, an denen noch die Blätter hängen, blind um sich, andere stürzen in die Hütten, kommen im nächsten Moment mit Händen voller Asche wieder heraus. Sie laufen weiter, streuen sich Holzkohle und Asche auf den Kopf, über Brust und Rücken, rennen nebeneinander, hintereinander her, wie von Furien gehetzt um die sitzende Frauengruppe.
Die bizarre Dramatik des Begrüßungsrituals steigert sich noch: Während die Frauen und Kinder sich mit der sitzenden Frauengruppe zu einem Menschenknäuel zu verknoten scheinen, fallen die Kanośa-Männer mit ohrenbetäubendem Geheul ins Dorf ein und stürmen knüppelschwingend auf die sitzenden Komongu-Männer zu.
Meine Nerven reagieren mit einem dumpfen Magendruck. Ich spüre mein Herz bis zum Hals herauf schlagen – so etwas habe ich noch nie erlebt. Ich hole tief Luft, um mich zu beruhigen. Fassungslos betrachte ich diese Trauerinszenierung weiter.
Der Scheinangriff endet abrupt: Knüppel fliegen durch die Luft – mit «Iiiiii»-Geschrei fallen Angreifer und Verteidiger einander in die Arme, wälzen sich mit gurgelnden Kehllauten und röhrendem Brüllen am Boden, kratzen sich im harten Lehmboden die Fingerspitzen blutig.
Es scheint kein Ende zu nehmen. Sie laufen, brüllen, torkeln, stürzen...
Vorn formieren sich Männer zu einem Kreis – umarmen sich, sinken langsam in die Knie – verharren in dieser kräftezehrenden Stellung und heulen mit verzerrten Mienen. Speichelschaum klebt auf ihren Lippen. Ihr Trauergesang wird lauter – überschlägt sich.
Sie verdrehen die Augen, fallen, der Ohnmacht nahe, ineinander verkeilt auf den Boden. Ihre Körper liegen ausgestreckt, sie winden und krümmen sich, wie von Schmerzen besessen.

Immer wieder stürzen neu Ankommende johlend und Stöcke schwingend in die rasende Menge, tauchen darin unter.
Ein gleichmäßig tosendes Wehklagen, dem Rauschen eines Wasserfalls ähnlich, erfüllt die Luft.
Nach einer Dreiviertelstunde endet der Trauergesang schlagartig. Alles starrt schweigend zum Dorfeingang. Die Mekabo-Sippe wird erwartet.
Knisternde Spannung liegt über dem Platz, nichts rührt sich. Alle Lehmmasken stehen im Profil, den Blick nach Osten gerichtet. Schweißglänzende Leiber, erschöpft, in sich zusammengesunken, mit erschlafften Gesichtszügen, verharren auf der Stelle. Fliegen und Mücken surren über den Köpfen.
Da: «Bena Bena we we we!»
Alles schreckt zusammen, ein Hund heult auf. Der Ruf kam aus einem Berg jenseits des Tals.
Wieder: «Key ai feé, wir haben sie beobachtet», kommt es zurück.
Erstaunt sehe ich auf. Hinter dem Männerhaus, hoch oben in einem Baumwipfel sitzt der Melder.
John rempelt mich an:
«Hast du gehört!?» Er deutet lächelnd auf den Baum. «Unsere Buschtelefonstation von Riyofiyaro – nicht so modern wie die in Goroka, aber sie funktioniert!»
Noch ist von den Mekabo-Leuten nichts zu sehen. Doch sie müssen jeden Augenblick auftauchen; Big Papas Verhalten zwingt zu dieser Annahme:
Würdevoll, mit gemessenem Schritt stolziert er um die Benzintonne, bleibt stehen, führt eine exakte Linkswendung durch und erklimmt mit einem eleganten Ausfallschritt das Podest.
Mit einer zackigen Bewegung zieht er seinen Regenschirm aus der Netztasche, spannt ihn auf und hält ihn mit angewinkelten Ellenbogen fest, als präsentiere er das Gewehr. Er steht stramm, seine linke, zur Faust geballte Hand preßt er an den Oberschenkel – keine Sekunde zu früh, denn plötzlich tauchen die Spitzen von Bambusstangen auf, die alle mit gleich großen Papierfetzen beklebt sind. Sie kommen näher, die Stangen werden immer größer, jetzt erst sind die Köpfe und Hände der Träger zu sehen – es sind die Mekabo.

Schweigend, den Blick auf die Erde gerichtet, marschieren gut zwei Dutzend Männer, etwa die Hälfte von ihnen in typischer Bena Bena-Tracht, auf die Mitte des Platzes zu und bleiben vor Big Papa stehen. Vier Polizisten begleiten die Abordnung und stellen sich drohend, mit kreisenden Schlagstöcken, vor dem Podest auf.
Schnell wechselt Big Papa den Schirmgriff in die linke Hand, stampft mit seinem rechten Fuß dreimal dröhnend auf das Benzinfaß, reißt blitzartig seine Hand zum militärischen Gruß an die Kopfbedeckung: «Wir haben euch bereits erwartet», begrüßt er die Mekabo-Leute.
«Du sollst wissen», flüstert John mir zu. «Big Papa hat vor Zeiten beim Kiap in Asaro auf der Regierungsstation gearbeitet. Dort haben die Weißen ihm das Grüßen beigebracht.»
«Das habe ich mir gedacht», sage ich.
«Hierher mit den Geldbäumen», befiehlt Big Papa und deutet neben das Benzinfaß.
Ich zähle elf Bambusstangen, auf denen Zwei-, Zehn- und Zwanzig-Kina-Noten sorgfältig mit dünnen Schnüren befestigt sind. Eilig werden die «Geldbäume» aufgestellt. Daneben bindet man die sieben Schweine an Pflöcke. Wortlos setzen sich die Mekabo-Männer dazu.
Der Polizeiführer tritt vor das Podest:
«Council von Riyofiyaro! Hiermit übergeben wir eurer Sippe ordnungsgemäß den vereinbarten Rückzahlungspreis von 7000 Kina.»
Gebannt starrt Big Papa auf die Bambusstangen.
«Weiterhin übergeben wir deiner Sippe sieben gesunde Schweine, so, wie es im Polizeirapport steht. Die Mekabo-Sippe hat somit nach dem Gesetz offiziell ihre Schuld gesühnt. Der Fall Raimond Kago, Dorfnummer 612, ist abgeschlossen.»
Der Polizist erspart es sich, das umfangreiche Vereinbarungsprotokoll vorzulesen. Denn strenggenommen müßten sämtliche schriftlichen Verordnungen in Pidgin oder in der Stammessprache vorgetragen werden.
Es folgen langatmige Reden beider Parteien, in denen der Wunsch nach Frieden, Recht und Ordnung ausgedrückt wird.
Die Abschlußansprache der Mekabo hält ein alter Mann. Er spricht im Bena Bena-Dialekt, ein junger Bursche aus seiner Sippe übersetzt den Sinn seiner Worte ins Pidgin.

«Männer der großen Berge, hört mich an. Es tut mir weh, daß wir uns wegen einer solchen dummen Sache im Gericht in Goroka und hier bei euch kennengelernt haben. Es wäre mir lieber gewesen, wenn wir uns im friedlichen Handel getroffen hätten. Doch das war nicht möglich. Der Daulo-Paß, das große Asaro-Kaffeetal, die große Stadt Goroka und viele andere Stämme liegen zwischen uns. Trotzdem. Männer der Komongu – hört auf mit den schlechten Gedanken, schimpft nicht auf uns. Wir Männer der Berge sind alle gleich.»
Plötzlich: Zwischenrufe stören die weise Ansprache des greisen Bena Bena-Mannes:
«Wir sind nicht gleich! Wir Komongu sind die tapfersten Männer!»
Drohendes Gemurmel wird laut. Die Polizisten werden unruhig, laufen nervös zwischen beiden Parteien auf und ab.
Big Papa steigt auf das Podest:
«Harim olgeta!» brüllt er seinen Leuten zu. Gefährlich blitzen seine Augen. «Wir Komongu lieben den Frieden – also, dann denkt auch friedlich und laßt We Namba – den großen Mann – zu Ende sprechen.»
Schweigen.
Langsam, gestützt vom Council der Mekabo, erhebt sich der alte Bena Bena-Mann wieder. Sein bartloses Gesicht mit den tiefen, breiten Falten zuckt vor Erregung.
«M-ä-n-n-er», abgehackt und zittrig tönt sein Aufruf. «Ihr habt meine Worte falsch verstanden. – Niemand bestreitet euren Mut und eure Tapferkeit. Doch was ich sagen will, ist etwas anderes. Auch, wenn uns die großen Berge trennen, so gibt es in uns keinen Unterschied. Wir alle leben vom gleichen Wind (Luft), so, wie unsere Ahnen mit ihm gelebt haben, so, wie wir mit ihm leben, so, wie unsere Frauen und Kinder mit ihm leben. Der große Wind, auch wenn wir ihn oft nicht spüren, lebt in uns allen.»
Er macht eine kleine Pause.
Nachdenklich zupft er an seinem weißleuchtenden Nasenschmuck, einer runden Zierscheibe, dem Bodenstück eines Conus-Schneckengehäuses.
Verständnislose, stumpf dreinschauende Gesichter. Die Komongu-Leute scheinen die ungewöhnliche Denkweise des Bena-Bena-Man-

nes nicht zu verstehen. Hinten in den Männergruppe lachen einige Jugendliche. Es klingt provozierend.
«Der Alte spricht hambak», flüstert John mir ins Ohr.
«Ihr versteht ihn nicht. Seine Worte sind großartig», widerspreche ich.
John sieht mich verlegen von der Seite an, zieht hastig an seiner Buschzigarette.
«Glaubst du das wirklich, Raimond?» fragt er, unsicher geworden.
«Aber natürlich!» antworte ich. «Bei Geglegenheit werde ich dir alles erklären.» Ich konzentriere mich wieder auf die Worte des Dolmetschers.
Der Alte hebt seinen Arm, zeigt auf die Bambusstangen:
«Sucht nicht das große Geld! Wie schnell ist es dahin, keiner von euch kann es mit ins Ahnenreich nehmen. Denn dort sind wir alle gleich.»
Ein Raunen geht durch die Menge. Lehmverschmierte Köpfe werden geschüttelt, heimliche Blicke ausgetauscht. Die Mienen drücken Abneigung und Mißmut aus. Rufe werden laut:
«Ihr Mekabo-Pack mißgönnt uns das Geld!»
«Jawohl», dröhnt eine andere Stimme. «Ihr könnt nicht sehen, daß wir jetzt reich geworden sind – ihr Heuchler!»
Ein dritter springt auf.
«Wir leben hier und nicht im Ahnenreich!» schreit er.
Plötzlich – der Funke springt über. Die Frauengruppe beginnt zu kreischen. Aus der aufgebrachten Menschenmenge kommen keine versöhnlichen Worte mehr. Eine Schlammgestalt erhebt sich. Ich glaube, es ist meine Mutter. Drohend streckt sie der Mekabo-Gruppe ihre Arme entgegen:
«Mörder!» zetert sie los.
«Mörder!» schreit nun der Frauenchor.
Einige Männer laufen in die Hütten. Big Papa und Rumba-Guri schimpfen auf ihre Leute ein. Die Polizisten stehen schützend vor der ängstlich dicht zusammengerückten Mekabo-Gruppe.
Tumult entsteht – wie ich ihn schon so oft erlebt habe. Ein Wort gibt das andere – die Provokation, die Reizphase steuert auf einen gefährlichen Höhepunkt zu.

Die Männer, die soeben in den Hütten verschwanden, stehen drohend mit halbgespannten Bogen vor den Eingängen. Reglos sehe ich zu.
«Kilman – Mörder!» schreit ein Bogenschütze. Im nächsten Moment schwirrt ein Pfeil von der Bambussehne – etwa mannshoch über die Mekabo-Köpfe hinweg.
Ein dumpfes Gefühl wallt in mir auf, das Gefühl einer großen VerIch reiße die Arme hoch, renne auf den Platz:
«Stop – stop – stop! Halt, hört auf! Seid ihr wahnsinnig geworden?» brülle ich und stelle mich vor die Mekabo-Männer.
Der Bogenschütze, ein junger Mann in Shorts, verschwindet in der Hütte. Big Papa läuft auf mich zu:
«Raimond, yu toktok», sagt er außer Atem und hält meine Hand fest.
Jäh verstummt das wilde Geschrei. Eine schier unerträgliche Spannung liegt in der Luft.
«Hört zu», fange ich langsam an zu reden und versuche, meine Aufregung zu unterdrücken. «Der Tod meines ‹Bruders› wurde in Kina

Stammesführer der Komongu mit traditionellem Federkopfschmuck und Zeremonialspeer. Die durch die Nase gesteckten, sichelförmig geschliffenen Perlmutt-Muschelstücke sind äußere Zeichen der sozialen Rangstellung. Er ist Chefcouncil und oberster Richter, ebenso vertritt er als offizieller Sprecher für kommunale Angelegenheiten die Interessen seines Stammes bei der Provinzregierung.

zurückbezahlt. Warum streitet ihr noch? – Wollt ihr alle ins Gefängnis?»

Da und dort verlegenes Husten und Räuspern, sonst nichts. Keine Antwort, Stille, Totenstille... Überraschung und Mißtrauen spiegeln sich in den Gesichtern. Die Alten, Frauen wie Männer, verbergen ihre Köpfe zwischen den angewinkelten Knien und heulen.

Erleichtert wende ich mich zu den Mekabo:

«Es ist besser, ihr verlaßt Riyofiyaro sofort.»

«Ja, ja, verschwindet gleich», fällt Big Papa mir ins Wort.

Die Mekabo ziehen beschämt ab.

«Tenkyu, Sir», der Polizeiführer, steht grüßend vor mir. «Wir hätten den Kampf nicht verhindern können», meint er und drückt mir die Hand.

Rumba-Guri taucht auf.

«Gutpela, gutpela», lispelt er unentwegt, schüttelt seinen Kopf und gibt unverständliche Laute von sich.

John steht abseits von mir und starrt auf den Boden.

Ohne weitere Zwischenfälle passiert die Bena Bena-Gruppe den Dorfausgang. Erst kurz danach setzen abermals Schmäh- und Schimpfkanonaden ein und begleiten die Mekabo ins Tal.

Dieser «Auftritt» hat mich große Überwindung gekostet, aber ich bin sicher, daß ich damit eine folgenschwere Auseinandersetzung verhindert habe. Anja kommt auf mich zu, drückt mich wortlos.

Wieder setzt der monotone Trauergesang ein. Meine Eltern haben vor der verschlossenen Hütte des Toten Platz genommen. An ihnen vorbei zieht eine lange Menschenreihe. Jeder Einzelne bleibt kurz vor ihnen stehen, streichelt ihnen Kopf und Schulter und gibt ihnen Geld.

Ich schrecke auf. Neben mir steht plötzlich eine große hünenhafte Lehmgestalt. Anja weicht einen Schritt zurück. Der Kerl ist mir doch schon aufgefallen. Fieberhaft überlege ich, wo ich ihn gesehen habe. Richtig, er war einer der Bogenschützen, und er rief «kilman – Mörder»!

Mit vorquellenden Augen starrt er mich an. Ein wahnsinniger Gedanke schießt durch mein Hirn: «Er will mich doch nicht umbr...»

Im nächsten Moment wandelt sich sein Blick, wird sanft, gutmütig.

«Hier, Raimond», kaum merklich bewegen sich seine Lippen, eine

Bierfahne schlägt mir entgegen. Der eingetrocknete Lehm in seinem Gesicht wirkt wie eine Totenmaske.
Nervös reagieren meine Magennerven auf seinen donnernden Baß.
«Besuch uns mal im Foinda-village», dabei drückt er mir ein Stück zusammengefaltetes Papier in die Hand. Es ist eine Zwanzig-Kina-Note, blutbesudelt und dreckig.
Intuitiv: «Für was, brata?» frage ich.
Er versucht zu lächeln, es wird eine scheußliche Grimasse. Lehm bröckelt ab und hinterläßt tiefe Furchen und Risse in der Gesichtsbemalung.
«Das ist für deine Geburtstagsparty, ha, ha», dröhnt er. «Damit kannst du dir zwei Kisten Bier kaufen.»
Lachend geht er hinüber zu einer Gruppe Jugendlicher, die uns die ganze Zeit mißtrauisch beobachtet hat.
Bestürzt registriere ich auch diese «Episode». Augenblicklich kommen mir Dr. Taurekas Worte in den Sinn: «Wir hätten niemals das Bier nach Niugini bringen dürfen.»
«John, was ist mit dir los?» rufe ich und winke ihm zu. «Ist etwas nicht in Ordnung?»
Verlegen blickt er auf, druckst herum.
«Na, sag schon!» bohre ich weiter.
«Raimond, sori, mi pred – ich hatte Angst.» Seine Augen stieren auf den Boden.
Ich ahne es schon, weiß, wo ihn der Schuh drückt. Sein Verhalten hat mich bereits zuvor aufmerksam werden lassen.
«Vergiß es», sage ich, klopfe ihm auf die Schulter, wechsle schnell das Thema. «John, du mußt mir einen Gefallen tun.»
Er nickt bereitwillig.
«Der große Mann, der soeben mit mir gesprochen hat – schau nicht hinüber», sage ich gepreßt. «Er soll nicht wissen, daß wir über ihn sprechen. – Kennst du ihn?»
Er stutzt:
«Das ist ein Trunkenbold.» Er setzt einige Komongu-Worte hinzu, die ich nicht verstehe.
«Die Leute in Foinda sind immer froh, wenn er weg ist – dann haben sie Ruhe vor ihm.»

«Wieso, wo geht er immer hin?»
«Mindestens einmal im Monat geht er ins Gefängnis nach Asaro.» Heimlich wirft er einen Blick zu ihm hinüber. «Er ist ein Dieb, klaut an der Hochlandstraße entlang, stua, parkende Trucks und so...»
«John, hör zu!» unterbreche ich. «Ich will mit diesem Mann nichts zu tun haben, verstehst du? Er hat mir vorhin zwanzig Kina geschenkt, für Bier, sagte er. Ich will das Geld nicht, hier, nimm.»
John steckt den Schein unauffällig weg.
«Gib es ihm bei Gelegenheit zurück. Du weißt ja, wo du ihn finden kannst.»
Wieder setzt Trauergesang ein.
Endlich: der halb aufgeweichte Pappsarg wird von sieben Männern aus dem Haus getragen. Im Nu sind die Träger von den Trauernden umringt. Ein tobendes Menschengewühl umkreist fortwährend den Sarg, wogt langsam dem Dorfausgang entgegen und verschwindet hinter dem Knüppelzaun Richtung Süden.
Der Pfad schlängelt sich steil bergab, führt durch unwegsames Gelände und endet am Rande einer Lichtung. Sechs kleine Erdhügel zähle ich: der Friedhof von Riyofiyaro.
Die Trauergemeinschaft verteilt sich rings um das Gelände und nimmt im Schatten der Büsche Platz, auch hier sind Frauen und Männer getrennt.
Behutsam setzen die Totenträger, die von Kopf bis Fuß dick mit Lehm beschmiert sind, den Sarg vor der bereits ausgehobenen Grube ab. Dahinter, etwa zehn Schritte entfernt, stehen meine Eltern, umringt von einigen Frauen.
Auf einmal ein Schrei wie ein Sirenenton, «Iiiii» – es ist meine Mutter. Sie reißt sich von den Frauen los, wirft die Arme hoch, rennt zur Pappkiste. Sofort hetzen zwei Frauen hinterher, halten sie fest.
Eine wilde Rangelei beginnt. Die beiden Frauen haben Mühe, Gunimes Tobsuchtsanfall unter Kontrolle zu bringen. In blinder Verzweiflung schlägt sie hysterisch um sich. Nasen bluten, Augen schwellen an. Eilig kommt eine vierte, korpulente Frau dazu, wirft sich schreiend auf meine Mutter und drückt ihr den Kopf in die frisch aufgeworfene Lehmerde. Erstickte Laute, verkrampftes Zucken – Stille.
Alles spielt sich innerhalb weniger Sekunden ab – zwischen Sarg und

offenem Grab. Halb von Sinnen, leise röchelnd und Sand spuckend wird Gunime von den Frauen zurückgeführt.
Die Trauerversammlung nimmt den Gefühlsausbruch schweigend und teilnahmslos zur Kenntnis.
Plötzlich: Meine Augen flimmern, dann vor mir das Bild des Toten – blutleer – fahl – hellbraun – wachsschimmernd; es zerfällt, zerschmilzt zu einer grauen Masse. Im nächsten Augenblick hat sich diese grauenhafte Vision wieder aufgelöst.
Vier Männer springen fast gleichzeitig in die Grube, nur ihre ausgestreckten Hände sind zu sehen. Vorsichtig gleitet die Kiste in die Tiefe.
«Rai-mond!» Es ist mein Vater. Zitternd streckt sich seine Hand mir entgegen. Sie hält fest umklammert ein Bündel Kina-Scheine.
«Was ist damit?»
Er gibt keine Antwort. Ein beklemmendes Gefühl überkommt mich. «Das darfst du nicht annehmen», mahnt eine Stimme in mir. Ohne recht zu wissen, was ich tue, nehme ich das Geld und stecke es wieder in das Netz des alten Mannes.
«Papa, ein Geschenk für dich.»
Augenblicke vergehen – keine Reaktion. Dann: Seine trockenen aufgesprungenen Lippen beginnen zu beben. Sein Augapfel verfärbt sich rot, bleistiftdick tritt seine Stirnader hervor.
Ich bekomme Angst. Um Gottes willen! Bloß jetzt keinen Schlaganfall. Ich packe ihn, rüttle ihn an den Schultern, brülle: «Papa, Papa!»
Ein markerschütternder Schrei dringt aus seinem Mund. Wie leblos sackt er in meinen Armen zusammen.
«Dai pinis – er ist tot», höre ich John neben mir aufheulen. Er reißt sich das Hemd vom Körper und hämmert mit den Fäusten auf die Erde.
Mein Vater – ich spüre keinen Atem, keinen Pulsschlag – was soll ich tun?
Verzweifelt blicke ich um mich: «Gurii – Rumba-Gurii, hilf!» ich huste, drohe fast zu ersticken.
Mein Kopf dröhnt, schmerzt. Schwarze Punkte kreisen vor den Augen, werden größer, verschwinden. Unbeweglich liegt der Kopf meines Vaters in meinem Schoß.

Jenseits der Lichtung löst sich eine ockergelbe Lehmgestalt, kommt mit federnden Schritten auf uns zu. Rumba-Guri.
«Guri, schnell, hilf ihm», flehe ich.
Er kniet nieder. Mit prüfender Miene mustert er das erschlaffte Gesicht meines Vaters, führt sein Ohr an Mund und Nase, spuckt auf die Schläfen, reibt mit den Daumen – zwei-, dreimal. Dann nickt Guri mir zu:
«Ich glaube, Korofa – der Totengeist – hat ihn geschlagen.» Seine Stimme klingt ungewöhnlich ernst.
«Und, ist er tot?» frage ich aufgeregt.
Guris Augenpartien nehmen mongolide Züge an. Er schüttelt kaum wahrnehmbar den Kopf:
«Er hat ihn nur geschlagen», wispert er. «Nur geschlagen. Korofa wird ihn bald wieder freigeben, aber noch steht er in seinem Bann.»
Mit einemmal nickt Rumba-Guri, so, als habe er irgendwoher eine wichtige Antwort erhalten. Er schließt die Augen, regt sich nicht.
Inbrünstig bete ich, mein Vater möge nur von einer Ohnmacht befallen sein.
«Ich werde seinen Geist zurückholen», murmelt Guri, wird leiser, wechselt plötzlich in Komongu-Dialekt – ich kann nichts mehr verstehen. Er hat eine magisch-rituelle Behandlung eingeleitet. Noch immer liegt Kindirums Kopf reglos zwischen meinen Beinen.
Guri zieht einen Blattwedel aus seiner Netztasche, spuckt darauf, flüstert dazu einige Worte, die mit «Hm, hm, hm» enden.
Erschreckt fahre ich zusammen. Wild rauscht der Wedel um meine Ohren, dann vor meinem Gesicht. Wieder spuckt er die Blätter an und vollzieht das gleiche Ritual an meinem Vater. Mit feinsummenden Lauten legt er einige Wurzelknollen sowie Blätter verschiedener Farben, Formen und Größen auf die Brust meines Vaters. Guris Hände verschwinden wieder in der Netztasche, wühlen umher – plötzlich:
Ein Zucken geht durch den Körper des alten Mannes. Er bewegt sich, seine Lider zittern, die Mundwinkel bewegen sich – jetzt: Er öffnet die Augen. Erleichtert atme ich auf. Mühsam rafft er seinen Oberkörper hoch, ich stütze ihn. Guris Zauberutensilien fallen auf den Boden.

Verdutzt starrt Guri auf meinen Vater, sieht mich vorwurfsvoll an, nickt:
«Gerade wollte ich die Ahnen rufen», sagt er und sammelt schnell Blätter und Wurzelknollen ein.
Er scheint verärgert, daß sein Patient bereits vor der eigentlichen «Geist-Zurückholungszeremonie» das Bewußtsein wieder erlangt hat; mürrisch schwingt er das Netz um seine Schulter, steht auf und geht wortlos davon. «Iiii», jammert mein Vater, reibt sich den Kopf und starrt mich an.
Allmählich gewinnen seine Gesichtszüge das normale Aussehen zurück. Trotzdem kann ich mich des Eindrucks nicht erwehren, daß neben mir ein lebendiger Leichnam sitzt.
Wieder Trauergesang – kreischend – heiser – monoton. Das Grab wird von den sieben Totenträgern mit Händen, Füßen und drei Spaten zugeschüttet. Ein grob zusammengefügtes Holzkreuz ziert den hoch aufgeworfenen Hügel.
Unter großem Geschrei zieht die Trauerschar zurück ins Dorf. Noch einmal besteigt Big Papa die umgestürzte Benzintonne und erteilt kommandoartige Anweisungen; das große Trauermahl wird vorbereitet.
Ein heilloses Durcheinander entsteht: Frauen, Kinder, Männer, Hunde, Hausschweine, alles läuft kreuz und quer auf dem Dorfplatz umher, chaotisch – aber es hat nur den Anschein, denn jeder kennt seine Aufgabe.
Das vor Tagen geschlagene Feuerholz wird herbeigeschleppt. Kochsteine türmen sich zu kleinen Haufen, frische Bananenblätter und Farnkräuter liegen bereit. Netze mit Süßkartoffeln, Taro und verschiedenen Blattgemüsen werden aus den Hütten getragen und neben den Kochblättern abgelegt.
Männer lockern mit angespitzten Pfählen das Erdreich des Dorfplatzes auf. Der große Erdofen wird angelegt: Eine Rinne, etwa zehn Meter lang, 60 Zentimeter tief und ebenso breit, wird ausgehoben. Kinder laufen mit langen Bambusrohren zur nahen Dorfquelle, um Wasser zu holen.
Gunime und Jäne tauchen auf, an grobgedrehten Rindenstricken zerren sie fünf ausgewachsene Schweine hinter sich her. Die zwei

Frauen haben alle Mühe, die ängstlich quietschenden, widerspenstigen Tiere auf den Platz zu bringen. Nur mit Flüchen und Stockhieben gelingt es ihnen nach einiger Zeit, die kleinen Dickhäuter und die sieben Mekabo-Schweine zusammenzubinden.
«Katim monidiwai», tönt Big Papas Stimme scharf über den Platz. Er läßt gerade die «Geldbäume» umlegen. Gut ein Dutzend Männer sind damit beschäftigt, die Geldscheine von den Schnüren loszubinden.
John und Big Papa gehen durch die Reihen; sichtlich mißtrauisch schauen sie den Männern auf die Finger. Sie sammeln Schein für Schein ein und verschwinden im Männerhaus.
«Raimond» ruft John. «Komm, hilf uns zählen.»

Ich betrete das Männerhaus. Auf einer ausgerollten «kunu»-Bastmatte liegen die Kina-Noten auf einem Haufen. Darauf als stumme Drohung ein Buschmesser.
Rumba-Guri unterhält beide Feuerstellen. Beflissen eilt er hin und her, bläst aufgeregt in die bereits hell auflodernden Flammen, schiebt Holzstücke nach und äugt dabei unablässig zur Bastmatte hin.
«Aaiii», schreit er auf einmal, schüttelt seine Hand, schleckt sie ab und verzieht vor Schmerz sein Gesicht.
Noch zwei alte Männer sitzen in der Hütte, doch nicht am gewohnten Platz an der Feuerstelle, sondern im Schlafbereich. Unbeweglich wie Statuen hocken sie auf ihren Holzpritschen. Nur ihre Augen verfolgen jede Bewegung im Raum.
John läßt die Kaffeesäcke vor den Eingängen herab, zündet eine Petroleumlampe an und stellt das rußende Ding neben die Matte. Argwöhnisch betrachtet Big Papa das Geld, seine Barthaare bewegen sich beim nervösen Spiel der Kiefermuskeln. Man spürt förmlich, wie in ihm die Spannung wächst.
Plötzlich: Ein Lehmkopf taucht zwischen Kaffeesack und Türöffnung auf.
«Rausim», krächzt Rumba-Guri, hält seine Pobacken und schleudert seinen Fuß gegen den Kaffeesack.
Draußen verliert sich schimpfend eine Stimme im allgemeinen Schlachtfestlärm.

«So, dann wollen wir anfangen», brummt John und ergreift einen Pack Geldscheine.
«Rühr nichts an!» zischt Big Papa überreizt und klopft ihm auf die Finger.
Im nächsten Moment hält er das Buschmesser in der Hand. John verharrt reglos. Zögernd, ganz langsam vollzieht Big Papa eine Kreisbewegung – die Klinge wandert bedrohlich nahe an Johns Arm vorbei – und legt das Buschmesser griffbereit neben sich. Ein gefährliches Flakkern zieht durch seine Augen, das jäh in einen stumpfen Blick überwechselt. Was mag in ihm vorgehen? Wie oft habe ich hier schon abrupte Stimmungsänderungen erlebt... Der unberechenbare Hang zum Irrationalen, der uns immer aufs neue verblüfft und nicht selten ängstigt, ist bei diesen Menschen besonders ausgeprägt.
«He, Raimond», unterbricht Big Papa meine Überlegungen, «was glaubst du, sind das 7000 Kina – oder mehr?»
«Es werden wohl 7000 sein, wie es vereinbart wurde.»
«Hm, hmm», sagt er grübelnd. «Du kannst mir glauben, ich hätte zweimal 5000 Kina nach Riyofiyaro gebracht.» Er holt tief Luft. «Denn diese Brut hat mehr Geld als Kaffeebäume.»
Wieder stiert er auf den Geldhaufen. Ich spüre, wie seine angestauten Aggressionen weniger werden.
«Weißt du», beginnt er nun wesentlich ruhiger. «Der Regierungsbeamte in Goroka sagte, 7000 sind inap, genug. Und das ärgert mich irgendwie, verstehst du?» Erwartungsvoll starrt er mich an.
«Du hast doch alles getan, Big Papa. Ich bin stolz auf dich.»
«Hm, das wollte ich von dir hören, Raimond», sagt er nickend und krault sich geschmeichelt den Bart. Pause.
«Raimond, du hast mir heute gut gefallen. Du hast Mut gezeigt.»
«Wo? Wann?» frage ich verwundert.
«Unter den Kanoša-Männern gibt es einige Hitzköpfe – du hast den Streit verhindert. Das hat mir gefallen, und ich habe meinen guten Ruf behalten.» Er klatscht in die Hände.
Die beiden Alten auf ihren Holzpritschen fahren hoch. Rumba-Guri schüttelt aufgeregt seine Hand.
Wie von einer Tarantel gestochen springt Big Papa auf:
«Denen werde ich nichts geben!»

Schnaubend rennt er um die Feuerstellen, bleibt unvermittelt stehen, stemmt beide Hände in die Hüften, blickt herausfordernd zu John: «Undenkbar!» brüllt er. «Hätten die Burschen einen Mekabo erschossen, wären wir das ganze Geld los gewesen und unser eigenes dazu.» Wieder rast er wie ein Ungeheuer zähnefletschend auf und ab.
«Dann wirst du Streit mit den Kanośa bekommen», gibt John zu bedenken.
Mit einem Satz steht Big Papa vor ihm, bebend, zuckend, heißblütig.
«Di, di, di, di», dringen Gaumenlaute von der Tür her. Rumba-Guri schüttelt ernst den Kopf: «Ihr werdet euch doch nicht um etwas streiten, was überhaupt nicht passiert ist.»
Er blickt in das verrußte Giebeldach. Unbeweglich starren John und Big Papa auf ihn.
«Denkt daran, unsere Ahnen sehen zu, wie ihr das Geld verteilt», geifert er mit zitternden Lippen und wendet sich erneut zum Eingang.
Sichtlich beeindruckt von diesen Worten setzt sich Big Papa. Eine künstliche Ruhe breitet sich aus. Guri, der sich für die Innenraumüberwachung verantwortlich fühlt, späht durch ein Loch im Kaffeesack ins Freie.
«Hm, hmm», unterbricht Big Papa die gespannte Atmosphäre. «Raimond, wie sollen wir mit dem Zählen anfangen?»
Ich sehe es ihm an, diese Frage zehrt an seinem Selbstbewußtsein.
«Ich schlage vor, ihr sortiert erst mal die Scheine nach den Farben, also grün, rot und blau zu je einem Pack.
Er nickt verständnisvoll.
«Gutpela! Ich wußte doch, daß man so zählt», knurrt er verbissen und wendet sich an John. «Du zählst das rote Geld, ich das grüne.» Er runzelt seine Stirn, Lehm bröckelt auf die Bastmatte. «Hmm, ja, was übrig bleibt, muß dann das blaue sein.»
Versonnen schaut er auf. Im nächsten Moment donnert seine Faust auf die Kina-Scheine:
«Genau! Die blauen bleiben übrig. Gerade darauf kommt es an, verstehst du?»
«Natürlich», brummt John beleidigt. «Ich hab doch keinen blöden Kopf», und er wirft ihm einen bitterbösen Blick zu.
Endlich: Bedächtig, jeden Schein prüfend, ordnen sie die Kina-No-

ten. Guri eilt wieder unruhig zwischen beiden Eingängen hin und her, schielt gelegentlich entzückt zur Matte.
Mit einemmal dringen helle, aufgeregte Quietschlaute von draußen herein, steigern sich in schrille Todesschreie, enden abrupt.
«Aiii», entfährt es Guri.
«Kilim pig – die Schweine werden geschlachtet.» Er schluckt hörbar. «Bald gibt es ein gutes Essen.»
«Was soll denn das sein?!» fährt Big Papa hoch. «Die Lumpen haben uns betrogen!»
Drohend hält er einen fast schwarzen Geldschein in der Hand.
«Zeig her. Das sind zwei Kina, nur dreckig, doch genausoviel wert wie die sauberen Scheine.» Ich gebe ihm das Geld zurück. Er zieht mißbilligend die Brauen hoch.
«So, Raimond, komm, zähl das Geld», seine fleischige Hand schiebt mir die drei Bündel zu.
Mit einem Schlag wird mir bewußt: Fehlt nur ein Schein, könnte das Mord und Totschlag bedeuten.
Ich zähle:
«Ein, zwei – – –», ich lege die einzelnen Bündel gekreuzt aufeinander. «Zweihundert rote Scheine sind viertausend Kina.»
Ich zähle weiter: «– – – zweihundertneunundvierzig, fünfzig blaue Zehn-Kina-Noten sind 2500.»
Meine Hände werden feucht, Schweiß tropft mir von der Stirn. Das letzte Bündel, die Zwei-Kina-Noten liegen vor mir.
Wieder zähle ich: «Eins, zwei, zwanzig, vierzig», meine Lippen beben. «– – – Achtzig, – – – zweihundert, -zehn, -zwanzig – – – zweihundertfünfzig!» Gott sei Dank, eine glatte Zahl.
Schnell rechne ich zusammen.
«7000 Kina», rufe ich erleichtert aus. Nochmal zähle ich alle Bündel durch: «4000 – 2500 – 500 – stimmt genau!»
«Hm, gutpela», Big Papas Stimme klingt zufrieden. «Hätte nur ein Cent gefehlt – ha, ich wäre sofort auf die Polizei gegangen und hätte die Bande vor Gericht gestellt. – So, jetzt müssen wir uns ausdenken, wer wieviel bekommt.»
John bittet um Notizblätter. Mühsam kritzelt er die Namen unserer Eltern auf das Papier. Es folgen, kaum lesbar, die Namen der nächsten

Verwandten aus der Sippe. Auf ein anderes Blatt setzt er die Namen Raimond, We Namba und Council.
Mein Vater sowie der Führer der Kanośa-Sippe werden zu den Beratungen hinzugezogen. Rumba-Guri zitiert mit einer energischen Handbewegung die beiden Alten von ihren Schlafstellen zu sich.
Der Rat der Weisen scheint nun vollständig zu sein, denn bereits im nächsten Moment setzt ein unverständliches Gemurmel ein. Es wird in Siane-Sprache gesprochen. Wild gestikulierend redet Big Papa mit dem Kanośa-Führer. Im Ton seiner Aussprache schwingen unverkennbar Drohungen. Die geballten Fäuste sowie sein grimmiger Gesichtsausdruck bekräftigen meine Annahme.
Wie versteinert sitzt ihm der Kanośa-Mann gegenüber. Entweder sind seine Ohren mit Lehm verstopft oder Big Papas Worte berühren ihn nicht im geringsten.
Endlich nickt der Kanośa-Mann. Sofort entspannen sich die übrigen sechs Gesichter. Die Unterredung wird nun im ruhigen, immer geheimnisvolleren Ton fortgesetzt.
Der Gedanke an die Geldverteilung beunruhigt mich.
Hoffentlich lassen sie mich aus dem Spiel.
Ich schaue die grübelnden Gesichter an, eins nach dem anderen. Unvermittelt sehe ich Rumba-Guri in die Augen. Ich möchte mich abwenden, kann es aber nicht, wie hypnotisierend halten sie mich fest, zwingen mich in ihren Bann.
Plötzlich spüre ich ein Kribbeln an meiner Netzhaut, das sich schnell über Stirn und Schläfen ausbreitet. Ein scheußlich dumpfes Gefühl, bleischwer, erdrückend und undefinierbar, dehnt sich in mir. Was ist mit mir?
Im nächsten Augenblick kommt mein Denken zum völligen Stillstand. Ich kann visuell nichts mehr wahrnehmen – nach und nach, so scheint es mir, starre ich in eine raum- und zeitlose Unendlichkeit. Dann, völlig aus dem Nichts:
«Das kann ich nicht bestimmen – die Entscheidung muß die Sippe finden», dröhnt es in meinem Hirn.
Wie vom Blitz getroffen, fahre ich zusammen. Meine Gedanken setzen ein, rotieren, scheinen sich zu überschlagen – Frage – Antwort – Antwort – Frage. Allmählich läßt der Druck nach, meine Sinne beru-

higen sich. Was war das? Es war dieselbe fremde Stimme, die mich schon vor Tagen fast um den Verstand gebracht hat.
Mit einemmal – Rumba-Guris Augen stehen wieder vor mir – noch immer gleich magnetisierend, stechend, unbeweglich. Jäh überkommt mich ein Gedanke.
«Bist du es, Rumba-Guri? – Bist du es? – Bist du es?!»
Sofort löst sich sein Blick von mir.
War es ein Zeichen? Eine Antwort? Warum wendet er sich so spontan ab?
Ein unheimlicher Verdacht steigt in mir hoch:
Bin ich ein Opfer von Rumba-Guris außergewöhnlichen Suggestionskräften geworden? Versucht er, meinen Geist zu beeinflussen? Kein Zweifel, hier ist Hypnose, Telepathie oder was auch immer im Spiel.
Mit einem unguten, beinahe ängstlichen Gefühl beobachte ich, wie Guri meinem Vater, dann den beiden Alten etwas ins Ohr flüstert. Sofort werfen sie mir scheue Blicke zu, wenden sich rasch wieder ab und unterhalten sich weiter.
Rumba-Guri scheint irgendeine Meinung zu vertreten, die John mit heftigem Kopfschütteln ablehnt. Big Papa verhält sich unparteiisch, die übrigen Männer stimmen leise mit «ewé»-Rufen zu.
Vermutlich hat Guri einen Schlüssel gefunden, wie das Geld aufgeteilt werden soll, denn John nimmt einen Kugelschreiber und fängt an zu schreiben – nein, er malt stumpfsinnig die Kästchen meines karierten Notizpapiers nach.
Plötzlich erhebt sich Rumba-Guri, würdigt John mit einem verächtlichen Augenaufschlag und geht aus dem Haus. Augenblicklich verstummt draußen der Lärm.
Dann: «Iiii-ai-ai-ai-ai-iii», die Alten beginnen zu singen, wiegen ihre Köpfe von Schulter zu Schulter. Nur Big Papa und John verharren mit zusammengepreßten Lippen und eingezogenen Schädeln.
Es ist ein leises, verhaltenes Singen, das stellenweise ins Summen überwechselt, dann wieder in Wortsilben vorgetragen wird – so, als würde der Text, der teilweise vielleicht vergessen oder bereits unbekannt ist, durch Summtöne überbrückt.
Nach einer Weile kehrt Guri zurück. In seinen Händen baumeln

zwei alte verrußte Netztaschen, deren Formen auf einen runden Inhalt schließen lassen.
Vorsichtig übergibt er ein Netz meinem Vater, der es mit bebenden Händen festhält und küßt. Guri bindet sein Netz an den bereits von einer Querstange des Daches herabhängenden Schnüren an. Er nimmt mit ehrfurchtsvoller Miene das zweite Netz aus den Händen meines Vaters und befestigt es etwa eine Handbreit vom anderen. Die Netztaschen hängen mannshoch über der Bastmatte mit den Geldscheinen.
Guri geht auf seinen Platz zurück, setzt sich jedoch nicht, sondern geht in die Hocke. In seinen Händen hält er nun einen unbestimmbaren Gegenstand. Es ist etwas Dünnes, sieht aus wie eine «naka»-Knochennadel, doch ich bin nicht sicher.
«— ai-iiii!» abrupt endet der Gesang. Die Männer reißen ihre Köpfe hoch und blicken erwartungsvoll auf die Netze. Die Petroleumlampe fängt auf einmal an zu flackern, dabei hat sie niemand angerührt. Das Schutzglas wird schwarz, birst im nächsten Augenblick. – Dann: eine blaugelbe Stichflamme schießt hoch, scheint fast die Netze zu berühren und erlischt. Keine Reaktion der Männer – alles ging zu schnell. Der unerwartete Beleuchtungseffekt wirkt geheimnisvoll, mystisch. Das Weiße der Augen sieht im Feuerschein seltsam bizarr aus, er läßt die Männer wie unnatürliche Wesen wirken.
Nur Rumba-Guri hält die Augen geschlossen. Langsam verzerrt sich sein Gesicht, die Falten werden tiefer, breiter, neue kommen hinzu. Es hat den Anschein, als müsse er große Schmerzen ertragen. Unmerklich beben seine Lippen, aus seiner Nase preßt er kurze helle Töne.
Ich spüre förmlich, wie sich Guri in ein magisches Kraftfeld transformiert. Seine Energieströme scheinen alles zu umfassen, alles unter sein Schwingungsfeld stellen zu wollen.
Ich habe plötzlich den Eindruck, als sauge er meine Gedanken auf, als pumpe er mein Hirn leer. Dann wieder das markverzehrende Gefühl in mir.
Mit einem Ruck fahre ich hoch. Im selben Moment reißt Guri seine Augen weit auf, starrt reglos auf die Netztaschen, die unbeweglich vom Dachgeflecht herunterhängen.

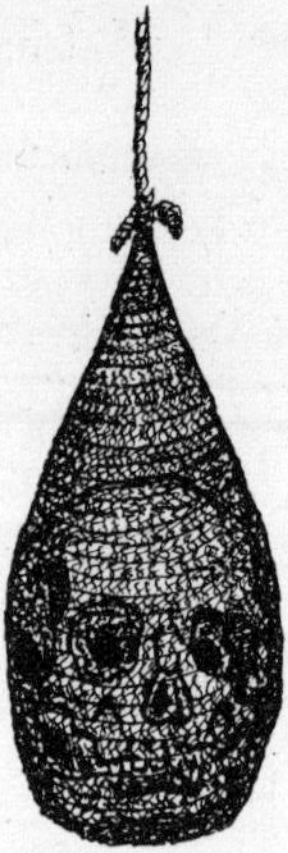

Netzsack mit Ahnenschädel

Lähmende Augenblicke. Ich merke, wie John nervös mit seinen Händen spielt. Die beiden Alten stieren mit halboffenem Mund zur Dekke.

Guri schließt wieder die Augen, schüttelt den Kopf, hält inne. Heftiges Muskelzucken bewegt seinen Körper, wird stärker, vibrierender. Jetzt: Er scheint das Gleichgewicht zu verlieren, droht vornüber zu kippen. Doch wie ein Stehaufmännchen richtet er sich wieder auf. Das Zittern wird weniger, endet schließlich in absoluter Starre. Keine Atembewegung – nichts ist an ihm zu sehen. Ich staune: Mit welch großartiger Disziplin vermag dieser alte Mann seinen Körper zu beherrschen!

Allmählich, ganz langsam öffnet er seine Lider, gleichzeitig quellen seine Augen unnatürlich stark hervor. Unablässig ist sein Blick auf die Netztaschen geheftet.

Da! Ein Netz bewegt sich, schaukelt leicht hin und her. Unfähig, irgend etwas zu tun oder zu denken, starre ich auf das schwingende Netz. Ich schrecke auf. John schießt hoch und verläßt blitzartig das Haus.

Das Netz! Es hängt still, unbeweglich.

Es hat doch soeben geschaukelt. Eindeutig pendelte es einige Zentimeter hin und her.
Verwirrt schaue ich zu Guri. Ein merkwürdiger Schimmer liegt in seinen Augen. Der Mund öffnet sich – er spricht tonlos. Sein Blick löst sich keine Sekunde von den Netzen.
Plötzlich – das gleiche Netz bewegt sich wieder.
Träume ich mit offenen Augen? Nein. Deutlich schlägt es aus, wie vor wenigen Sekunden.
Dann: Das zweite Netz fängt an zu zittern, es vibriert. Gänsehaut läuft über meinen Rücken.
Das ist doch alles nicht wahr. Ich muß total überreizt sein, das ist alles Einbildung – oder doch nicht?
Ich hole tief Atem, um mich zu beruhigen, reibe meine Augen – stutze: Beide Netze sind sichtbar in Bewegung. Sie schwingen waagrecht, ohne daß sich die Pendelstrecke vergrößert. Merkwürdig, sie verkleinert sich auch nicht.
Und dann hängen sie still, wie von Geisterhand gestoppt. Im gleichen Moment verläßt mich das dumpfe, erdrückende Gefühl. Fassungslos blicke ich zu Guri, der mit geschlossenen Augen, in sich versunken und völlig entspannt im Yogasitz am Boden kauert.
Unglaublich: Wie ist es möglich, daß sich Gegenstände ohne sichtbare Einflüsse bewegen und im nächsten Augenblick wieder reglos sind? Hat die Kraft von Guris Gedanken die Netze in Bewegung gebracht? War das soeben erlebte Phänomen eine außersinnliche Wahrnehmung?
Aufgeregt suche ich nach einer Erklärung, stütze mich auf meine vagen, längst veränderten Gefühle. Fest steht, daß ich deutlich eine fremde Kraft in mir gespürt habe, die mir vielleicht zeitweise Teile meiner eigenen Energie für ihren Zweck entzogen hat. Fragen über Fragen und keine Antwort.
Sonderbar: Plötzlich habe ich das Bedürfnis, kräftig und tief zu atmen. Ich gucke zu Guri, der noch immer in seinem meditativen Zustand verweilt. Gleichzeitig empfinde ich eine kribbelnde Spannung in mir, die sich von der Rückenmarkregion langsam über das Rückgrat bis zum Kopf ausbreitet. Es ist ein warmes, angenehmes, energiebringendes Gefühl. Dabei fühle ich mich außerordentlich wohl.

Die Ungewißheit, die mich plagte, die Unruhe hat sich aufgelöst – existiert nicht mehr.
Mit klarem Bewußtsein registriert mein Verstand ohne Widerwillen die mysteriösen Ereignisse, erfaßt sie als Tatsachen, nimmt sie als «übernatürliche» Realität hin. Wie von selbst hat das Suchen nach einer Erklärung aufgehört.
Jetzt kommt wieder Leben in Guris Körper. Er richtet sich langsam auf, hörbar knacken seine Gelenke. Ruhig schaut er mich an, ich glaube ein leichtes Nicken wahrzunehmen. Sein Blick huscht über die anderen Gesichter. Dann nickt er, springt auf, bindet die Netztaschen los und verläßt das Männerhaus.
Ich habe das Gefühl, ich müsse mit ihm reden und folge ihm.
Wieder setzt der geheimnisvolle Gesang der Männer ein.
«Guri, warte!» rufe ich verhalten. «Wo gehst du hin?»
Er bleibt stehen, fixiert mich ungewöhnlich scharf.
«Geh zurück ins Männerhaus», antwortet er knapp, dreht sich um, steigt über den Zaun und verschwindet im Busch.
Betroffen stehe ich da, fange an, mich über meine Dummheit, über meine maßlose Neugier zu ärgern.
Langsam kehre ich zum Männerhaus zurück. Erst jetzt merke ich, daß auf dem Dorfplatz drei große Feuer brennen. Links und rechts vom dampfenden Erdofen hocken die Leute dicht an den wärmespendenden Kochsteinen, unterhalten sich leise und warten darauf, daß das Essen gar wird.

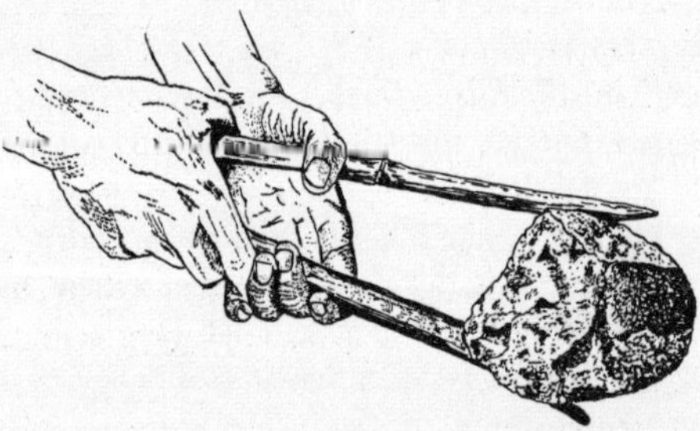

Bambuszange für heiße Kochsteine

John sitzt bereits wieder im Männerhaus. Mit schwerer Hand, als wollte er etwas gravieren, führt er den Kugelschreiber unsicher über das Papier. Als er mich entdeckt, kommt er mit ernster Miene auf mich zu.
«Hast du gesehen», er stockt, «wie die Ahnen ‹rufen›?»
Ich horche auf.
«Nur We Namba Guri kann sie hören.» John kommt nahe an mein Ohr: «Er kann sich sogar mit ihnen unterhalten.» Schnell wirft er einen verstohlenen Blick zum Dach, an jene Stelle, wo zuvor die Netze hingen.
«Was war in den Netzen?» frage ich und brenne vor Wißbegier.
«Die Ahnen», wispert er in mein Ohr.
«Was? – Köpfe?»
John bejaht. «Raimond», seine Stimme klingt ängstlich. «Sprich mit niemandem darüber. Das ist ein streng gehütetes Geheimnis, vielleicht erzählt We Namba dir später selbst einmal davon.»
Ich nicke. Er setzt sich wieder zu den Männern und rechnet weiter.
Immerhin, wenn auch alles unfaßbar ist, die optischen Zusammenhänge werden mir nun klar.
«Hm, hm, hm», Rumba-Guri steht plötzlich im Eingang des Männerhauses.
Streng sieht er mich an – sofort reagiert mein Magen mit einem dumpfen Druck.
Er geht auf seinen Platz zurück. Spinnweben hängen ihm über Kopf und Schultern, was darauf schließen läßt, daß die Netze an einem geheimen, verborgenen Ort aufbewahrt sind.
Im Komongu-Dialekt beginnt Guri zu erzählen. Mit würdevollen Gesten deutet er von Zeit zu Zeit nach oben. Andächtig lauschen ihm die Männer, werfen sich gelegentlich Blicke zu und nicken beifällig.
Sicherlich sagt ihnen Guri, was die Ahnen ihm mitgeteilt haben, kombiniere ich und zünde mir eine Zigarre an.
Abrupt endet der Vortrag. Eine unerträglich lange Pause folgt. Dann erklärt Guri mit einemmal: «Ich habe Hunger!» und klopft sich auf seinen faltigen Bauch.
«Wir auch», antworten die Männer fast im Chor.
«Aber erst verteilen wir das Totengeld», tönt ungeduldig Big Papas

tragende Stimme. «Ich habe die Verhandlungen geführt und habe dabei einen Zahn verloren.»
Wie ein Raubtier knurrend, fletscht Big Papa sein rot-schwarzgefärbtes Gebiß. Selbst der mundtot gemachte Kanośa-Führer zollt ihm Beifall, indem er schweigend nickt.
«Also, ich bekomme von der Sippe fünfhundert Kina und zweihundert Kina!»
Mit zusammengekniffenen Augen schaut er in die Runde. Seine drohende Miene läßt jeden Gedanken an Widerspruch im Keim erstikken.
«We Namba, bist du für deine Arbeit mit zweihundert Kina einverstanden?»
Guri nickt, zählt sogleich mit Händen und Füßen und schüttelt ungläubig sein Haupt.
«Plenti moni», murmelt er zwischen seinen Knien hindurch, blickt spitzbübisch zu mir, dann zu Big Papa. «Gutpela, inap», meint er zufrieden.
«So, das übrige Geld ist eure Sache.»
Mit beiden Händen schiebt Big Papa die Kina-Scheine zu meinem Vater.
«Verteilt es gerecht unter den Sippen, ich will nichts mehr damit zu tun haben.» Aufgeregt stößt seine Zunge für einige Momente in der mächtigen Zahnlücke hin und her. «Und vergeßt nicht, die Totenträger zu bezahlen», mahnt er und überlegt kurz: «Ihr könnt ihnen auch einen dicken Teil vom Schwein geben.»
«In Ordnung, Council», spricht John ihn hochoffiziell an und macht sich daran, die durcheinandergeratenen Scheine neu zu sortieren.
Unerwartet steht Rumba-Guri neben mir.
«Ai, ai, ai», lispelt er vergnügt und bedeutet mir unmißverständlich, daß er meine Zigarre rauchen möchte.
Flink kramt er ein Rauchrohr aus seinem Netz, steckt die Zigarre in die Öffnung und setzt sich neben mich. Schelmisch sieht er mich an, führt das Bambusrohr zum Mund und verschwindet mit einem genüßlichen Blick in einem blaugelben Dunstgebilde. Ein gewaltiger Donner zerfetzt die Rauchwolke. Guris Kopf taucht auf, er hustet, kläfft, japst nach Luft. Ich klopfe ihm auf den Rücken.

«W-as r-a-uch-st – du da für komische Blätter?» röchelt er asthmatisch und reibt sich die Brust. «Die wachsen nicht bei uns.» Er reibt sich die Augen trocken. «Wo hast du dieses Zeug her?» krächzt er.
«Aus Germany», sage ich lachend.
«Ger-man--y», stottert er. «Ist das ein weißer Stamm?»
Ich nicke.
«Was? Alles nimakarawe?»
«Ja, alles Weiße», bestätige ich.
«Hm, hm – und du hast diese Blätter von ihnen bekommen?»
Ohne auf Antwort zu warten, betrachtet er die Zigarre von allen Seiten.
«Wo wohnt dieser Stamm?» fragt er plötzlich mit scharfer Stimme und sieht mich blinzelnd an.
«Weit, weit weg von hier.»
«Wie weit?»
«Oh, – ganz weit weg von hier», sage ich und überlege, wie schwer solch einfach klingende Fragen zu beantworten sind, denn ein Entfernungsbegriff, wie Kilometer oder Meile ist für Guri unverständlich.
Er sieht mich groß an, blickt meiner Armbewegung nach, wiegt nachdenklich den Kopf.
«Hm, weit weg, sagst du – also, hinter den großen Bergen.»
Er zeigt nach Westen, wo tatsächlich die höchsten Erhebungen Neuguineas sind.
John stört unser interessantes Gespräch und zwinkert mir zu.
«We Namba – deine zweihundert Kina». Er drückt ihm die Scheine in die Hand.
«Si, si, si – planti moni», freut er sich.
Im nächsten Moment wechselt sein Gesichtsausdruck.
«Weißt du, Raimond», sagt er versonnen, «immer, wenn ich das neue Geld sehe, denke ich an meine Zeit zurück. Siehst du», er zeigt auf die einzelnen Abbildungen,
«Muschel, Eberhauer, Schwein. Das alles war unser Geld. – Heute ist es auf diesem Papier!»
Der Ton seiner Stimme hat etwas Trauriges an sich.
«Hm –, und das Papier soll – ist heute mehr wert als unser altes Tauschgeld?!» Kopfschüttelnd geht er an die Feuerstelle zurück.

«Hier Raimond, dein Geld – tausend Kina.» John legt ein loses Bündel Kina-Noten auf die Alu-Kiste.
«Für mich?» frage ich verwundert und gucke verwirrt auf das Geld.
«Nein», warnt mich eine Stimme, «Finger weg von dem Geld, das ist tabu. Bedenke, es bedeutet Abhängigkeit. Irgendwann verlangen sie es zurück. Du kennst das Gesetz: Alle für einen – einer für alle, das ist das alte Lebensprinzip dieser Stämme. Nimm nichts, dann kann niemand etwas zurückfordern.»
Hastig raffe ich die Scheine zusammen.
«He, John, nimm es! Ich will das Geld nicht haben.»
Verdutzt schaut er auf die Scheine, hebt den Kopf.
«Aber, das geht nicht! Es ist dein Totengeld.»
Entschieden wehrt John ab.
«Behalte es!» röhrt drohend Big Papas Stimme.
Ohne aufzublicken verstaut er seine Kina-Scheine in einem kleinen verstaubten Pappkoffer.
Ich werfe einen fragenden Blick in die Runde. Schläfrige und gleichmütige Mienen ringsum. Nur in Guris Gesicht glaube ich Mißtrauen zu erkennen. Eine List fällt mir ein: langsam schreite ich auf Guri zu und bleibe dicht vor ihm stehen. Ich hüstele, um seine Aufmerksamkeit auf mich zu lenken. Es herrscht eine gespannte Nervosität.
«Guri, das sind tausend Kina», sage ich schleppend. «Das ist mein Geld!»
Er nickt verständnisvoll mit dem Kopf.
«Es gehört mir!»
Wieder nickt er.
«Ewé, ewé», höre ich verschiedene Stimmen hinter mir rufen.
«Guri –!»
Unsicher schaut er auf, weicht mir aus.
«Guri –!» Er sieht mich groß an. «Das Geld gebe ich meinen Eltern, Kindirum und Gunime. Sie haben für mein Leben hart gearbeitet. Als Dank sollen sie mein Totengeld erhalten.»
Mit würdevoller Geste und feierlicher Miene überreiche ich meinem Vater das Geld. Tränen stehen ihm in den Augen. Gott sei Dank.
Er umarmt und küßt mich, seine Lippen beben:
«Raimond, du bist ein guter Junge.»

«Du hast gut gehandelt», meint auch Guri, «wenn nur die anderen Jungen so denken würden.»
Er seufzt tief, runzelt die Stirn und starrt ins Feuer.
Während John und mein Vater das Geld unter den Angehörigen verteilen, beginnt das Totenmahl. Begleitet von monotonen Wechselgesängen wandern bis zum frühen Morgengrauen elf Schweine in die Mägen der Trauerversammlung. Allmählich wird die Stimmung heiter und fröhlich.
Zufrieden, mit fettglänzenden Gesichtern und regelrecht angefressenen Kugelbäuchen verabschiedet sich mit Gesang die Kanoŝa-Sippe. Auf der Hochlandstraße bei Atarero warten bereits die Lastwagen, die sie ins Asaro-Tal nach Foinda zurückbringen.

Sehr bald kehrt der Alltag in das Dorf zurück. Das Phänomen – Raimond ist als Weißer wiedergekommen – wird von allen Bewohnern mit einer für mich unfaßbaren Selbstverständlichkeit hingenommen. Das zeigt mir, wie lebendig die Vorstellung von Tod und Wiedergeburt in diesen Menschen ist. Überdies glauben und akzeptieren sie, daß «ihr» Raimond in seinem neuen Dasein wie ein Weißer denkt, daß er alles aus seinem früheren Leben vergessen und durch die Wiedergeburt ein neues Bewußtsein erhalten hat.
Geduldig, verständnisvoll und offen erzählen sie mir aus meinem ersten Leben, das nach unseren Begriffen sehr farblos und ohne Höhepunkte gewesen war.
Beizeiten lernte ich an der Straße das Pigdin-Englisch, kehrte dann mit einigen anderen des Stammes nach Goroka zurück, arbeitete für die Stadtverwaltung als Straßenkehrer. Ich lebte einige Monde in Foinda und ließ mich vom Luthern-Missionfriend auf den Namen Raimond taufen. Zuvor hatte ich Kako geheißen. Dann kam ich zurück nach Goroka, half beim Aufbau des neuen Krankenhauses und arbeitete schließlich in einem China-Store als Lagerarbeiter.
In meiner Freizeit, so sagte man mir, hatte ich mich gern zusammen mit Freunden am Airport aufgehalten. Dort soll ich auch den weißen Manager getroffen haben, der mich und andere mit einem Arbeitsvertrag für zwei Jahre nach Port Moresby auf eine Plantage fliegen ließ.

II. Teil:
Mein Leben in der Sippe

Vier Generationen – vom Urgroßvater bis zum Kleinkind – leben unter den Grasdächern von Riyofiyaro. Die Dorfschaft besteht derzeit aus 53 Männern und 34 Frauen, insgesamt gibt es 12 Familien mit 33 Kindern.

Das Aufzeichnen der Verwandtschafts-Terminologie nimmt sehr viel Zeit in Anspruch. Zudem stellen sich sprachliche Schwierigkeiten ein, denn längst nicht alle Bewohner des Dorfes sprechen Pidgin. Darüber hinaus erweist sich diese Sprache oft als unzureichend für exakte Beschreibungen. Sehr viele Fragen bleiben wegen der Sprachbarriere vorläufig unbeantwortet und warten auf Klärung unseres Freundes Oswald, der seit vielen Jahren als Linguist im Siane-Gebiet arbeitet.

Mein «Büro» befindet sich nach wie vor im Männerhaus, das ich zusammen mit einigen Alten bewohne. – Zum Glück hat man mich noch nicht gefragt, wann ich ihnen Reichtum und Wohlstand in die Sippe bringen werde. Gerade dieser Gedanke ist es, der mich Tag und Nacht verfolgt und quält.

Unruhig wälze ich mich auf meiner Holzpritsche hin und her. Es scheint wieder eine der ruhelosen Nächte zu werden. Neben mir rhythmisches Schnarchen. Es sind die Alten; eingehüllt in Wolldecken und Kaffeesäcke kauern sie in der typischen Embryostellung. Ihre Astralkörper befinden sich längst auf Wanderschaft, irgendwo zwischen den Lebenden und Toten.

Bei jeder Drehung schlägt mir ein beißender, feuchtmodriger Luftzug aus dem Schlafsack entgegen. Ich bin müde, übernächtigt, fühle mich fiebrig. In mir nagt eine entnervende Spannung; wirre, scheinbar unzusammenhängende Gedanken plagen mich.

Da! Da ist es wieder – das Phantom, mein Doppelgänger! Erschreckt springe ich hoch, blicke in ein graubraunes Wachsgesicht. Das Blut peitscht durch meine Adern, mein Herz droht zu platzen. Ich habe nur einen Gedanken: weg von hier. Ich drehe mich um, laufe, laufe um mein Leben.

Plötzlich sehe ich mich auf dem Berggrat des Mount Elimbari – ich renne auf die Spitze zu.

«Halt», schreit es hinter mir.

Keuchend bleibe ich stehen. Meine Lunge pfeift wie ein Blasebalg.

«Wo ist er? Wer hat gerufen? Was war das für eine seltsame Stimme?»

Verwirrt blicke ich um mich – niemand!
«Warum hast du Angst vor mir?» tönt es unvermittelt an meinen beiden Ohren. Es ist die gleiche Stimme, kalt – seelenlos – ohne Widerhall.
«Wo bist du?» brülle ich.
Stille. In wahnsinniger Verzweiflung hetze ich weiter, dem erlösenden Abgrund entgegen.
«Halt – das sollst du nicht tun. Unsere Eltern wären sehr traurig darüber.»
«Warum verfolgst du mich denn?»
«Korofa ist noch nicht zur Ruhe gekommen – deshalb», antwortet die tote Stimme.
Im selben Moment werde ich von unsichtbaren Händen ergriffen und gewürgt. Mit aller Kraft widersetze ich mich der tödlichen Umklammerung, schlage mit Fäusten und Füßen wild um mich.
Doch schon im nächsten Augenblick werden mir Arme und Beine gehalten.
Vor meinen Augen flimmert es. Ein gelbes Licht kommt auf mich zu, bleibt vor mir stehen. Noch immer werde ich von dem imaginären Wesen festgehalten. Ich versuche meine Augen zu öffnen, doch es gelingt mir nicht. Ich habe Angst. Endlich merke ich, daß ich sie längst geöffnet habe. Das gelbe Licht flackert immer noch vor meinem Gesicht.
«Raimond, was ist mit dir?» dringt von weit her eine Stimme zu mir.
Langsam komme ich zu mir. Mein Schädel dröhnt. Das gelbe Licht entpuppt sich als Bambusfackel, gehalten von einer zittrigen Hand. Jetzt kann ich den Träger erkennen, es ist der alte Nokowe. Links und rechts von meinem Schlaflager knien die anderen Männer; ihre Hände halten mich noch umklammert. Schweißperlen glänzen auf ihren zerfurchten Stirnen, Angst spiegelt sich in ihren Augen.
«Bist du in Ordnung?» höre ich Rumba-Guri fragen, der mit verschränkten Füßen am Feuer sitzt.
Noch ganz benommen von der schrecklichen Traumvision steige ich schweißgebadet aus dem Schlafsack – frierend setze ich mich zu Guri ans Feuer. Mein Hals und mein Brustkorb schmerzen, als hätte ich tatsächlich gekämpft.

«Raimond, warst du wieder im Ahnenreich?» fragt Guri ernst.
«Ich habe nur geträumt», antworte ich und versuche zu lachen.
«Warum sagst du nicht die Wahrheit?»
«Ich habe wirklich nur geträumt», beteure ich.
«Glaubst du, ich wüßte nicht –», er unterbricht, ein geringschätziger Blick streift mich von oben bis unten.
«Ich hatte keinen guten Traum.»
«Ich weiß, du hast mit dem Schatten des Todes gekämpft.»
Seine Worte sind wie ein Keulenschlag. Betroffen und fassungslos starre ich ihn an.
Fieberhaft versuche ich, meine Gedanken zu ordnen. – Wie ist das möglich, kann er meine Gedanken lesen! – Oder war es Zufall, hat er sie einfach erraten?
Zwiespältige Gefühle plagen mich: Einerseits empfinde ich eine tiefe, herzliche Verbundenheit zu Guri, andererseits wird mir dieser Mann immer rätselhafter und unheimlicher.
«Du kennst also meinen Traum?» frage ich.
«Mir bleibt an dir nichts verborgen», sagt er ohne zu zögern, und «an niemandem», fügt er leise hinzu.
«Dann tu doch etwas für mich, befreie mich endlich von diesen schrecklichen Alpträumen», flehe ich ihn an.
«Beruhige dich, Raimond, du wirst wieder Schlaf finden.»
«Du hast gut reden; jeden Tag hoffe ich aufs neue, die kommende Nacht möge mir nicht zur Qual werden – vergeblich.»
«Nicht mehr», antwortet er bestimmt. «Ich habe bereits den Gegenzauber gesprochen.»
«Was? Gegenzauber?»
Rumba-Guri nickt. «Ewé», kommt es einsilbig von seinen Lippen.
«Kannst du mit mir darüber sprechen?»
«Iii-tambu – das ist mein Geheimnis!» Energisch schüttelt er den Kopf, rappelt sich auf und geht wortlos weg, wie immer, wenn ich mit meinen neugierigen Fragen in den Tabubereich vorstoße.
Die Alten sitzen am Feuer und braten Süßkartoffeln. Ich wundere mich und schaue auf die Uhr: Zwanzig nach sechs. Draußen muß bereits die Dämmerung die Nacht verdrängt haben.
Der heiße Kaffee macht mich munter, verscheucht die finsteren Ge-

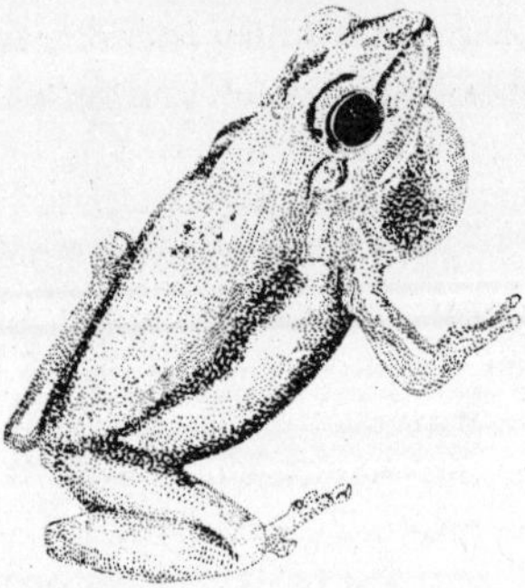

Goldstreifen-Baumfrosch (Litoria vocivincens) mit aufgeblasenem Kehlsack

danken. Nokowe serviert mir eine dampfende Süßkartoffel, garniert mit zwei Froschbeinen. Das Ganze liegt auf dem alten Handtuch, das John gewöhnlich als Schweißtuch und Sitzfederschutz in seinem alten Toyota benutzt. Er hat es hier vergessen.

Wie ein Schatten huscht Guri auf einmal durch den Kaffeesackvorhang, setzt sich neben mich und blinzelt mich an:

«Kopi – ich will einen Schluck Kaffee.»

Seine Schlürf- und Gluckslaute sind alles andere als appetitlich.

«Hm, hmm, gutpela – achh.»

Er klopft den leeren Becher in seiner Hand und schleckt genüßlich die letzten Tropfen auf.

Währenddessen bemerke ich, daß sich Guris Schurz wohl beim Hinsetzen verschoben hat. Ich betrachte seinen Penis und habe schon wieder Grund, mich zu wundern: etwa einen Zentimeter oberhalb des Gliedansatzes hat Guri eine nabelähnliche Vertiefung. Sie könnte von einer Pfeilschußverletzung herrühren oder gar von einer Blasenoperation – vielleicht aber auch von einem früheren, geheimen magisch-rituellen Eingriff. Doch ihn jetzt wieder zu erzürnen – das will ich nicht riskieren.

«Gutpela», murmelt Guri erfreut, beugt sich halbwegs über mich, nimmt einen Froschschenkel und schwingt ihn klatschend in seinen Mund. Das zartgedämpfte Fleisch, das Nokowe in einem Bambuskochrohr geschmort hatte, läßt seinen Mund in schier ekstatische Bewegungen geraten. An seinen Wangen kann ich deutlich erkennen, wo und in welcher Lage sich die Delikatesse befindet.

«Flupp», macht es plötzlich. Das Froschbein ragt völlig entstellt zwischen seinen Lippen heraus. Wie Kinder Eis am Stiel lutschen, saugt er an dem Froschschenkel, äugt dabei schielend über seine Nasenspitze hinweg und beginnt zaghaft, so als sei es fast zu schade, daran zu knabbern.

«Du kennst also diese Okani-Frau aus Rurape», fragt er auf einmal und blickt mich schmatzend an.

Erstaunt nicke ich.

«Hmm», er stutzt, überlegt einen Moment, «zu dumm», lispelt er und rülpst.

«Was meinst du?»

«Wäre diese Frau ein Vogel, also ein Junge geworden, so wäre sie heute ein großer Mann.»

«Warum? Wie kommst du darauf?»

«Sie ist eine der wenigen von uns, die einen großen Kopf haben. In ihr leben die Ahnen, so wie in mir und in –»

Er hält inne, schaut mich starr an. Sein Röntgenblick macht mir wieder Unbehagen, ist fast schmerzhaft. Erschreckt fahre ich hoch, springe auf die Füße.

«Was ist?!» rufe ich.

Ein rätselvolles Lächeln huscht über sein Gesicht. Schweigend steht er auf, streckt sich, geht um die Feuerstelle herum und bleibt vor mir stehen.

«Ja, auch du hast einen großen Kopf, so wie ich und diese Rurape-Frau. Das ist gut so.»

«Was ist gut so?» frage ich hastig. «Sag mir, was du über mich denkst!?»

Keine Antwort. Nur seine Mundwinkel zucken.

Ich bin ratlos. Resigniert setze ich mich wieder ans Feuer. Was soll ich von diesem Menschen halten? Ständig stellt er mich vor neue Rätsel. Sein Verhalten, seine Reaktionen werden immer merkwürdiger, undurchsichtiger. Bin ich ein Spielball seiner geheimnisvollen

Kräfte geworden? Ich weiß es nicht. Seit ich in diesem Dorf lebe, hat sich etwas wie ein Schleier zwischen meinen Verstand und meine Empfindungen gelegt.
Was hält mich hier fest? Sind es die herausfordernden Eindrücke, die mich wie in unsichtbaren Fesseln hier gefangenhalten? Nein – oder doch?
Ich spiele mit dem Gedanken, Riyofiyaro einfach zu verlassen. Was soll mich daran hindern?
Für einen Augenblick – oder eine Ewigkeit? – setzt mein Denken aus. In rasender Folge, doch klar und deutlich, gleiten die Bilder aus den Alpträumen der vergangenen Nacht an mir vorüber. Mein Hals schmerzt. Ich ringe nach Luft. Da – die Stimme: «Halt, das sollst du nicht tun. Unsere Eltern wären sehr traurig darüber.» Ich überschreie die tote Stimme in mir: «Aufhören – Schluß damit!»
Für einen Moment scheint sich mein Bewußtsein zu spalten: Eine fremde Stimme tönt in mir: «Schlachte ein Opferschwein!» – Eine mir bekannte Stimme ruft: «Nein, bete!»
Unvermittelt verstummen die Stimmen. Gleichzeitig setzt mein Denken wieder ein. Ich staune, daß ich jetzt völlig ruhig, ohne Furcht und Angst bin.
Erst allmählich spüre ich die entnervende Ungewißheit erneut in mir nagen. Dann bemerke ich Guri, der teilnahmslos neben mir ins Feuer starrt.
«Ich will Klarheit über mich haben», fahre ich ihn überreizt an. «Wer hat in mir gesprochen? Was soll dieser Blödsinn – ‹unsere Eltern wären sehr traurig darüber›?»
Keine Reaktion.
«Warum antwortest du nicht?»
Langsam richtet sich sein Blick auf mich. Seine Lippen fangen an zu beben.
«Bleib ganz ruhig, Raimond. Du weißt, ich habe den Gegenzauber heute nacht bereits gesprochen.»
Seine Stimme klingt warm und beruhigend.
«Ja, ja», stammle ich, «aber wer hat in *mir* gesprochen?»
Blinzelnd, dann mit großen, reglos gewordenen Augen sieht er mich an.

«Vielleicht war es Korofa», er zieht die Brauen hoch und setzt leise hinzu, «der Schatten des Todes.»
«Mein Korofa?» frage ich spontan.
Ich erschrecke über meine Frage und habe eine unbestimmte Angst. «Wieso dein Korofa?» fragt mein Verstand. Ich finde keine Antwort.
«Nein», höre ich Guri antworten, «dein Totengeist existiert nicht. Du lebst ja. Yoyauwe, der Mann da oben, hat es so gewollt.»
Guri deutet auf das Hüttendach.
«Guri, ich will nicht nach deinen Geheimnissen fragen, aber – wer hat in mir gesprochen?»
«Das war Korofa», sagt er plötzlich bestimmt. «Ein Totengeist aus der Sippe deiner Eltern.»
Verblüfft starre ich ihn an.
«Was? Ein Totengeist?»
Guri nickt.
«Doch er wird dir nichts mehr anhaben, denn – ich habe ihn verbannt.» Sein Blick brennt in mir.
«Guri, ich weiß nicht, was ich von all dem halten soll, ich kenne mich nicht mehr aus...»
Mit einer Geste seiner Hand unterbricht er mich.
«Denk nicht mehr an Korofa. Du lebst, und dein Kopf wird bald wieder klar sein.»
Mit einem Ruck wendet er sich zur Feuerstelle. Offenkundig will er über dieses Thema nicht mehr sprechen.
Wir sitzen schweigend nebeneinander. Ich fühle mich miserabel, physisch wie psychisch.
Die zuvor erlebte Vision beschäftigt mich. Ich versuche, den Vorgang sowie den Sinn zu analysieren. Fest steht, so glaube ich, daß sich das Erlebte in mir auf einer anderen Bewußtseinsebene abgespielt haben muß und nur für Momente in mein «richtiges» Bewußtsein eingeblendet wurde.
Kopfzerbrechen bereiten mir jedoch die beiden Stimmphänomene. Vollzog sich in mir eine Bewußtseinsspaltung oder drang gar ein fremdes Bewußtsein in mich ein, nämlich das der Papua? Nur so könnte ich mir die religiösen Symbole erklären. Denn das papuanische Bewußtsein sagte: «Schlachte ein Opferschwein» – doch sofort

stellte sich mein christlich geprägtes Bewußtsein dagegen, indem es rief: «Nein, bete.»
Das wäre eine mögliche Erklärung. Ich bin fast sicher, daß die mir vertraute Stimme mein eigenes Ich gewesen ist.

Unvermittelt werde ich aus meinem Deutungsversuch herausgerissen. Orombawe, ein älterer Mann, setzt sich zu uns. Mit schmerzverzerrter Miene preßt er seine Hände in den Unterleib, stöhnt leise.
Besorgt schaue ich zu Rumba-Guri, der unbeweglich in die Holzkohlenglut starrt. Im nächsten Moment hebt er den Kopf, zieht ungleich die Brauen hoch:
«Hat dich wer krank gemacht?» fragt er mit tonloser Stimme.
Orombawe weicht seinem «Mongolenblick» aus, zuckt mit den Schultern, überlegt – schließlich:
«Nein, ich weiß nicht, wer.»
«Hattest du in der letzten Zeit mit jemandem Streit?»
Orombawe verneint.
«Hm, bist du mit dem Mutterblut in Berührung gekommen?» forscht Guri weiter, schnippt mit seinem Finger und fesselt ihn mit seinen unheimlichen Augen.
Orombawe zuckt nervös.
«N-ein», stottert er, «bestimmt nicht.» Wieder krümmt er sich vor Schmerzen.
« We Namba, du mußt mir helfen.»
«Hmm, ist dir etwa eine Sangguma oder Masalai über den Weg gelaufen», flüstert er.

Das Magenreizen: Mutprobe zur Selbstbeherrschung. Unter erbärmlichen Würgetönen wird eine Lianenschlaufe durch den Rachen in die Speiseröhre geschoben. Bei dieser Mutprobe kommt es darauf an, sich nicht zu erbrechen.

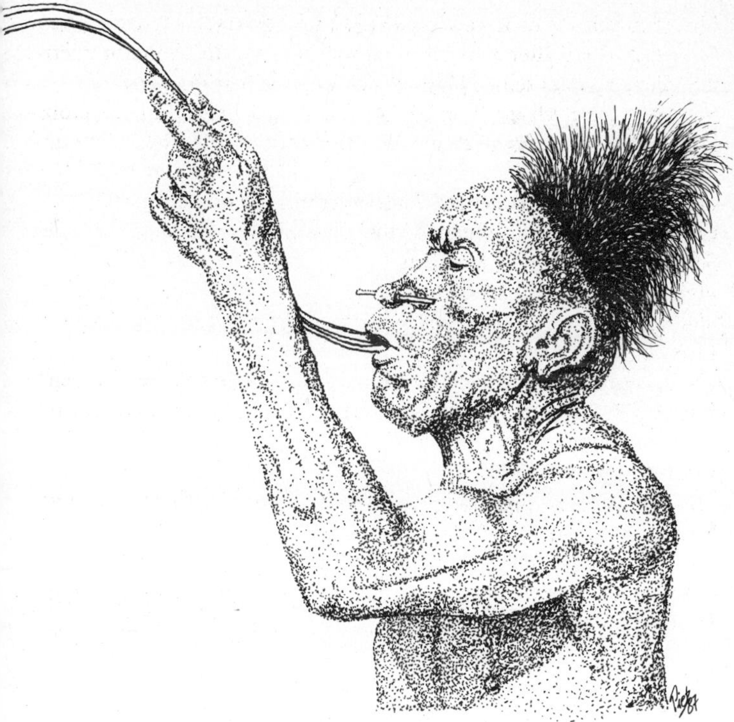

Verängstigt, unsicher und betroffen zugleich starrt Orombawe mit weit aufgerissenen Augen auf Guri.
«Ich weiß nicht, ich bin nicht sicher.»
«Hm», Guri runzelt die Stirn, seine Ohren bewegen sich unmerklich, «komm mit!» fordert er ihn auf und erhebt sich.
«Darf ich auch mitkommen?» frage ich neugierig.
Mit einem Blick über die Schulter mustert er mich abschätzend, dann zwinkert er mir zu und geht mit Orombawe aus der Hütte. Schnell hole ich meine Kamera und folge den beiden. Sie stehen hinter dem Männerhaus und unterhalten sich im Dialekt. Drüben sehe ich Anja vor der Familienhütte sitzen. Sie beschäftigt sich mit irgendeiner Handarbeit.

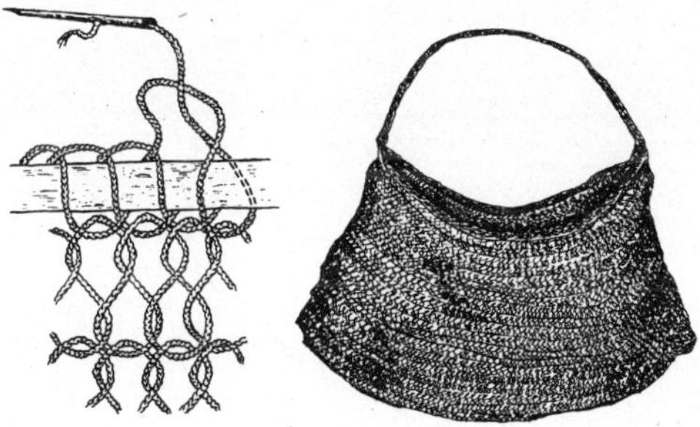

Wirkschema einer Netztasche in der Achter- oder Sanduhrschlingentechnik

«Hallo, Komongumaus! Alles in Ordnung?»
Sie nickt zufrieden und hält mir ein Schnurgeflecht entgegen.
«Was ist das?»
«Das soll eine Netztasche werden. Gunime zeigte mir, wie es geht.»
«Und klappt es?»
«Ich denke schon.»
«Vergiß nicht, die Machart zu notieren.»
«Hab ich schon», ruft sie mürrisch.
«Also dann, bis später!»

«Raimond», höre ich Guri ungeduldig rufen, «komm jetzt!» Guri und Orombawe stehen bereits jenseits des Knüppelzaunes und warten auf mich. Wir gehen auf einen nahen Bambusbusch zu. Guri bleibt stehen, blickt Orombawe und mich eindringlich an:
«Kommt, es soll uns hier niemand sehen.»
Guri schleicht halb gebückt am Bambusbusch vorbei, streift vorsichtig einen großen rumbi-Zweig zur Seite und verschwindet im Dikkicht. Orombawe und ich folgen. – Im nächsten Augenblick liege ich auf der Nase.
«Wo hast du deine Augen?» fragt Guri barsch. Dann lacht er glucksend.
«Bist du eine Ratte?» fragt er und befreit meinen Fuß aus der Lianenschlaufe.
Es geht weiter. Auf einem schmalen, fast überwucherten Pfad gehen wir abwärts. Nach wenigen Minuten erreichen wir ein kleines Plateau mit einer halbverfallenen, völlig verwitterten Rundhütte.
Orombawe bleibt stehen, packt mich am Arm:
«Halt – nicht weiter!»
Guri zieht die losen Scheite zwischen den zwei Pfosten vor dem Eingang seitlich heraus und verschwindet in der Hütte.
«Was ist das für ein Haus?» frage ich.
«Haus tambu! Nur We Namba darf es betreten.»
Orombawes Stimme klingt ängstlich. Sein Blick haftet ehrfurchtsvoll an der Schwelle des geheimnisumwobenen Hauses.
«Und was ist in diesem Haus?» bohre ich weiter.
Orombawe verzieht sein Gesicht, sieht mich ratlos an:
«Alle Geheimnisse unserer Sippe», flüstert er und fügt leise hinzu: «unseres Stammes und –», er stockt, «unserer Ahnen.»
Mein Herz klopft wie wild vor Aufregung und Neugier. Noch nie stand ich vor der Zauberhütte eines Medizinmannes.
Welche Geheimnisse mag er darin hüten, welche Mixturen und Heilkräuter verbergen? Wieder einmal Fragen über Fragen.
Plötzlich taucht Guris blattbedecktes Hinterteil im Eingang auf. Gebückt kramt er irgend etwas zusammen, steckt es in seine Netztasche und kommt aus der Hütte. Eilig schichtet er die Holzscheite wieder vor den Eingang. Seine Miene ist verschlossen.

«Kommt, gehen wir.»
Noch einmal betreten wir einen Geheimpfad, der uns nach einer Weile direkt hinunter zum Fluß führt. Etwas weiter flußaufwärts, an einer kaum einsehbaren Stelle, machen wir halt.
Guri sieht mich mit stechendem Blick an.
«Was jetzt passiert, darf keine Frau sehen.»
Der Klang seiner Stimme erschreckt mich. Ich wage nicht zu fragen und nicke stumm.
Orombawe setzt sich auf einen glattgeschliffenen Stein, der aus dem halbausgetrockneten Flußbett ragt. Wie ein Tier, das eine mögliche Gefahr wittert, blickt Guri mit bebenden Nasenflügeln in die Runde. Es scheint alles in Ordnung zu sein. Leise beginnt er zu murmeln – unverständliche Worte im Ur-Komongu-Dialekt. Worte, die über Jahrhunderte hinweg durch mündliche Überlieferung bewahrt blieben.
Rachenlaute und nasal gepreßte Töne wechseln sich ab. Er wird leiser, geht allmählich in eine höhere Tonlage über, flüstert nur noch.
Noch immer sind seine Augen geschlossen. Seine Lippen beben – jäh hält er inne, reißt seinen Mund weit auf, er preßt rhythmisch gurgelnde Laute aus seinem Kehlkopf.
Die Anstrengung treibt ihm Schweiß auf die Stirn. Die Adern treten hervor. Man kann an seinen Schläfen seinen Pulsschlag sehen. Es hat den Anschein, als würde er sich aufblasen.
Da – ein Zucken geht durch Guris Körper, immer heftiger, unkontrollierter, so, als würde er von einer unsichtbaren Geisterhand wild hin- und hergerüttelt.
Nach wenigen Augenblicken ist alles vorbei. Der Kontakt zu den geheimen Mächten und Kräften scheint hergestellt zu sein. Schweratmend und mit ruhigem Blick wendet er sich seinem Patienten zu.
Ich bin völlig ruhig geblieben. Es hat keine Übertragung irgendwelcher Art stattgefunden. Ich atme erleichtert auf.
Orombawe löst sich aus seiner Erstarrung. Mit beiden Händen streift er den Schurz zur Seite. Dann schiebt er die Vorhaut zurück.
Ich beobachte alles durch den Sucher meiner Kamera. – Jetzt taucht Guris Hand darin auf. Seine Finger halten ein rotes Blatt. Ich stutze. Das ist ein Brennesselblatt. Was soll das?

Behutsam bestreicht Rumba-Guri die Eichel mit dem Blatt. Rasch bilden sich kleine Bläschen, die Haut verfärbt sich dunkelrot. Der Penis ist leicht erigiert.
Guri legt das mitgenommene Bananenblatt zwischen Orombawes Füße. Dann greift er in seine Netztasche: Ich traue meinen Augen nicht. Was will er damit?
Guri hat einen kleinen Aderlaßbogen in der Hand. Mit dem kleinen Finger prüft er dessen Spannung.
Wieder greift er in die Netztasche. Aus einem schmalen abgegriffenen Bambusrohr zieht er einen bleistiftlangen Pfeil. Sorgsam begutachtet er den Sitz der eigenartigen, grünlichbraun schimmernden Spitze. Das könnte ein Splitter von einer Bierflasche sein.
Jetzt – Guri legt den Pfeil mit ruhiger Hand auf die schnurdünne Bambussehne. Sein Gesicht mit den tiefen Falten zuckt vor Erregung.
Orombawe hält seinen Penis fest, seine Oberschenkel zittern. Guris Blick wird starr, seine Augen quellen hervor. Er bringt den Bogen in Schußposition – Distanz etwa zwei Handlängen. Die Pfeilspitze ist genau auf die Eichel gerichtet. Ich halte die Luft an. Der Pfeil schnellt los – der Verschluß meiner Kamera klickt –, die Spitze dringt in die Haut und fällt auf den Boden.
Ein Zucken, ein unterdrückter Schmerzensschrei, ein dünner Blutstrahl schießt in hohem Bogen auf das Bananenblatt. Noch einzelne Tropfen folgen, dann ist alles vorbei.
Orombawe ist sichtlich erleichtert. Er lächelt, steht auf und wäscht sich am Fluß.
Guri wickelt das Bananenblatt zusammen, verschnürt es mit Gräsern und wirft es ins Wasser. Noch eine ganze Weile schaut er ernst dem davontreibenden Blattpaket nach.
«Du hast Glück gehabt», ruft er Orombawe zu und setzt sich in den Schatten der Uferböschung.
«Raimond, gib mir einen smok», bittet Guri, fixiert dabei scharf Orombawe, der neben ihm steht.
«Laß sehen», fordert er ihn auf.
Orombawe hebt seinen Schurz hoch. Guri preßt den Saft einer Heilpflanze zwischen den Fingern aus und betupft die leicht gerötete Schnittwunde.

«So ist es gut, in Ordnung.»
Orombawe nickt:
«Ich fühle mich auch schon viel wohler.»
Scheinbar unauffällig steckt er Rumba-Guri eine Zwei-Kina-Note in die Netztasche.
«Mindestens drei Tage darfst du deine Kraft nicht fließen lassen», ermahnt Guri mit erhobenem Zeigefinger seinen Patienten.
«Nogat, nogat – nein, nein!» sagt Orombawe in einem so entrüsteten Ton, als würde ihm das nicht im Traum einfallen. Etwas verschämt guckt er zu mir, lächelt und verabschiedet sich.
Nach einer kurzen Pause seufzt Guri:
«Mit solchen Krankheiten ist nicht zu spaßen.»
Er beugt sich nahe an mein Ohr und flüstert:
«Da kann man nie wissen, wer dahintersteckt.»
«Und wer oder was könnte solche Krankheiten verursachen?» hake ich sofort nach.
Guri sieht mich von unten herauf an:
«Und das fragst du noch? Hast du es bereits vergessen?»
«Nein, nein, das habe ich nicht vergessen», sage ich unsicher.
«Viele Geister gibt es, die wir nicht kennen...» Guri verstummt plötzlich. Gespannt schaut er zum Wasser. In flinken S-Bewegungen, mit hoch erhobenem Kopf überquert eine kleine, etwa fingerdicke Schlange den Fluß. Anthrazitfarben schimmert ihre nasse Haut.
Bald darauf verschwindet sie am jenseitigen Ufer im schützenden Buschwerk. – Keine Sekunde zu früh, denn wie ein Pfeil schießt ein braungefiederter Raubvogel an der Stelle vorbei, wo soeben die Schlange unter einem Busch verschwunden ist. Mit mächtigen Flügelschlägen hebt der Vogel wieder ab, schraubt sich in die Höhe und geht weit über den Baumwipfeln in den Gleitflug über. Guris Blicke folgen noch immer sehnsüchtig dem Vogel. Endlich gibt er sich einen Ruck, blinzelt mich mit naserümpfend an:
«Das war ein großer fiyowe-Vogel, zu dumm, daß ich meinen Jagdbogen nicht bei mir habe. Den hätte ich getroffen!»
Verärgert klatscht er in die Hände, springt auf, packt einen Stein und schleudert ihn mit einem Urschrei ins Wasser.

Harpyenadler «Harpyopsis novaeguineae»

Mit einem klaren, friedlichen Blick, so, als habe er soeben meditiert, setzt er sich wieder neben mich. Er verzieht das Gesicht zu einer Grimasse. Wir halten uns kurz die Hände, ziehen und drücken sie, klopfen uns gegenseitig auf die Schultern.

«Guri, was glaubst du war die Ursache von Orombawes Beschwerden?»

Meine Frage scheint ihn nicht zu überraschen.

«Vielleicht hat ihn ein Geist krank gemacht», erwidert er spontan. «Oder er wurde von einem bösen Blick getroffen.»

Nachdenklich kratzt er sich hinter dem Ohr, legt seine Stirn in Falten:

«Natürlich kann er auch von einem bösen Gedanken, den ein Feind ihm geschickt hat, krank geworden sein. Oft weiß man gar nicht, daß man Feinde hat. Plötzlich wird man dann krank, die Eingeweide schmerzen, im Kopf rast es – ja, ja, das alles kann durch böse Gedanken geschehen. Darum sage ich dir, nimm dich vor Sangguma-Leuten in acht. Sie haben den bösen Blick. Damit können sie dein Blut krank machen, ja noch mehr, alles, was in deinem Körper steckt.»

Er schweigt, starrt auf den Boden.

«Und warum hast du Orombawe angeschossen?» frage ich und deute ihm zwischen die Beine.

«Orombawe erzählte mir heimlich, daß ihn vor ein paar Tagen eine Sangguma-Frau angesprochen hat. Sie wollte eine Süßkartoffel von ihm. Orombawe hatte zwar welche in seinem Netz bei sich, gab ihr aber keine. Er ließ sie einfach stehen und ging weiter in den Busch, um Zaunholz für seinen Garten zu schlagen. Seither plagten ihn Schmerzen, die Tag für Tag heftiger wurden, und Orombawe dachte die ganze Zeit an diese Frau.»

Guri holt tief Luft:

«Da siehst du es! Der Blick dieser Frau hat sein Blut krank gemacht – und die Gedanken machten seinen Kopf schwer. Hm, deshalb mußte ich schießen, denn mit dem Blut konnte die Krankheit herausfließen.»

«Warum hast du das Blut in den Fluß geworfen?»

«Aii», Guri stöhnt, «die Ahnen haben dich wirklich mit dem Vergessen geschlagen! Stell dir vor, man kommt mit dem unreinen Blut in Berührung!»

Er schüttelt fassungslos den Kopf.

«Man würde sofort krank werden – vielleicht sogar sterben. Deshalb muß man es in den Fluß werfen. So kann die Krankheit nicht mehr zurückkommen.»

Seine Mundwinkel zucken. Durchdringend sieht Guri mich an. Plötzlich:

«Ich will einen smok.»

Er streckt mir seine Hand entgegen.

«Guri, du mußt mir viel mehr von diesen Krankheiten erzählen, auch davon, wie du die Leute wieder gesund machst.»

«Hm», er überlegt einen Moment, «gib mir erst einen smok.»

Guri sieht mich nachdenklich an, zieht an der Zigarette:

«Wie hast du dich verändert», staunt er. «Seitdem du als nimakarawe wiedergekommen bist, gehen in dir merkwürdige Dinge vor. Du bist wie die Weißen – und doch anders. Du denkst wie die Weißen – und doch leben unsere Ahnen in dir.»

Guri ergreift meine Hand, drückt sie unmerklich und hält sie fest. Schweigend sieht er über den Fluß; eine fast unerträglich lange Pause entsteht.

Mit fast schmerzhafter Genauigkeit drängen sich wieder alle die Erinnerungen und Empfindungen der letzten Tage in mein Bewußtsein, als wollten sie mich erdrücken. Ich will sie verscheuchen, versuche sie

zu bekämpfen, aber ich kann nicht, ich bin wie gelähmt, kann keinen klaren Gedanken fassen, geschweige denn irgend etwas tun.
Lange – ich weiß nicht wie lange – sitzen wir reglos, Hand in Hand. Mit einemmal: Absoluter Frieden und ein noch nie so intensiv erlebtes Gefühl der Verbundenheit und Zusammengehörigkeit breiten sich in mir aus. Doch es scheint noch mehr zu sein: Mein Bewußtsein ist völlig zur Ruhe gekommen.
Plötzlich entdecke ich das Unbekannte, das Namenlose – die ganze Fülle des Seins. Mir wird bewußt, daß wir alle ein Teil des Ganzen, des unendlichen Kosmos sind.

Unvermittelt reißt mich Guri aus meiner Kontemplation heraus.
«Raimond, komm, gehen wir.»
Nach einer knappen Stunde erreichen wir einen unbewaldeten Bergrücken. Das dumpfe Motorengeräusch eines Trucks erinnert mich an die Zivilisation. Jenseits des Tales leuchtet ein rotgelbes Band zwischen den Bäumen hindurch – die Hochlandstraße.
Unermüdlich sammelt Guri Blätter, Wurzeln und Knollen und drückt sie in seine bereits gefüllte Netztasche. Ich komme mir selbst unerträglich vor; pausenlos bestürme ich Guri mit Fragen: «Wie heißt diese Pflanze, gegen welche Krankheit wird sie angewendet?»
So geht es bereits seit Stunden.
«Und wie heißt dieses Blatt?»
«Giwi-anda.»
«Wie?»
«G-i-w-i», wiederholt Guri bereitwillig.
«Für was wird es verwendet?»
Er nickt verständnisvoll, legt das blauviolette Blatt an seine Wange,

Mutprobe: Rituelles Nasenbluten; es soll zur körperlichen Ertüchtigung aktiv beitragen. Konisch gedrehte Schilfgrasstäbe werden in beide Nasenlöcher eingeführt und nach wenigen Minuten mit einem Ruck herausgezogen. Es folgt ein Blutsturz mit erheblichem Blutverlust. Starke Kopfschmerzen, Schwindelgefühl und Ohnmachtszustände begleiten diese Mutprobe. Dennoch fühlen sich die Männer gestärkt, da ihrer Auffassung nach alles «schwere Blut» den Körper verlassen hat.

öffnet den Mund und hält einen einzelnstehenden, vom Betelsaft schwarz gefärbten Zahn fest.
«Aha, gegen Zahnschmerzen!»
Guri zwinkert, lacht:
«Ewé, ewé.»
Ich notiere die Heilpflanze, laufende Nummer 76, «giwi-anda».
Unglaublich diese Vielfalt von Heilkräutern, und Rumba-Guris anscheinend unerschöpfliches Wissen über ihre Anwendung ist bewundernswert (vgl. Anhang: S. 309).
Noch eine ganze Woche verbringe ich mit Guri, der mir viele Geheimnisse über Krankheiten und deren Behandlungen erzählt. Allerdings ganz versteckte Krankheiten, die, wie Guri sagt, nur mit Hilfe der Ahnengeister zu finden und zu heilen sind, verschweigt er auch mir. Seine Antwort zu diesen geheimsten Fragen kenne ich bereits im Traum:
«Raimond, tambu! Das ist mein Geheimnis, davon darf niemand wissen, hm.»
Als er mich fragt: «Warum schreibst du alles auf?» und ich ihm erkläre: «Damit ich nichts vergesse», staunt er zuerst sehr, doch bald ist er hell begeistert:
«So lernst du wieder, wie bei uns alles ist und war.»
Seine Aussagen und Beschreibungen, aber auch die der Alten, füllen rasch Notizbücher und Kassetten. Die Zeit verrinnt wie im Flug.
Heute werden wir Oswald treffen, der uns helfen will, die Biographie der Papuafrau Okani aufzuzeichnen. Eine Gruppe junger Burschen aus «unserem» Dorf ist bereits mit unseren Kisten unterwegs. Sie wollten ohnehin hinunter in die «Stadt», nach Watabung.
Auch Big Papa hat heute dort zu tun, «behördlich»! Er muß an einer Gerichtsverhandlung am Marktplatz in Watabung teilnehmen. Somit haben wir die Ehre, von Big Papa persönlich begleitet zu werden. Wir verabschieden uns.
«Raimond, nimm dich in acht vor Sangguma-Personen. Du weißt, was ich dir gesagt habe – ihr Blick kann krank machen!» lispelt Guri besorgt und schüttelt mir dabei heftig beide Hände.
Ein Arm umfaßt meine Hüfte. Es ist mein Vater.
«Du siehst dich also um», stellt er lakonisch fest, drückt mich fest an

seine Brust. «Laß dich in keinen Streit ein, paß auf deine Frau auf und komm bald wieder. Ich werde einstweilen deinen Kaffeegarten bestellen und Bauholz schlagen für dein Haus.» Schwarze Kreise tanzen im nächsten Moment vor meinen Augen. Ich ringe nach Luft. Endlich – die gewaltige Umklammerung meines Vaters löst sich. Wie benommen stehe ich eine Weile vor ihm. Plötzlich sehe ich Gunime, meine Mutter, vor mir. Stumm, mit bebenden Lippen starrt sie mich an. Ihre Augen glänzen feucht. Sie erfaßt meine Hand, legt sie auf ihre Brust, führt sie sogleich an ihren Mund und küßt sie unentwegt.
«Ich will dich nicht wieder verlieren», schluchzt sie.
Ihr Blick scheint zu betteln: «Bleib doch hier!»
Verzweifelt reißt sie sich von mir los, rennt hysterisch kreischend in ihre Hütte.

Mit gemischten Gefühlen verlassen wir Riyofiyaro. Erleichtert und bedrückt zugleich ziehen wir über die Berge hinunter nach Atarero, weiter auf der Hochlandstraße bis kurz vor Watabung.
«Siehst du, er ist zu Hause», sage ich zu Anja und deute auf die Wellblechhütte, vor der Oswalds Jeep steht.
«Du kannst ja schon vorausgehen und Kaffee machen. Ich besorge noch einige Notizblöcke und Zigaretten im store.»
«Okay, bis gleich!»
«Vorsicht!!!»
Das war knapp. Kreidebleich starrt Anja mich an. Allmählich löst sich ihr Schock. Ich halte ihren Arm.
«Wie fühlst du dich?» frage ich leise.
«Fast wie neugeboren», stammelt sie verwirrt und wütend. «Der Truckfahrer war wohl betrunken, dieser… dieser… blöde Kerl.»
Hinter der nächsten Kurve taucht die Zivilisationsoase Watabung auf. Viele Einheimische der Umgebung nennen die Polizei- und Regierungsstation «liklik taun – kleine Stadt», was für europäische Begriffe maßlos übertrieben klingt. Neben dem Straßendorf, dem Marktplatz und der Schule gibt es hier die Krankenstation, zwei große tradestores, den public workshop und die katholische Missionsstation.
Autos hupen, Kinder lachen, Jugendliche streiten. Das gewohnte

Bild. Vorsichtig steige ich über junge Männer hinweg, die im Kartenspielrausch ihre Umwelt nicht mehr wahrnehmen. In dichten Trauben sitzen sie vor dem store, starren verbissen auf Geld und Karten.
«Hallo, Raimond!» schreit jemand hinter mir.
Verwundert drehe ich mich um.
Ein großer Bursche kommt mit einer Bierflasche in der Hand schwankend auf mich zu. Was will der wohl von mir, ich kenne ihn nicht.
«He, Mann, wo gehst du hin?» lallt er rülpsend; er ist betrunken. Gelangweilt mustert er mich.
«Na, wo gehst du hin?» wiederholt er.
«Zu den anderen, damit sie nicht allein sind.» Ich lache ihm ins Gesicht und erschrecke gleichzeitig über meine Dreistigkeit.
«Zu welchen anderen?» brummt er, stutzt. «Was sagst du da?» Seine Miene verfinstert sich. «He, red bloß keinen Blödsinn mit mir. Sag schon, was machst du hier?» fragt er streitlustig und verschränkt dabei drohend die Arme.
«Was geht das dich an?» antworte ich ruhig.
«He, bist du verrückt!» Ich weiche einen Schritt zurück.
«Ich kenne dich nicht? Wer bist du überhaupt?»
«Ha, ha, ha», platzt er schallend heraus, hält sich den Bauch vor Lachen. «Mann, das war gut!» gluckst er. «Du bist eine Nummer!» Dann verändert sich urplötzlich sein Gesicht. Schweiß rinnt ihm über die Oberlippe. Er spuckt vor mich hin. Sein maskenhaftes Grinsen sägt an meinen Nerven.
Wir starren uns an – unerträgliche Augenblicke vergehen. In seinen Augen flackert es gefährlich, er wird unruhig, wiegt den Oberkörper hin und her. Jetzt – sein Mund bewegt sich. «Du, du bist doch Raimond?» stottert er und sieht mich entgeistert an.
Ich zeige keine Reaktion. Mit einem Zug leert er den Rest aus der Bierflasche. Im selben Moment stampft dröhnend ein truck vorbei, hüllt uns in eine Staub- und Abgaswolke.
«Hau ab, du Schwein!» brüllt er und wirft dem Lastwagen die Flasche nach. Wutentbrannt wendet er sich wieder zu mir.
Ich erschrecke. Haß steht in seinem Gesicht. Noch tänzelt er von einem Fuß auf den anderen, schlägt sich provozierend mit den Fäu-

sten auf die Brust, blickt dabei in die Runde. Viele Zuschauer haben sich eingefunden. In respektablem Abstand stehen sie im Kreis um uns herum, glotzen uns an – warten wohl auf den großen Show-Kampf. Mein Gegenüber fixiert mich, hart, unnachgiebig, durchbohrend. Dann:
«He, kennst du mich nicht mehr!?» schreit er mich an.
«Nein», antworte ich knapp, zünde mir eine Zigarette an, ohne ihn aus den Augen zu lassen.
«Ich habe dich vor ein paar Tagen in Riyofiyaro getroffen.»
Immer noch tänzelt er mit geballten Fäusten aufreizend um mich herum. Wer ist das bloß?
Dann löst er selbst das Rätsel:
«Ich habe dir zwanzig Kina geschenkt – für deine Geburtstagsparty.»
Natürlich, das ist der Kerl, jetzt kann ich mich wieder entsinnen. Er hätte um ein Haar einen neuen Mekabo-Konflikt ausgelöst.
Ein dumpfes Gefühl liegt in meinem Magen. So sieht dieser Bursche also ohne Lehm aus. Mir ist nicht wohl in meiner Haut. Ich weiß, ich muß behutsam mit ihm umgehen.
«Wie heißt du gleich wieder?» frage ich ungerührt und versuche, meine Nervosität zu verbergen.
«Jim, Asaro-Jim!» posaunt er.
«Ach, jetzt weiß ich's wieder. Du bist ja bekannt, dich kennt jeder!»
Grimmig sieht er mich an. Er überlegt, scheint den Inhalt meiner Worte zu prüfen. Ich helfe ihm – lache ihn krampfhaft an, so süß, daß ich mich selbst unsympathisch finde.
Da hellt sich seine Miene auf. Er lacht, brüstet sich: «Ja, ich bin der Größte!» Maßlos übertrieben schüttelt er mir die Hand, renkt mir fast den Arm aus.
Im Nu hat sich die Schar der Neugierigen aufgelöst. Manche sind sichtlich enttäuscht, daß ihnen eine Sensation entgangen ist.
Zwei Mädchen gehen an uns vorbei, ihre Blicke scheu zu Boden gerichtet. Jim bemerkt sie zum Glück zu spät:
«He, meris», ruft er ihnen nach, «wollt ihr puspus?!»
Die Mädchen flüchten.
Lachend wendet er sich wieder zu mir:
«Sag doch endlich, was machst du hier?»

«Ich weiß noch nicht», lüge ich. «Vielleicht sehe ich mich ein bißchen um.»
«Ah», er zwinkert mit einem Auge, «suchst du eine puspus-meri?» Er stellt sich obszön vor mich hin:
«Du, ich kenne eine von hier, die macht's mit allen Fahrern für zwei Kina!» Er lacht dreckig. «Paß aber auf, sie hat Syphilis oder Tripper!» Wieder kichert er ordinär.
«Hör endlich auf damit, das interessiert mich nicht!» brülle ich. «Hast du nichts anderes in deinem Schädel!?»
Baß erstaunt guckt er mich an:
«He, Raimond, meinst du etwa einen cargo-trip?»
Ich horche neugierig auf, frage extra verwundert:
«Einen was? Du mußt mir davon erzählen, komm, wir setzen uns hin.»
«Wie meinst du das mit dem cargo-trip?» forsche ich nach und gebe ihm eine Zigarette.
«Du weißt, ich bin Asaro-Jim. Ich habe die einzige Bande, neun Mann, ein toller Haufen.»
Er sieht mich herausfordernd an.
«Ja, ich weiß. Du bist eine große Nummer.»
«Ich bin der Größte!» behauptet er mit Nachdruck.
«Gut, ist ja in Ordnung! Bitte, erzähl weiter.»
«Also: Wir arbeiten am Daulo, verstehst du?»
Ich nicke.
«Hör zu. Wenn wir auf cargo-trip gehen, so halten wir uns nur auf der Asaro-Seite im Paßgebiet auf. Weißt du warum?»
«Nein, keine Ahnung», antworte ich.
«Dort sind drei ganz enge Kurven. Verstehst du jetzt?»
«Nein.»
«Mann, bist du blöd!» blökt er. Sein geringschätziger Blick überrollt mich.
«Paß auf, Raimond», er kneift die Augen zusammen. «Wenn die beladenen Lae- oder Goroka-trucks kommen, die nach Kundiawa, Mt. Hagen oder Mendi fahren, haben die hinten alles drauf, was wir brauchen, verstehst du?»
Ich nicke endlich.

«Und was macht ihr dann?» bohre ich weiter.
«Wenn wir was brauchen, fahren wir mit unseren Hondas auf den Daulo. Vor den engen Kurven schieben wir unsere Maschinen in ein vorbereitetes Versteck. Der Plan steht natürlich längst fest, jeder Mann weiß, was er zu tun hat. – So sitzt zum Beispiel Bill oberhalb der ersten Schleife und Joe an der dritten. Jeder von ihnen hat eine Polizeipfeife. Wenn Gefahr droht, das heißt, wenn mehrere Autos gleichzeitig kommen, pfeifen sie dreimal kurz. So wissen wir Bescheid, daß wir uns versteckt halten müssen. Wenn aber nur ein einzelner Planen-truck kommt, pfeift Bill einmal lang. Das ist für uns das Zeichen für den cargo-trip.»
«Und wie geht der?»
«Also: Ich sitze mit meinen Leuten genau zwischen der ersten und zweiten Kurve, am Hang im Busch versteckt. Der Fahrer kann uns nicht sehen. Kurz bevor der truck an uns vorbeifährt, muß der Fahrer in den ersten Gang schalten. Das bedeutet, daß die Kiste schwerfällig wie ein alter Mann hochkommt. Wir warten, springen auf, durchschneiden die Planen, suchen uns die richtigen Waren aus, wie Fleisch- oder Fischkonserven, Reis und werfen seitlich soviele Kisten ab, wie wir nur schaffen. Denn das muß alles innerhalb der drei engen Kurven geschehen. Das ist harte Arbeit!» Er schaut mich zögernd an, redet dann weiter: «Kurz vor dem Ende der letzten Kurve springen wir ab, verschwinden in den Büschen. Dann suchen wir alles cargo zusammen, alles, verstehst du – auch die kaputten Kartons. Die Polizei darf natürlich nichts finden.»
«Was macht ihr dann?» forsche ich und komme mir selbst schon vor wie ein Geheimpolizist beim Verhör.
«Wir bringen alles in Verstecke entlang der Hochlandstraße, wickeln das ganze Zeug in Planen und warten einige Tage.»
«Warum wartet ihr so lange?»
«Das hat seinen guten Grund, denn meistens wimmelt es hier bereits am nächsten Tag von Polizisten. Die suchen das gesamte Gelände ab.»
«So schnell geht das?»
«Na klar! Glaubst du, die Fahrer sind blöd? Spätestens in Watabung oder Chuave merken sie, daß ihnen die Hälfte fehlt. Denn dort stoppen sie, kaufen sich Coke oder sonst was und sehen plötzlich ihre ka-

putte Plane. Sie rennen sofort auf die Polizeistation und melden es. Da muß man verdammt aufpassen.»
«Seid ihr schon einmal erwischt worden?»
«Nein, beim cargo-trip noch nie. Ich habe aber gehört, die Bande am Kassam-Paß, die wurde erst kürzlich geschnappt. Das brachte sogar Radio Goroka. – Die waren eben zu blöd für diesen Job.»
«Ja, du bist doch der Größte», bewundere ich ihn.
Er lacht widerlich.
«Jim, sag mal, wie oft hast du den cargo-trip schon gemacht?»
«Dreimal. Den letzten trip hatten wir Mitte Dezember, kurz vor der großen Christmasparty.»
«Und hat es sich gelohnt?»
«Nein, nicht besonders, nur ein truck hatte Konserven und Reis geladen. Auf den beiden anderen waren Eisboxen und ähnlicher Mist. Gib mir eine Zigarette – tenkyu, brata.»
«Was habt ihr mit dem Zeug gemacht?»
«Mann, du fragst blöd!» Er schüttelt den Kopf.
«Wir haben uns vollgefressen», sagt er lachend und fügt hinzu:
«Und den Rest, eine ganz schöne Menge, haben wir in den Dörfern verkauft. Wir haben viel moni gemacht, verstehst du, und die Christmasparty lief mit Bier und Mädchen. Das war eine Schau, kann ich dir sagen.»
Er springt auf, klatscht sich auf die Oberschenkel:
«Stell dir vor, Raimond, bei Burns Philip in Goroka hab ich noch eine Elvis-Kassette gekauft. Das war Spitze – eine heiße Sache. Die Mädchen in Foinda standen Kopf.»
Er wischt sich die Spucke vom Mund.
«Komm, gib mir noch eine Zigarette», fordert er mich auf.
«Jim, wann planst du wieder einen cargo-trip?»
Verwirrt sieht er mich an, kämpft mit meinem Gedankensprung.
Seine Augen werden zu schmalen Schlitzen. Schließlich:
«Das sage ich nicht.» Wortlos geht er einige Schritte auf und ab, zuckt mit den Schultern. «Eben, wenn ich Lust dazu habe, und wenn ich Geld brauche», antwortet er nachdenklich.
«Und was machst du außerdem?»
«Was?»

«Ich meine, wie machst du sonst noch Geld?»
«Ach so, weißt du, das ist kein Problem», erklärt er mit einer wegwerfenden Handbewegung.
«So?» frage ich.
«Gerade jetzt, wenn Kaffee-Ernte ist, kann man gutes Geld machen.»
«Du willst doch nicht sagen, daß du in den Gärten Bohnen pflückst?»
«Bin ich denn blöd», tönt er, «das überlasse ich den anderen.»
Wieder diese dreckige Lache.
«Also, sag schon – was machst du dann?»
«Wenn ich Laune habe, besuche ich mit meinen Freunden die coffee-factory, nachts, versteht du? Die Lagerhallen sind während der Ernte randvoll. Wir klauen ein paar Säcke, füllen sie in andere Säcke um und verkaufen sie am nächsten Tag an der Straße. So einfach kann man Geld machen.»
«Oder», Jim ist noch nicht fertig, «wenn wir Lust haben, gehen wir runter in die Rothmans-Zigaretten-Fabrik. Da haben wir schon kartonweise Zigaretten geklaut und verkauft. Hmm, das war immer ein gutes Geschäft. Wichtig ist, daß man überall seine Leute sitzen hat, dann klappt alles. – Und», er stockt, sieht mich triumphierend an, «hier!» Er pocht mit dem Zeigefinger auf sein Ohr: «Köpfchen muß man haben, verstehst du?!»
«Und du hast wohl einen besonders großen», sage ich trocken.
Zum Glück hat er mich nicht verstanden. Sein arrogantes Lachen widert mich an.
«Ja, ich bin der große Asaro-Jim», lobt er sich unverdrossen selbst.
«Jim, hast du nie Schwierigkeiten mit der Polizei bekommen?»
«Ich? – Polizei?» Er grübelt eine Weile.
«Ach was, die paar Tage oder Monate im kalabus, die habe ich längst vergessen. Was ist schon dabei.»
«In welchen Gefängnissen hast du schon überall gesessen?» frage ich im Ton sehr feinfühlig, denn sein Gesichtsausdruck läßt erkennen, daß ihm dieses Thema nicht sonderlich erinnerungswürdig erscheint.
«Ich kenne die Polizisten sehr gut, in Asaro, Goroka und Kundiawa, fast alles prima Kerle.»
«Und das Bier schmeckt?» frage ich spontan, um das Thema zu wechseln.

«Oh ja, das ist eine gute Sache.»
Dann: Er stutzt, sieht mich durchtrieben an:
«Wieso fragst du solch dummes Zeug?»
Er setzt ein paar Dialektworte hinzu, die ich nicht verstehe, ballt die Hände und grinst frech:
«Wenn du nicht aus unserer Sippe wärest, hätte ich dich längst erschlagen.»
Dieser Hieb ist ihm gelungen, ich bin nicht schlecht erschrocken.
Im nächsten Augenblick stehe ich auf den Füßen – im Ausfallschritt – bereit zu einer Karateschlagkombination.
Verdattert weicht er zwei Schritte zurück, stolpert über einen Stein, fällt um wie ein Brett. Ich stehe vor ihm, lasse ihn keine Sekunde aus den Augen.
Mein Überraschungscoup zeigt die erhoffte Wirkung. Noch immer liegt er wie gelähmt auf dem Boden, sein Blick flattert ängstlich. Er bewegt seinen Mund:
«He, Mann, du bist eine Nummer.» Bewunderung liegt in seiner Stimme. Unsicher und verlegen schaut er auf:
«Ich hab' doch nur Spaß gemacht. Ich hab' nicht die Absicht, dich zu erschlagen.»
Er ringt sich ein gequältes Lachen ab, dessen Ton mir die Haare zu Berge stehen läßt.
«Steh auf», donnere ich ihn an.
Wir durchbohren uns mit Blicken. Seine Miene drückt abwechselnd Wut und Furcht aus. Ich bin sicher, am liebsten würde er mich...
«Sag nie wieder so etwas zu mir, hast du verstanden?!»
«Okay, Raimond», sagt er kleinlaut.
«Setz dich!»
Ohne ihm eine Reaktionspause zu gönnen, frage ich weiter:
«Also, wie war das mit dem Bier?»
Er atmet erleichtert auf.
«Was soll schon sein, es schmeckt mir. Aber nicht hier in Watabung.»
Mißbilligend blickt er hinüber zum store.
«Die haben kein Bier. Den stua führt ein Weißer, und er bringt keins her. Auch die Mission hier ist gegen Bier und Kartenspiel. Überhaupt, hier ist nichts los.»

Jim steht auf:
«Warte kurz, ich muß schnell pispis.»
Er stellt sich ungeniert an die Straßenböschung. – Ich bin mir bewußt, daß ich einen von der übelsten Sorte vor mir habe; ein Opfer, geboren aus den Schattenseiten der Zivilisation. Ich muß mich überwinden, um nicht abrupt das Gespräch mit ihm zu beenden, das andererseits für meine Akkulturationsstudien aufschlußreiches Material aus erster Hand bietet. Denn sein Verhalten ist – obschon ein Extremfall – exemplarisch für die sich wandelnde junge Generation in diesem Land, speziell entlang der Hochlandstraße. Und diese «Straßengeneration» kann man leider eben nicht mehr als Minderheit bezeichnen.
«Jim, wie findest du die Mission?»
«Wieso fragst du? Die interessiert mich nicht.»
«Du hast aber einen christlichen Namen – oder?»
Er lacht.
«Den hab' ich mir selbst zugelegt.»
«Und wie bist du darauf gekommen?»
«Ach, das ist lange her. Das war schon vor der Unabhängigkeit, als die Australier hier waren. Da war mal ein kiap in Asaro, und er hieß Jim. Ich habe bei ihm damals als Hausboy gearbeitet. Er war zwei Jahre auf der Station, dann mit einemmal packte er seine Sachen und ging nach Kainantu. Das war schade, ich habe mich nämlich gut mit ihm verstanden. Er erzählte mir viel von den Europäern. Ja, ja, das war ein prima Kerl. Der nächste kiap, der dann die Station führte, war ein versoffener Kaffeesack. Dem mußte ich ständig die Whiskyflaschen in der Eisbox kaltstellen. Mann, der soff..., aber komisch, er war nie betrunken.
Ich hab' das Zeug auch heimlich probiert und war danach tagelang krank. Das Dumme war, daß er mich erwischt hat, als ich das scharfe Zeug gerade probierte. Er schmiß mich noch am selben Tag hinaus. Dann stand ich da – was sollte ich tun. Ich fuhr bis Goroka, doch überall, in jeder company, in jedem store sagte man mir das Gleiche: ‹nogat wok – keine Arbeit›. Das hat mir gestunken. Doch ich gab nicht auf, ich suchte und suchte, denn ich wollte ja arbeiten. Bald hätte ich einen Plantagenjob bekommen, unten an der Küste. Doch ein anderer kam mir zuvor. Ich traf einige wantoks, denen ging's

gleich beschissen wie mir. Alle hatten die Schnauze voll, aber keiner von ihnen wollte mehr ins Dorf zurück. Sie hatten es satt, zu Hause im Busch Feuerholz zu klopfen, neue Zäune zu bauen oder mit ihren Alten in die Gärten oder auf die Jagd zu gehen. Sie hatten es auch satt, ständig Süßkartoffeln zu fressen. So schlossen wir uns zusammen und bildeten eine Bande. Wir machten kleine store-Einbrüche, klauten auf dem Markt oder sonst irgendwo, wo eben etwas zu holen war. Das ging ganz gut – hin und wieder kalabus, was soll's. Ich bin zufrieden.»

«Und wie kommst du mit deinen Eltern in Foinda aus?» frage ich.

«Überhaupt nicht!» Er rümpft die Nase. «Die verstehen mich nicht, reden nur immer auf mich ein, lauter dummes Zeug. Deshalb haue ich ständig ab, mich hält nichts mehr in Foinda. Kannst du das verstehen?» Er lacht bitter.

Ich nicke:

«Ja, Jim, ich kann dich verstehen, gut sogar.»

Völlig unerwartet setzt er sich neben mich, legt mir seine Hand auf die Schulter, drückt sich an mich.

«He, Raimond», er kommt nahe an mein Ohr, «du wirst mich doch nicht bei der Police verpfeifen?» Er sieht mich fragend an.

«Nein, Jim, mach dir darüber keine Sorgen.»

«Dann ist alles klar, brata!»

Er springt auf, reißt mir fast die Arme aus dem Leib, schüttelt sie und lacht. Für Augenblicke spüre ich seine Menschlichkeit. Dann: Jäh umhüllt uns eine Staubwolke. Aus ihr dringen Singsang und Kofferradiomusik. Ein Mazda-Pritschenwagen steht plötzlich neben uns. Auf der kleinen Ladefläche schwankt grölend ein Menschenknäuel, junge Leute, ausgelassen, übermütig, angetrunken.

«Kommst du mit?» fragt Jim, setzt sich vorn ins Führerhaus und fügt schallend hinzu: «Wir fahren zu einer Party – puspus und so.»

«Nein, nein», wehre ich entschieden ab, «ich habe zu tun.» «Okay, brata, bye, bye!»

Wieder stehe ich in einer atemberaubenden Staubwolke. Ein anderer Wagen stoppt:

«Raimond», kreischt eine Frauenstimme.

Verwundert schaue ich mich um, sehe ein Dutzend verstaubter Frau-

engestalten eng zusammengekauert hinten auf dem Wagen sitzen. Jetzt erkenne ich eine von ihnen.
«Hallo, Kama, wie geht's?»
Es ist die Schwester meiner Mutter. Eingekeilt zwischen den Frauenleibern rappelt sie sich mühsam auf.
«Raimond, schau!» ruft sie mir entgegen und schüttelt freudestrahlend ihre Brust.
«Ist noch alles in Ordnung?» frage ich.
«Es ist noch alles in Ordnung», echot sie.
Die anderen Frauen werfen einander verstohlene Blicke zu, halten sich die Hände vors Gesicht und kichern.
«Und wie geht es deinem Jüngsten?»
«Gut, gut», antwortet sie vergnügt und lacht.
«Sag bloß, du hast es wieder an dir?»
Verlegen äugt sie zu ihren Mitfahrerinnen, dann zu mir:
«Natürlich, ein bißchen darf es schon. – Warum auch nicht, das haben wir immer schon so gemacht.»
Damit ist noch einmal Okanis Schilderung bestätigt: Junge Ferkel wurden und werden heute noch vereinzelt zusammen mit dem Baby großgezogen und mit Muttermilch gesäugt. Daraus läßt sich erkennen, daß Hausschwein und Kleinkind sozial gleichgestellt sind.
Diese heute fast verschwundene Sitte hatte noch vor wenigen Jahrzehnten bei den Siane-Stämmen ihre volle Bedeutung.

Endlich: Mit Notizblöcken und Zigaretten unter dem Arm eile ich hinauf zu Oswald.
«Oswaldoo-oo-oo!» rufe ich nach Urvätersitte der Hochländer.
Es dauert nur wenige Sekunden, und er kommt aus dem Haus.
«Wer könnte wohl so rufen!» begrüßt er mich lachend.
Anja steht im Türrahmen. Oswald streckt mir die Hand entgegen:
«Na, wie geht's Raimond?»
Ich bin verdutzt, weil mir bewußt wird, wie ungewöhnlich dieser Name aus einem europäischen Mund auf mich wirkt.
«Was heißt hier Raimond?» frage ich.
«Die ganze Gegend weiß Bescheid – Raimond ist als Weißer wiedergekommen – alles spricht über dich.»

«Komm, komm, übertreibe nicht», antworte ich augenzwinkernd.
«Aber nein, ganz und gar nicht! Bei den Komongu bist du bekannt wie ein bunter Hund.» Er sieht mich lächelnd an.
«Das kann ich mir denken, so etwas zieht seine Kreise.»
«Aber stell dir vor, Piet, die Meinungen der Leute sind unterschiedlich!»
«Unterschiedlich, sagst du? Wieso?»
«Nun, die Jugendlichen, die dich von ‹früher› gekannt haben, sind der Meinung, du bist ein Masalai, also ein Geist.»
Ich lache ungläubig.
«Nein, nein – wenn ich's dir sage! Das glauben die Leute allen Ernstes – wirklich! Du weißt selbst, wie stark der Geisterglaube trotz Mission unter den Leuten noch verbreitet ist.»
Ich nicke.
«Und wie klingt die andere Version?»
«Bei den Alten ist es klar.»
«Was?» frage ich mit einem unguten Gefühl.
«Soweit ich das mitbekommen habe, sind die Alten ungeteilter Auffassung. Sie sagen, Yoyauwe, der Mann da oben, hat dich – ich meine natürlich Raimond – als nimakarawe wieder in die Sippe zurückgeschickt.»
«Ja, so ist es, völlig richtig. Das haben mir die Alten wortwörtlich bestätigt.»
«Aber da gibt es noch eine Version.»
Er hebt den Zeigefinger, zieht die Brauen hoch: «Die beiden einheimischen Lehrer und der kiap vertreten die Meinung, daß es sich in deinem Fall schlicht um einen Doppelgänger handeln muß. Sie haben den echten Raimond allerdings nicht gekannt, denn die Lehrer, der kiap, auch die Polizisten sind nicht von hier. – Da sieht man bereits deutlich die unterschiedlichen Denkweisen, findest du nicht auch?»
Er hat recht.
«Weißt du, daß ich mich in einer ganz prekären Situation befinde?»
Oswald sieht mich verständnislos an.
«Aber wieso denn? Du hast jetzt die Chance, voll einzusteigen. Du kannst Dinge erfahren, die ich selbst nach 13 Jahren noch nicht erfragen konnte. Das ist doch *die* Gelegenheit!» meint Oswald.

«Das ist mir völlig klar, aber bedenke eins: Die Sippe glaubt, daß ich als Weißer wiedergekommen bin. Und –», ich unterbreche, meine Magennerven reagieren gereizt.
«Was und?» fragt Oswald neugierig.
«Und die Leute glauben auch, daß ich – vielleicht schon bald – Wohlstand und Reichtum in die Sippe bringen werde.»
«Was!» Er sieht zuerst mich ungläubig an, dann Anja: «Das glauben sie?»
«So ist es, Oswald», sagt Anja.
«Sie erwarten also, daß du ihnen zu gegebener Zeit trade stores entlang der Straße errichtest, ihnen vielleicht Autos kaufst und ähnliches?»
«Genau das werden sie von mir erwarten», entgegne ich.
«Hm, das ist interessant. Hier läßt sich wieder ganz deutlich die Denkweise der Alten erkennen.» Er überlegt:
«Das bestätigt exakt meine These: Die Denkweise dieser Leute hier gründet sich auf einen Realismus – natürlich auf einen naiven. Bei den Hochländern hier ist alles real, wenn man so will.»
«Wie meinst du das?»
In Gedanken versunken schaut Oswald auf.
«Was? Ach so! – Nun, bei meinen Befragungen konnte ich immer wieder feststellen, daß alles, was die Menschen hier mit ihren fünf Sinnen wahrnehmen, einschließlich der Sinnestäuschungen, für sie Wirklichkeit ist.»
«So, wie auch ihre Träume», wird mir klar.
«Natürlich, auch die Träume», bekräftigt Oswald. «Weißt du, hier gibt es Ebenen – ohne miteinander in Bezug zu stehen – nebeneinander. Und das ist ganz typisch für ein Naturvolk. Zum einen das zweckorientierte rationale Denken und Handeln, zum anderen der naive Realismus. Ja, ja, das sehe ich ganz deutlich so, gerade bei den Alten hier, bei denen der Aberglaube noch großgeschrieben wird, das bestätigt meine Annahme. Ihre Aussage: Du wirst ihnen Wohlstand und Reichtum bringen, finde ich ganz typisch, sie entspricht dem rationalen Denken und Handeln.»
«Glaubst du nicht, daß auch der Cargo-Kult hierbei eine Rolle spielen könnte?» frage ich.

«Ich glaube es nicht», er stockt, «jedenfalls *noch* nicht. Natürlich ist nichts ausgeschlossen. Diese neue Situation könnte sich rein spekulativ zu einem Kult entwickeln.»
«Glaubst du das wirklich?»
«Nun, wie gesagt, hypothetisch, die religiösen Motive sind gegeben. Hinzu kommt die Tatsache, daß bereits der Wunsch nach einer materiellen Veränderung ausgesprochen wurde.»
Wir gehen schweigend ins Haus. Meine Gefühle wechseln zwischen Hoffnung und Trostlosigkeit. Er klopft mir auf die Schulter:
«Mach dir deswegen jetzt keine Sorgen.»
Anja pflichtet ihm bei.
«Das ist leicht gesagt.»
Oswald wiegt den Kopf nachdenklich:
«Es könnte für dich unangenehm werden. – Aber...»
«Was?» frage ich erschrocken.
Er sieht mir an, wie mich diese Frage quält.
«Noch ist ja nichts passiert, Piet. Wie gesagt, es *kann* kritisch werden, wenn die Alten dich konkret auffordern, ihnen nun Reichtum und Wohlstand in die Sippe zu bringen. Aber –», er lacht, «niemand weiß, was in ihren Köpfen vorgeht. Möglicherweise wagen sie es gar nicht, dich danach zu fragen.»
«Schön wär's», antworte ich unsicher. «Aber sie haben es mir bereits am ersten Tag gesagt, als sie mich als den Ihrigen wiedererkannten.»
Oswald nickt.
«Ja, schon, aber das kann ebensogut spontan aus der allgemeinen Gefühlserregung heraus gesagt worden sein.»
«Eben nicht», ich reagiere gereizt. «Es ging eine äußerst denkwürdige Ahnenbesprechung voraus.»
«Was sagst du da?!» Oswald springt auf, streift mit beiden Händen seine Haare aus dem Gesicht und sieht mich entgeistert an.
«Eine Ahnenbefragung fand statt?»
«Ja, aber nicht nur eine – und nicht nur dies. Ich erlebte eine ganze Reihe seltsamer Vorgänge, die mich fast um meinen Verstand gebracht haben.»
«Das ist ja unfaßbar!» Er sieht Anja und mich an:
«Darüber müßt ihr mir heute abend ausführlich berichten.»

In Gedanken versunken spielt er mit seinem Kugelschreiber, dann hebt er den Blick:
«Trotzdem, Piet, zerbrich dir jetzt nicht den Kopf darüber. Warte erst einmal ab, wie sich in Riyofiyaro alles entwickelt. Wer weiß, vielleicht kannst du dich geschickt aus der Affäre ziehen.»
Eine lange Pause entsteht.

«Sag mal, Oswald, ist hier der Cargo-Kult unter der Bevölkerung lebendig?»
«Nicht, daß ich wüßte – nein.»
«Sind hier keine Heilsverkünder und Propheten durch die Gegend gezogen?»
«Nein, mir ist nichts zu Ohren gekommen. Okani hätte mir auch längst davon erzählt. Ich kann ganz sicher sagen: Hier hat es weder religiöse noch politische oder betrügerische Cargo-Kult-Bewegungen gegeben, in keiner Form.»
Oswald unterbricht sich, grübelt eine Weile.
«Doch, jetzt kann ich mich wieder entsinnen. Da waren zwei, drei Fälle, direkt in Watabung, aber es handelte sich um Einzelpersonen. Sie vergruben Münzen in der Erde und warteten vergeblich darauf, daß Geldbäume wüchsen. Der Unsinn dauerte nur einige Wochen. Die Leute wurden sogar von ihren Mitbewohnern ausgelacht. Anders als hier war es allerdings in Asaro. Da gab es in den sechziger Jahren eine Cargo-Kult-Bewegung, jedoch verglichen mit den vielen anderen war die Asaro-Bewegung völlig harmlos. Die Siane-Bevölkerung, speziell hier entlang der Hochlandstraße, strebt seit Jahrzehnten mit Eifer nach materiellem Reichtum. Doch das ist die ‹normale› Entwicklung und Anpassung an unsere westliche Zivilisation.»
«Also kein Kult?» frage ich.
«Nein, du kannst beruhigt sein», versichert er.
«Das bin ich auch. – Nicht auszudenken, wenn es hier eine solche Heilsbewegung gäbe...»
«Ja, es wäre naheliegend, daß sie dich integrieren würden – oder es gar schon versucht hätten. Ich kann deine Bedenken gut verstehen. Doch in diesem Punkt sind sie völlig unbegründet.»
Ich bin erleichtert.

«Wollt ihr schon Kaffee trinken?» fragt Anja ironisch, «er ist seit zwei Stunden fertig!»
«Dann wird er stark genug sein», lacht unser Freund.
«Entschuldigt bitte, aber ich wurde aufgehalten», rechtfertige ich mein langes Ausbleiben.
«So, so», zirpt Oswald, «und von wem, wenn du mir die Frage gestattest?» Er grinst Anja spitzbübisch an.
«Ihr werdet es nicht für möglich halten, aber ich hatte die Ehre, mit einer großen Persönlichkeit der Neuzeit zu sprechen.»
«Hm, das klingt ganz schön geschwollen», antwortet Oswald.
«Ist euch der große Asaro-Jim ein Begriff?»
Anja verneint.
Oswald sieht mich sprachlos an:
«Was, der?!»
«Du hast richtig gehört.»
«Mit dieser Schlägertype hast du dich eingelassen – und du lebst noch? Kein Wunder, daß die Leute sagen, du bist ein Masalai.»
«Ist dieser Jim tatsächlich so berüchtigt?»
«Und ob! Polizeibekannt zwischen Kundiawa und Goroka! Ein ganz schwerer Junge ist er, das sage ich dir.»
«Das mag schon sein», antworte ich. «Ich weiß auch warum: Die Hintergründe liegen vor allem im sozialen Bereich. Er hat mir einiges aus seiner Vergangenheit erzählt. Natürlich spielt sein labiler Charakter eine große Rolle, aber trotzdem, er ist auch ein Opfer der negativen Umwelteinflüsse unserer Zivilisation.»
«Da sind wir uns einig», sagt unser Freund.

Oswald steht auf und stellt sich hinter die Stuhllehne:
«Stell dir vor, ich habe Anja schon kurz davon erzählt, vor zwei Wochen wurde bei mir eingebrochen.»
«Was? Hier in deinem Haus?»
Oswald nickt:
«Ja, zum erstenmal nach 13 Jahren.»
«Sag bloß, es war dieser Jim?»
«Nein, nein, er hat nichts damit zu tun.»
«Dann weiß man also, wer es war?»

«Gewiß, die Sache ist bereits aufgeklärt.»
Er setzt sich wieder. Nach seiner Miene muß es wirklich ein außergewöhnlicher Fall gewesen sein.
«Also, wie gesagt, der Einbruch als solches war nichts Besonderes.»
Er deutet mit einer fahrigen Bewegung durch seinen Arbeitsraum. «Was will man hier schon stehlen, alte Wäsche, Bücher, Papier.» Er schweigt. Flüchtig betasten seine Augen einzelne Gegenstände auf seinem Schreibtisch.
«Spann uns doch nicht auf die Folter», platze ich ungeduldig heraus. «Was war denn das Besondere daran?» frage ich, «hat dich gar Berggeist Nokondi bestohlen?!»
Oswald lacht: «Nein, nein, solche Referenzen kann ich noch nicht vorweisen. Das Besondere ist die Methode, die zur Aufklärung führte.»
Jetzt bin ich erst recht neugierig geworden.
«Die Methode??»
«Nun, hört zu, ich will euch diese ungewöhnliche Geschichte erzählen. – Es war vor zwei Wochen. Kurz nach Sonnenuntergang beende ich meine Feldnotizen bei Okani und fahre mit meinem Jeep nach Hause. Ihr wißt ja, ich schlafe lieber in meinem eigenen Bett. Nach einigen Anstrengungen habe ich es endlich geschafft, die Gaslampe in meinem Arbeitsraum zum Brennen zu bringen. Ich fange an, die Fragebogen zu sortieren, schaue auf die Uhr: genau sieben Uhr – Nachrichtenzeit der Deutschen Welle. Ohne hinzusehen, mit der gewohnten Armbewegung, suche ich die Taste des Transistorradios. Mein Arm wird immer länger, tastet ins Leere. Nichts! Das Radio ist verschwunden. Ich dachte nach: Die Haustür war verschlossen gewesen, ich hatte sie selbst aufgemacht, wie hatte wohl jemand ins Haus eindringen können? frage ich mich. Vielleicht durchs Küchenfenster? In dem Moment poltert es in der Küche. Sofort denke ich an Einbrecher. Ich schnappe mir einen Besenstiel in die eine, die Taschenlampe in die andere Hand und pirsche mich zur Küchentür. Ich muß gestehen, es war mir nicht wohl in meiner Haut.»
Ich bin so gespannt, daß ich ihn ungeduldig auffordere, weiterzuerzählen.
«Gut – ich stehe vor der Küchentür, kämpfe mit der Frage, soll ich

die Tür aufreißen oder nicht. ‹Sei nicht feige, alter Junge, blick der Gefahr ins Auge›, spreche ich mir Mut zu. Mit einem Ruck reiße ich die Tür auf, knipse die Taschenlampe an und –.» Er sieht uns an und lacht schallend.

«Was war?» frage ich ungeduldig. «Erzähl schon!»

«Ich geniere mich fast, es zu sagen.»

«Oswald, raus mit der Sprache!»

«Also, durch die offenstehende Tür rast mir eine fette Ratte entgegen. Sie hat aus dem Teller meine Abendmahlzeit gefressen. Wutentbrannt hetze ich dem Biest nach, das in blinder Angst fortwährend diagonal durch den Arbeitsraum hin- und herrennt.

Schließlich bleibt das Scheusal in einer Ecke sitzen. Langsam hole ich aus, sirrend saust der Besenstil durch die Luft, zersplittert bei dem mächtigen Aufprall. Mein Handgelenk schmerzt, die Ratte quietscht, rennt weiter diagonal durch das Zimmer und verschwindet in einem Loch zwischen Holzwand und Fußboden. Das war buchstäblich ein Fehlschlag!»

Oswald stutzt, sieht uns an, verzieht seine Mundwinkel:

«Ja, ja, ich erzähle schon weiter! – Schnell erhole ich mich von diesem Schreck. Das Radio, der Dieb kommen mir wieder in den Sinn. Ich gehe in meine Schlafkammer. Der Taschenlampenkegel bleibt am Wäscheregal haften. Also doch. ‹Na, hoffentlich passen ihm die Klamotten›, denke ich. Mit der Taschenlampe leuchte ich auch hier das Fenster ab, nichts – alles in Ordnung. Eigenartig, die Tür war verschlossen, die Fenster sind unbeschädigt. Kopfschüttelnd stehe ich wieder im Arbeitszimmer. Die Toilette – klar! Durch die Toilette muß er gekommen sein. In der nächsten Sekunde habe ich die volle Gewißheit: Der Dieb ist gewaltsam durch das Klofenster eingedrungen. Die zertrümmerte Fensterscheibe gibt mir die Antwort. Ich gehe zurück zum Wagen und fahre zur Polizeistation.

Nach wenigen Minuten bin ich mit zwei Polizisten in meinem Haus. Ich zeige ihnen das Klo. Eilig notieren sie meine gestohlenen Gegenstände. Achselzuckend meint einer der Polizisten:

‹Master, wir haben keine Anhaltspunkte, wir können nichts unternehmen.›

Nun, es war mir klar, daß ich keine Leute von Scotland Yard vor mir

hatte. Aber für mich war es zunächst wichtig, den Einbruch offiziell gemeldet zu haben.
Nachdem ich die Polizisten wieder auf ihrer Station abgesetzt habe, suche ich die Umgebung meines Hauses mit der Taschenlampe ab, Meter für Meter, aber ich finde nichts, keine Spur. Ich erweitere meinen Suchradius, leuchte in die umliegenden Büsche. Dann, etwa dreißig Meter vom Haus entfernt, reflektiert etwas Weißes. Ich laufe darauf zu. Das ist ja eines meiner Unterhemden! Es liegt halb auf dem Pfad, der nach etwa einem Kilometer auf zwei Komengarega-Dörfer stößt. Der Täter könnte in dieser Richtung verschwunden und womöglich auch auf diesem Pfad gekommen sein... Sofort hole ich die beiden Polizisten wieder, die sich – halb angezogen und schlaftrunken – meine neuesten Nachrichten mürrisch, aber geduldig anhören.
Es ist bereits um Mitternacht. Doch für manche Leute ist es zu keiner Zeit zu spät, denn mittlerweile hat sich ein halbes Dutzend junger Burschen vor meinem Haus eingefunden, sie verfolgen neugierig meine Unterhaltung mit den beiden Schlafwandlern in unvollständiger Uniform.
Selbst den Polizisten scheint die Neugier der Mithörer so auffallend, daß sie kurzerhand allesamt verhaften. Doch schon am nächsten Tag stellt sich heraus, daß die Jungen nichts mit dem Einbruch zu tun haben. Sie werden wieder freigelassen.
Inzwischen sind fünf Tage vergangen. Alle meine Befragungen sind ergebnislos geblieben. In keinem der Nachbardörfer weiß man etwas von diesem Einbruch – oder man will nichts davon wissen. Auch die Polizisten stellen ihre Nachforschungen schließlich erfolglos ein.»
«Das ist nicht verwunderlich, in solchen Fällen halten die Sippen wie Pech und Schwefel zusammen. Da dringt selten etwas nach außen», sage ich.
Oswald lehnt sich auf seinem Stuhl zurück, stützt sein Kinn in die Hand und zieht die Brauen hoch:
«Hört, es geht weiter! Ein Mann aus Watabung spricht mich an: ‹Master Oswald, in Kadiyufa bei Goroka wohnt ein Zauberer, der es versteht, mit einem Bambusrohr Diebe ausfindig zu machen. Vielleicht kann er dir helfen?›
Diese Sache spukte mir nun im Kopf herum. Ich hatte noch nie da-

von gehört, aber weil ich Vorurteile aus Prinzip nicht gelten lasse, war ich einverstanden, daß dieser Zauberer die Aufklärung des Einbruchs übernehmen sollte.
Ich behalte meine Absicht für mich, weihe aber einen mir gut bekannten Mann, mit dem ich schon seit Jahren Sprachstudien betreibe, in meinen Plan ein. Noch am selben Tag schicke ich ihn nach Kadiyufa, um den Zauberer zu verständigen.
Am nächsten Morgen klopft es. Mein Gewährsmann steht mit dem Zauberer und dessen zwei Helfern vor der Tür. Ein etwa 35jähriger Mann, groß und schlank, mit ungewöhnlich glänzenden Augen, betritt das Haus: ‹Yumi ist mein Name. Du hast mich gerufen?›
Ich nicke.
‹Du brauchst mir nichts zu sagen. Ich weiß von deinem Mann, daß bei dir gestohlen wurde und der Täter noch unbekannt ist.›
Der sonderbare Mensch schaut an mir vorbei und betrachtet meinen unübersehbaren Papierverhau im Arbeitszimmer. Ich sehe seine beiden Begleiter an, die teilnahmslos im Türrahmen stehen, harmlose Typen, nichts Besonderes, wie mir scheint.
‹Du bist doch von der Küste?› frage ich dann den Meister.
‹Ja, ich bin erst vor einigen Jahren ins Hochland gezogen.›
Seine Stimme klingt so abweisend, daß ich nicht mehr wage weiterzufragen.
Immerhin stand fest – der Zauberer und seine beiden Helfer waren im Siane-Gebiet absolut fremd. Es bestand keine Verbindung zu hiesigen Dorfbewohnern, so daß man nicht sagen kann, die kennen einander und decken und schützen sich vielleicht gegenseitig.
Wie ein suchendes Buschhuhn gehe ich in meinem Arbeitszimmer auf und ab. Ich bin aufgeregt. Yumi, der Zauberer, hat sich wortlos auf den Stuhl vor dem Schreibtisch niedergelassen und starrt vor sich hin. Nervös kaue ich an meinen Fingernägeln, will mich abreagieren von dem gräßlichen Gefühl: Hier sitzt ein Mensch, der sich unnahbar hinter einer unsichtbaren Wand verborgen hält. – Zweifellos hat dieser Yumi eine besondere Ausstrahlung, etwa vergleichbar mit dem Schamanen Rumba-Guri drüben bei den Komongu.
‹Wirst du es herausfinden?› frage ich, um endlich etwas zu sagen, um endlich das zermürbende Schweigen zu brechen. Keine Antwort. Es

scheint, als habe er mich überhaupt nicht gehört. Sein dämliches Herumsitzen geht mir auf die Nerven. Aber er macht keine Anstalten, was zu tun.
‹Mach dir nicht so viele Gedanken›, spricht Yumi mich plötzlich an. ‹Wir fangen jetzt mit den Vorbereitungen an.›
Er ruft seine beiden Helfer:
‹Schlagt jetzt den Bambus unten am Fluß und bringt ihn her.› Die beiden verschwinden sofort und stehen kurz darauf mit einem frischen, grünen Bambusrohr wieder vor der offenen Tür.
Ohne aufzustehen mustert Yumi kritisch den Bambus, der gut drei Meter lang ist und etwa zwölf Zentimeter Durchmesser hat. Nach wenigen Sekunden:
‹Er ist gut. – Ihr könnt ihn fertig machen›, sagt Yumi, lehnt sich im Stuhl zurück, zündet eine Zigarette an und sieht teilnahmslos aus dem Fenster. Ich ärgere mich, daß es einfach nicht möglich ist, mit diesem Kerl ins Gespräch zu kommen. Erbost gehe ich aus dem Haus.
Yumis Gesellen bearbeiten bereits das Rohr. Mit dem Buschmesser wird eine ungefähr 30 Zentimeter lange, von außen nach innen spitz zulaufende Kerbe eingeschlagen. Das Ganze sieht aus wie der offene Schnabel eines Riesenvogels. Die andere Seite des Rohres bleibt unbearbeitet, das heißt, das Endstück des Bambusrohrs bleibt durch den Segmentboden auf natürliche Weise verschlossen.
Ich staune nicht schlecht, als ich sehe, wie einer der beiden Pinsel und rote Lackfarbe aus seiner Netztasche holt. Im Nu ist die Innenseite des Schnabels angemalt.
Schon steht der andere Zauberlehrling bereit und bestreut den frischen Farbanstrich mit weißem Betelkalkpulver. Ich sehe verblüfft zu, wie das Bambusrohr mit frischen Blattgirlanden umwickelt wird. Nun scheint das Rohr äußerlich den geheimen Ritualvorschriften zu entsprechen, denn Yumi steht plötzlich davor. Er berührt es, dann beklopft er es mit dem Knöchel seines Zeigefingers. Anschließend murmelt er unverständliche Worte. Eine magisch-rituelle Besprechung, die stellenweise beschwörenden Charakter hat. Danach läßt Yumi das geschmückte Bambusrohr ins Haus bringen. Seine Helfer legen das Rohr auf zwei Stühlen hier im Arbeitszimmer ab. Es durfte anscheinend von jetzt an den Boden nicht mehr berühren.

Mittlerweile dämmert es. Mir wird bewußt, daß ich schon eine ganze Weile im Zimmer auf und ab trabe. Reglos starrt der komische Mensch zum Fenster hinaus. Ich habe das Gefühl, völlig überflüssig zu sein.
‹Junge, das Rohr ist doch geschmückt, was sitzt du noch herum? Fang endlich mit deiner Arbeit an›, möchte ich ihm zurufen und laufe vor Nervosität meine Sohlen heiß.
Piet, Anja, ihr werdet es nicht für möglich halten, der Kerl muß meine Gedanken erraten haben!» Oswald ist ganz aufgeregt, sogar jetzt noch, zwei Wochen später.
«Erzähl schon weiter», sage ich.
«Zu meinem Erstaunen sagt Yumi mit einemmal:
‹Wir werden zuerst essen!›
‹Was?! Essen!?!›
Yumi nickt, ohne mich dabei anzusehen.
Nachdem für das leibliche Wohl gesorgt ist und der große Zauberer noch eine Zigarette geraucht hat, scheint die Sache spannend zu werden.
Yumi guckt mich an:
‹Der Bambus wird sich nun bewegen. Du kannst ihn ruhig anfassen›, fordert er mich auf. Ich wünsche mir insgeheim, daß er nicht mit mir Schabernack spielt, und nehme den Bambus auf.
Nichts, keine Bewegung. Das Bambusrohr liegt ruhig in meinen Handflächen. Nur das Zittern meiner unruhigen Hände ist zu spüren, mehr nicht.
Mißtrauisch lege ich das Rohr auf die Stühle zurück. Yumi steht mit geschlossenen Augen neben mir. Nach einer Weile beklopft und bespricht er den Bambus mit beschwörenden Worten, wieder etwa fünf Minuten lang. Anschließend fordert er meine beiden Boys auf, den Bambus hochzunehmen.
Im nächsten Moment fängt der Bambus an, sich hin- und herzubewegen. Ich frage mich, ob ich noch bei Trost bin, und reibe meine Augen. Meine Jungen und ich sehen verdutzt auf das Bambusrohr, das sich lose in ihren Händen hin- und herschiebt.
Der Zauberer registriert meine grenzenlose Verblüffung und läßt mich seine Verachtung merken:

‹Mach dir keine Gedanken darüber, das ist meine Kraft, doch das verstehst du nicht. Also sei still.›
Dann wendet er sich zu meinen Boys:
‹Legt jetzt den Bambus auf eure Schultern und laßt euch von den Kräften führen. Haltet aber den Bambus nicht fest, er muß lose auf euren Schultern gleiten, damit er den Weg weisen kann.›
Mit einem Ruck stößt der Bambus vorwärts, genau auf die Stelle meines Schreibtisches, wo vorher das Radio gestanden hatte.
‹Gut, geht langsam weiter›, fordert Yumi die Träger auf.
Der Bambus schlägt unvermittelt in eine Ecke des Raumes, wo mir tatsächlich Sachen gestohlen worden waren. Ich finde das unglaublich. Außer mir weiß niemand Bescheid. Beeinflussungen sind vollkommen ausgeschlossen. Jetzt will ich es aber wissen. Entschlossen trete ich an den Bambus heran und halte ihn fest.
Tatsächlich – welche Kraft! Eine unsichtbare Kraft stößt das Bambusrohr in Schüben nach vorn. Ich beobachte meine beiden Jungen genau und kann beim größten Anzweifeln und Mißtrauen nichts, absolut nichts feststellen, das nur im geringsten durch Fremdeinfluß manipuliert werden würde. Ich kann keine Erklärung finden. Verwundert lasse ich das Rohr wieder los.
Nun führt der Bambus die Träger in meinen Schlafraum und steuert gezielt auf zwei Plätze, wo etwas weggenommen worden war. Auch der Verdacht, daß die Bambusträger, meine Boys, hier eingebrochen hätten, erwies sich später als völlig absurd.

Mudman-Schlammtänzer aus dem Asaro-Tal (Ost-Neuguinea). Eine solche Lehmmaske wiegt durchschnittlich 7 bis 8 kg. Ein magisch-ritueller Hintergrund, wie oft in der Literatur beschrieben, ist den Asaro-Leuten unbekannt. Ebenso die Version, daß die Lehmmasken durch eine Kriegslist entstanden seien, wird vom Council und Manager der mudman-Tanzgruppe nicht bestätigt. Fest steht lediglich, daß die mudman seit 1960 Show-Tänze auf Bestellung als Touristenattraktion aufführen. Abgesehen davon ist die Lehmmaskenherstellung ein Kunsthandwerk, das nur die Gururumba aus dem Asaro-Tal kennen.

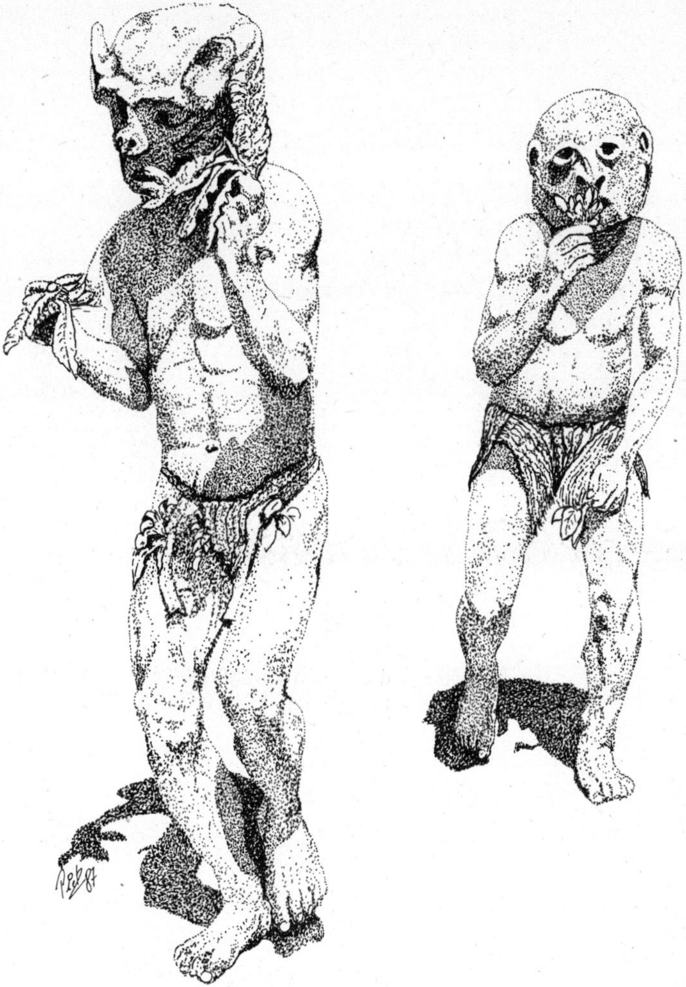

Doch ich komme nicht mehr aus dem Staunen heraus. Der Bambus stößt auf weitere zwei Stellen in meiner Schlafkammer, wo auch etwas gestohlen worden war, was ich aber selbst noch nicht entdeckt hatte. Ich bin perplex.
Gelassen dirigiert Yumi das unheimliche Spiel von meinem Schreibtisch aus.
In kleinen, kurzen Vorwärtsschüben führt das Bambusrohr seine Träger – anders kann ich es gar nicht mehr bezeichnen – in die Toilette. Zielstrebig stößt es an ein Regal und zeigt mir wieder eine neue Stelle, wo etwas fehlt.
Dann, mit einemmal wendet der Bambus, zwingt die Träger regelrecht in die Knie und hämmert wie wild auf den Fensterrahmen.
‹Das genügt! Tragt jetzt den Bambus aus dem Haus›, sagt der Zauberer ruhig, steht auf und folgt den Trägern.
Wir gehen einmal um das Haus herum und bleiben vor dem Toilettenfenster stehen. Der Bambus klopft mehrmals gegen den Fensterrahmen, macht plötzlich eine 180-Grad-Wendung und führt die Träger über den freien Platz. Dann schießt der Bambusschnabel wie ein Pfeil in den Boden – vor und zurück, genau an der Stelle, wo ich mein Unterhemd gefunden hatte.
Yumi kommandiert:
‹Weiter!›
Das unheimliche Ding richtet sich wieder auf, gleitet auf den Schultern der Träger locker und in Schüben nach vorn und bewegt sich schließlich auf dem Pfad, bergauf – in Richtung auf die beiden Dörfer.
Ich fühle mich außerstande, klar zu denken. Ich wundere mich nur noch. Hinzu kommt die physische Anstrengung, es geht ständig bergauf. Keuchend stolpern wir auf dem glitschigen Pfad im Zickzack vorwärts. Ich spüre meine 60 Lenze, und obwohl ich mich jung und fit fühle, beginnt die Lunge empfindlich zu stechen.
Allmählich überwinde ich aber den toten Punkt, falle mehr als daß ich gehe mit der Taschenlampe in der Hand hinter dem seltsamen Gespann her. Meine Jungs haben alle Mühe, dem unentwegt vorwärtstreibenden Bambusrohr zu folgen.
Unerwartet, etwa auf halber Strecke zwischen meinem Haus und den

Dörfern vor uns, schwenkt der Bambus nach links vom Pfad ab. Schnell gleitet er fünf, sechs Meter steil abwärts und schlägt an einer bestimmten Stelle fortwährend mit rhythmischen Hieben auf den Boden. Deutlich erkenne ich im Schein der Taschenlampe einen fast 50 Zentimeter hohen, aufgelockerten Erdhügel. Sofort vermute ich, der Dieb könnte hier etwas vergraben haben. Inzwischen trifft auch der Zauberer mit seinen beiden Helfern ein.
Bisher hatte also Yumi auf der gesamten Wegstrecke gar keinen direkten Einfluß auf das ganze Geschehen, wird mir klar.
‹Hier muß der Dieb etwas versteckt haben›, sage ich aufgeregt.
‹Er hatte hier etwas versteckt›, sagt Yumi bestimmt.
‹Hatte?›
Der Meister nickt.
‹Ist da nichts mehr vergraben?› frage ich.
‹Nein.›
Ich zweifle: ‹Das will ich aber sehen!›
Der Zauberer schaut seine Leute an, die sofort mit bloßen Händen das aufgelockerte Erdreich herausscharren..., es kommt nichts zum Vorschein.
Hat dieser Mensch auch noch hellseherische Fähigkeiten? Ich zwinge mich, nüchtern zu überlegen. Sicher, der Dieb hatte genug Zeit, seine Beute in Ruhe wieder auszugraben, immerhin sind bereits sieben Tage vergangen. Nun könnte man noch einwenden, Schweine hätten hier gewühlt; aber es sieht wirklich nicht danach aus, denn Schweine wühlen anders; wer das kennt, sieht das auf den ersten Blick.
Immer noch stößt der Bambus pausenlos auf die Erde. Die Träger versuchen, ihn wegzudrücken, stemmen sich dagegen, was sehr komisch aussieht, denn normalerweise müßten sie längst gestürzt sein. Doch das Rohr läßt sich nicht aus der Richtung bringen. Das ist für mich ein weiterer sichtbarer Beweis für die Kräfte, die von diesem Bambusrohr ausgehen.
‹Kommt endlich!› ruft einer von Yumis Helfern.
‹Aber wie denn?› antworten die Träger. ‹Der Bambus will nicht.›
‹Ihr könnt jetzt selbst mit dem Bambus sprechen›, erklärt der Zauberer. ‹Sagt einfach: Hier ist nichts, führe uns weiter.›
Ich beobachte meine Burschen.

‹Hier ist nichts, führe uns weiter›, wiederholen sie.
Kaum ist das ausgesprochen, reagiert der Bambus, richtet sich stoßweise in die waagrechte Lage zurück, dreht sich zum Hang und führt die Träger wieder auf den Pfad. Mit heftigen Schubbewegungen drängt er vorwärts, auf die beiden Dörfer zu, so schnell, daß die Träger rennen müssen. Kurz vor dem ersten Dorf ändert der Bambus unerwartet die Richtung und strebt auf eine abseitsstehende Buschhütte zu. Dröhnend schlägt das Rohr gegen die verschlossene Brettertür.
‹Aufmachen!› schreien die Träger. ‹Macht sofort auf!›
Nichts rührt sich.
‹Die Hütte wird nur von Schweinen bewohnt›, höre ich Yumis Stimme hinter mir.
‹Was sagst du? – Das möchte ich sehen›, antworte ich ungläubig. Im Handumdrehen knackt einer von Yumis Gehilfen das Vorhängeschloß. Ich stürme in die Hütte, leuchte jeden Winkel aus. – Das gibt es doch nicht, der Kerl hat wieder recht. Im hinteren Teil der Hütte stehen verängstigt zwei junge Schweine, in der Mitte des Raumes glimmt ein schwaches Holzkohlenfeuer, das ist alles – keine Menschenseele.
‹Hier ist nichts, führe uns weiter›, weise ich den Bambus an.
Im Nu dreht sich das Rohr mit den Trägern um, führt sie hinaus und weiter zu einem nahen Süßkartoffelfeld. Dort tanzt es wild herum. Nach einer Weile schwenkt es ruckartig vom Feld ab und treibt davon; zu meinem großen Staunen jedoch nicht in eines der Dörfer, was ich fest vermutet hatte, sondern hinunter auf die Hochlandstraße, Richtung Watabung.
Am Straßenrand jagt der Bambus plötzlich in ein Gebüsch. Wieder finden wir einen aufgewühlten Erdhügel. Sofort lasse ich nachgraben – wieder nichts!
‹Hier ist nichts, führe uns weiter›.
Der Bambus richtet sich wieder auf, wendet und schießt davon. Er eilt über die Straße, durch ein Gebüsch, die Böschung hinunter, geradewegs auf einen Baum zu. Ich leuchte mit der Taschenlampe hinauf, doch kann ich nichts Auffälliges erkennen.
‹Hier ist etwas, das dir gehört›, sagt Yumi.

Ich sehe nichts und leuchte noch einmal den Stamm ab. Nichts. Ich bin im Begriff, auf die Straße zurückzugehen.
‹Willst du es am Baum lassen?› fragt Yumi – diesmal ist er es, der staunt.
‹Aber hier ist doch nichts›, schreie ich und bleibe stehen.
Der Zauberer deutet auf eine bestimmte Stelle am Baum. Einer seiner Helfer klettert hinauf und verschwindet im Laub. Bald taucht er wieder auf, hält mit den Zähnen einen zugebundenen Reissack fest.
Yumi nimmt den Sack und drückt ihn mir in die Hände:
‹Hier, dein Radio und etwas Kleidung.›
Noch denke ich, das könnte ein Sack mit Früchten oder Nüssen sein, den Kinder auf dem Baum versteckt haben.
Aber wieder habe ich Grund zum Staunen. Ich greife mir an den Kopf. Hemden von mir kommen zum Vorschein, dazwischen, eingewickelt in ein Handtuch, mein Transistorradio.
Ich versuche krampfhaft, ruhig zu bleiben. Ratlos folge ich dem Bambus weiter – auf die Polizeistation Watabung zu. Und – ich traue meinen Augen nicht – der Bambus rast wirklich zum Polizei-Office! Schon schlägt er an die verschlossene Tür.
In den Gebäuden ringsum wird es lebendig. Mit Petroleumlampen in der Hand kommen Polizisten schlaftrunken auf den Platz und sehen dem Treiben eine ganze Weile zu.
Schließlich: ‹Geh weiter, hier ist nichts›, befiehlt Yumi.
Der Bambus läßt sofort von der Office-Tür ab, richtet sich auf, hüpft quer über den Platz zum public work shop-Gelände, irrt einige Male hin und her, kommt wieder zurück und strebt einem Haus zu, in dem Angehörige der Polizeibeamten wohnen. Er klopft an die Tür. Ein alter Mann öffnet, sieht uns verdutzt an. Gerade noch rechtzeitig bringt er seinen Kopf zur Seite, denn der Bambus schießt ins Haus. Wir hinterher – er dreht sich vier-, fünfmal um die eigene Achse. Dann jagt der Bambus die Burschen wieder hinaus und hinüber aufs public workshop-Gelände.
Inzwischen haben sich einige Dutzend Leute versammelt und verfolgen mit Staunen jede Bewegung des völlig wild gewordenen Bambusrohres. Häufig müssen wir ausweichen, um nicht von den Trägern überrumpelt zu werden.

Plötzlich schießt der Bambus mit einem gewaltigen Ruck nach vorn auf einen Busch zu. Da springt eine Gestalt aus dem Gebüsch und rennt davon – der Bambus und wir rasen hinterher.
Dann stolpert der Flüchtling, stürzt, rafft sich auf, will davoneilen – zu spät! Der Bambusschnabel mit den mysteriösen Kräften hat ihn erreicht und nagelt ihn buchstäblich auf der Erde fest. Ein etwa zwanzigjähriger Bursche liegt keuchend vor uns. Ich habe Sorge, der Bambus schlägt ihm den Brustkorb ein. Immer wieder, in regelmäßigen Stößen, pocht das Rohr auf den bebenden Körper.
‹Mama, mama!› schreit er endlich. ‹Ich war es! Ich habe dort oben im Haus eingebrochen.›
Ich frage ihn, wo meine Sachen sind.
‹Eine Unterhose von dir habe ich noch an. Ein paar Wäschestücke habe ich verkauft und dein Radio auf einem Baum versteckt.›
‹In welchem Dorf wohnst du?›
‹Ich bin nicht von hier›, antwortet er und krümmt sich vor Schmerzen. ‹Aufhören, aufhören!› brüllt er verzweifelt. ‹Das Ding bringt mich um!›
Yumi, der Zauberer kommt hinzu:
‹Dieser Mann war es.›
Er berührt den Bambus, der im nächsten Augenblick ruhig auf den Schultern der Träger liegt. Die Zuschauer sind so verblüfft wie ich. Sichtlich mit Respekt betrachten sie den Zauberer.
Yumi nimmt den Bambus, haucht in den Schnabel und stellt das Rohr ins Gebüsch.
‹Den Bambus könnt ihr verbrennen; er hat keine Bedeutung mehr, alle Kraft ist wieder in mir›, sagt er.
‹Was bekommst du für deine Arbeit?› frage ich.
‹Das war nichts Besonderes, fünfzig Kina sind genug.›
‹Arbeitest du auch für die Polizei?› frage ich und drücke ihm unauffällig das Geld in die Hand.
‹Gelegentlich, wenn sie nicht mehr weiterkommen, holen sie mich.›
Der Zauberer und seine Begleiter übernachteten auf der Polizeistation. Der Dieb wanderte ins Gefängnis und ich nach Hause.
Oswald lächelt nervös und streicht sich die Haare aus dem Gesicht.
«Na, was sagt ihr dazu? – Könnt ihr euch so etwas vorstellen?»

«Nun, wenn du willst, kannst du dich in endlose Spekulationen verstricken und dabei verrückt werden», antworte ich ungerührt.
«Da hast du recht. Zum Glück habe ich nach dem Suchen rechtzeitig aufgehört. Es gibt eben Dinge, die sich nicht auf natürliche Weise erklären lassen. Man muß sie als gegeben hinnehmen.»
«Yumi demonstrierte dir eindrücklich, wie man außersinnliche Kräfte anwenden kann», sage ich und denke an das Erlebnis mit Guri und den schwingenden Netzen im Männerhaus von Riyofiyaro.
Oswald schlägt mit der Hand auf den Schreibtisch:
«Stellt euch vor, diese Geschichte würde ich irgend einem in Europa erzählen! Der würde mich für verrückt erklären.»
Oswald öffnet seinen Hemdkragen, holt tief Luft und poltert weiter:
«Nichts gegen die Wissenschaft, aber irgendwann muß sie auf solchen Gebieten Zugeständnisse machen. Sie kann sich nicht nur auf die sichtbare Materie versteifen, aber gerade das tut sie – und das ist ihr Fehler.» Er hat vor Eifer ein rotes Gesicht bekommen. Er hat recht. Alles was im Bereich der sogenannten Grenzwissenschaften liegt, wird vorläufig ein Stiefkind der Wissenschaft bleiben. Ein abendfüllendes Thema. Aber es regt Oswald so auf, daß ich es für besser halte, die Diskussion zu beenden.

Als wir mit unseren ethnographischen Arbeiten fertig sind, entschließen wir uns, nach Riyofiyaro zurückzukehren. Wir finden einen LKW-Fahrer, der uns mitnimmt. Bei Atarero schreie ich: «Driver, stop, stop!» und schlage mit der Faust auf das Führerhaus.
«Der Kerl wäre glatt weitergefahren», sage ich zu Anja, springe von der Ladefläche und wische mir den Staub aus den Augen.
«Atarero, sagte ich doch!»
«Sori, sori», murmelt er verlegen, «ich dachte, Asaro.»
Als wir unsere Kisten abladen, laufen ein paar Burschen auf uns zu.
«Hallo, Raimond, bist du wieder zurück?» begrüßt mich einer, «gehst du nach Riyofiyaro?» fragt er und deutet in die Berge. Wir nicken.
«Sollen wir deine Kisten hinauftragen? Du brauchst uns kein Geld dafür zu geben», sagt er in einem Atemzug.
«Wenn ihr wollt, aber – ihr bekommt trotzdem euren Trägerlohn.»

Sie strahlen vor Freude, rennen die Uferböschung hinab und verschwinden im Dickicht. Zweige und Äste knacken, bald darauf kommen sie mit Tragestangen und Lianen zurück. Rasch, mit drei, vier Schlaufenzügen, befestigen sie die Stangen an den Kisten.

«Wartet noch einen Augenblick», rufe ich den Jungen zu und laufe über die Straße. Gut ein Dutzend Frauen sitzen am erhöhten Straßenrand und bieten ihre Feldfrüchte zum Verkauf. «Mama, sind es wirklich süße Bananen?» frage ich eine ältere Frau, die zwei Kleinkinder in ihrem Schoß wiegt.

«Ewé, ewé», versichert sie.

«Was kosten sie?»

«Vierzig Toea.»

«Nogat», ruft ihre Nachbarin empört, versetzt ihr mit dem Ellenbogen einen Rippenstoß und schimpft. Verwundert gucke ich die beiden Frauen an, die sich eifrig im Dialekt unterhalten.

«Wenn ihr nicht wollt, dann kaufe ich woanders», sage ich verständnislos.

«Nein, nein, bleib hier, Raimond, du kannst die Bananen kaufen», sagt plötzlich die Nebenfrau.

Gold-Lori «Psitteuteles goldiei»

Ich bin sprachlos.
«Kennst du mich?»
«Ja, aber meine Schwester hat dich nicht gekannt. Hier, nimm, zwanzig Toea sind genug.» Sie drückt mir die Bananen in die Hand.
«Aha, Einheimische zahlen nur die Hälfte», sage ich mit gespieltem Ernst.
«Tenkyu, mamas, bye, bye!»
«Bye, bye, brata», krächzen sie mir winkend nach.
Anjas Miene zeigt mir, daß sie den Kaufvorgang mitbekommen hat.
«Du hast einen guten Ruf in deiner Verwandtschaft», sagt sie und lacht belustigt. «Es traut sich keiner, dich übers Ohr zu hauen.»
«Das wäre wohl das letzte, die eigenen Leute zu betrügen! – Nein, wir Komongu sind ehrliche und aufrichtige Menschen», ulke ich. «Nur habe ich völlig die Übersicht verloren, wer eigentlich alles zu meiner Verwandtschaft gehört!»
«He-yo, he-yo», rufen unsere Träger und laufen mit kurzen schnellen Schritten über die Hängebrücke.
Bald haben wir Atarero hinter uns gelassen, ziehen an den verwitterten Knüppelzäunen entlang hinauf zum Berggrat.
Auf einmal dringen langgezogene Ausrufe an unsere Ohren. Unsere Träger rufen zurück. Das Buschtelefon meldet unser Kommen in Riyofiyaro.
Eine Schar buntgefiederter Zwergpapageien fliegt auf, sucht Schutz in einem anderen, dicht belaubten Baum. Wieder geht es hinunter in

Mythologische Darstellung eines Naturgeistes. Neben vielen anderen Buschgeistern spielt das Geistwesen «Nokondi» eine wichtige Rolle im traditionellen Leben der Komongu. 1979 wurde anläßlich einer Knabeninitiationsfeier u. a. Berggeist «Nokondi» der Jugend vorgestellt. Sein unheimliches, dämonenhaftes Aussehen wird betont durch die aufgesteckten Bambusfingerhülsen und die mit einer Rindenschnur hochgebundene Nase.

den stickigen, dumpf brütenden Talkessel, vorbei an dem von uns markierten Sumpfloch, hinüber zum Fluß.
«Halt! Wo geht ihr denn hin?» rufe ich den Trägern zu, «der Weg geht doch weiter flußaufwärts, dann über die Steine.»
«Nein, nein, Raimond, wir gehen lieber über die Brücke, das ist sicherer für deine Kisten.»
«Aber, da...»
Ein Träger unterbricht mich:
«Als du von hier weggingst, ließ der Council gleich am nächsten Tag eine neue Brücke bauen.»
Wir gehen weiter und überqueren vorsichtig die neue «Brücke», einen frisch geschlagenen, eingekerbten Baumstamm.
Auf dem Weg zum Dorf kommt uns ein Junge entgegen.
«Schau, Raimond!» ruft er fröhlich und hält mir seine Hand entgegen.
Ein ausgewachsener Nashornkäfer krabbelt schwerfällig auf seinem Handteller. Doch was ich sehe, enttäuscht mich: Ein bleistiftlanges, dünnes Holzstäbchen steckt zwischen seinen gespreizten Flügelpaaren.
«Was soll denn das?»
«Ich spiele Helikopter», antwortet der Bub mit einem offenherzigen Blick.
«Schau!»
Er wirft den Käfer senkrecht in die Luft. Mit einem nicht zu überhörenden Surren landet er im nächsten Augenblick auf der Erde. Die feinen, durchsichtigen Flügel hängen zerfetzt unter den schwarz glänzenden Flügeldecken.
«Das finde ich nicht gut», sage ich mißbilligend und schaue ihn an. Und sofort erstarrt sein unbefangenes freies Lächeln. Schon tut es mir leid, ihm seine Spiellaune verdorben zu haben.
«Meinst du, es tut ihm weh, Raimond?» fragt der Junge, dabei legt sich eine kleine Kummerfalte in seine Stirn. Seine Kulleraugen bekommen einen besorgten Ausdruck.
«Ja, mein Freund, das glaube ich», sage ich ernst.
Er überlegt. Schnell ergreift er den Käfer, zieht behutsam das Stäbchen heraus und wirft ihn in die Luft. Trotz verletzter Flügel

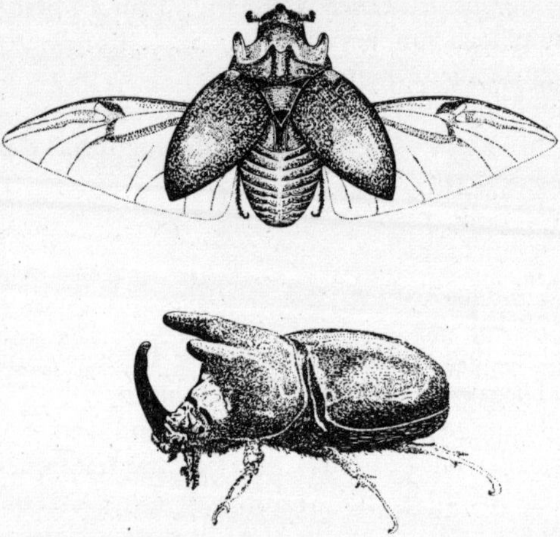

Nashornkäfer (Scapanes australis).
Oben: Flugposition mit hochgestellten Vorderflügeln und ausgespannten Hinterflügeln, *unten:* Seitenansicht

schwirrt das Kerbtier summend über unsere Köpfe hinweg, hinunter zum Fluß.
Mit demselben freundlichen Lachen, mit dem uns der Junge begrüßt hatte, verabschiedet er sich von uns und verschwindet hüpfend und singend hinter der nächsten Kurve.
Bald darauf erreichen wir das Dorf. Es ist sehr ruhig. Die meisten Bewohner sind in den Gärten oder sonstwo. Unter einer Pandanuspalme sitzen zwei Jugendliche beim Kartenspiel. Sie grüßen kurz mit Kopfnicken herüber und spielen weiter. Unsere Kisten stehen vor Gunimes Hütte, sie ist verschlossen.
«Nein, Raimond, nein! Das haben wir gern getan», unsere Träger wollen keinen Lohn.
«Gut, dann nehmt das Geld als Geschenk», sage ich und gebe jedem zwei Kina. «Ihr braucht es ja nicht gleich beim Kartenspiel zu verlieren.»

«Nein, Raimond, das machen wir nicht. Wir kaufen uns lieber etwas im stua», beteuert einer der Burschen, und die anderen nicken.
«Von welchem Dorf kommt ihr?» frage ich.
«Aus Atarero.»
«Keyu.»
«Wir beide sind aus Wamba.»
«Kennt ihr Oswald?» frage ich vorsichtig, fixiere dabei unauffällig ihre Mienen.
Sie nicken fast gleichzeitig und sehen mich erwartungsvoll an. «Mein Freund erzählte mir, daß die Leute unten an der Straße sagen –», ich stocke, überlege einen Moment, ob ich sie direkt fragen soll, wie sie über mich denken. Doch, ich will ihre Vorstellung wissen. «Also, die Leute sagen, Raimond sei ein Masalei.»
Die beiden jungen Männer aus Wamba reagieren betroffen und verlegen. Sie halten sich an den Händen fest und weichen meinem Blick aus.
«Was habt ihr?» frage ich erstaunt.
Keine Antwort. Ich scheine ins Schwarze getroffen zu haben. Meine Augen wandern rasch über die anderen Gesichter. Der Bursche aus Keyu schüttelt plötzlich seinen Kopf:
«Hambak-stori, alles Blödsinn», kommt es verächtlich über seine Lippen, und er sieht seinen Begleiter aus Atarero an:
«Das haben wir auch gehört, Raimond», antwortet er leise, ohne mich anzusehen.
«Und? Wie denkst du darüber?»
Er zuckt mit den Schultern.
«Ja, glaubst du gar auch, ich sei ein Buschgeist», fahre ich auf und lache verkrampft.
«Was soll ich dazu sagen? Ich weiß es nicht!» Verwirrt schaut er zu seinen Kameraden, die noch immer betreten auf den Boden starren. Ich spüre, daß Unruhe aufkommt. Deutlich kann ich an ihrem Verhalten ermessen, mit welchen Zweifeln sie mir trotz allem noch gegenüberstehen.
«Raimond», ruft jemand. Sofort erkenne ich Guris Stimme. Im selben Moment rennen die Burschen davon. Verärgert setze ich mich auf eine Alukiste.

Zu dumm, ausgerechnet jetzt muß Guri kommen! Das Gespräch mit diesen jungen Leuten hätte mich wahnsinnig interessiert. Ich wollte mehr über dieses Thema erfahren.

Guri kommt uns mit schleichenden Schritten entgegen:
«Good morning, misis», wispert er und wendet sich zu mir. «Raimond, komm!»
Er nimmt mich bei der Hand, führt mich schweigend zum Männerhaus. Ich wage nicht zu fragen, was das Ganze soll. Niemand ist im Haus.
«Setz dich», fordert er mich auf. Er stiert in die schwache Holzkohlenglut.
Um Himmels willen! Seine Augen – der Blick! Mich schaudert. Mit Gewalt versuche ich, meine Emotionen zu beherrschen, meine Gedanken klar und unbeeinflußbar zu halten.
«Streng dich nicht an, laß diesen Blödsinn!» schnauzt Guri, ohne seinen Blick von der Feuerstelle abzuwenden.
Ich beiße mir vor Nervosität die Lippen blutig und konzentriere mich auf den Gedanken, daß er keine Macht über mich gewinnen darf.
Er schnellt hoch. Eine Reflexbewegung läßt mich gleichzeitig aufspringen. Unbeweglich starren wir einander in die Augen. Mein Kehlkopf scheint sich zu verengen. Ich ringe nach Atem. Guris Augen werden größer und größer. Es hat den Anschein, als stünde ich in seinen Pupillen, die mit einemmal die Größe des Männerhauses erreicht haben. – Jetzt beginnen sich Guris Augen vor mir zu drehen, immer schneller.
«Halt, halt!» schreie ich tonlos.
Auf einmal sehe ich mich in einer unendlich großen Halle wieder, die von einem ungewöhnlichen Licht durchflutet wird. Eine solche intensive Helle habe ich noch nie gesehen. Ich kann nicht feststellen, woher das Licht kommt. Es hat den Anschein, als bestehe alles aus dieser warmen Helligkeit.
Langsam schreite ich weiter durch die nirgendwo begrenzte Halle.
Wo bin ich? Milchige Nebelschwaden steigen hoch, ziehen senkrecht nach oben. – Dann: Hundert, tausend, unzählige Köpfe tauchen auf

und sehen mich freundlich an. Ihre Körper sind hinter einer undurchsichtigen Nebelhülle verborgen. Es sind Kinder, Frauen, Männer aller Rassen; seltsamerweise keine alten Leute. Alle kommen mir irgendwie bekannt vor, als hätte ich sie schon einmal gesehen. Niemand, keiner dieser Köpfe wirkt fremd auf mich. Fasziniert gehe ich durch das Spalier der unzähligen Köpfe. Unbeschreibliche Sanftmut liegt in allen Augen – völlig frei von Aggressionen und Gewalt – und versetzt mich in eine noch nie dagewesene glückselige Stimmung.
Da – abrupt schiebt sich ein braunes Gesicht vor meine Augen – mein Gesicht!
«Raimond,» rufe ich erfreut, «komm!»
Ich will auf ihn zugehen – plötzlich dreht sich sein Kopf, wird zu einer braunen, schwarzen rotierenden Scheibe, wird immer kleiner, schrumpft zusammen.
Dann, ganz deutlich vor mir, ein starres Auge. Gleichzeitig setzen rasende Kopfschmerzen ein. Ich fühle mich wie betäubt. Noch immer dieses Auge vor mir. Jetzt bewegt es sich, wird kleiner, formt sich zu einem Schlitz.
«Raimond», höre ich eine Stimme in mich eindringen. «Raimond!» Wieder die Stimme, die mich allmählich wachrüttelt, mich ins reale Bewußtsein zurückholt. Ich erkenne die starren Augen von Rumba-Guri, die mich nicht loslassen.
«Raimond, komm, setz dich wieder.» Seine Hände drücken mich sanft auf den Boden.
«Du hast einen großen Kopf», sagt er plötzlich und fügt leise hinzu: «Das ist sehr gut.» Mit ruhigem Blick lächelt er und nickt. «Das ist sehr gut», wiederholt er und streicht sich nachdenklich das Kinn.
Ich mache mir Sorgen, weil ich seiner Macht offenbar nichts entgegenzusetzen habe, ihr nicht wiederstehen kann. Ich spüre noch immer die feinen nadelstichartigen Schmerzen in meinen Schläfen.
«Ist dir nicht gut?» fragt Guri besorgt.
«Mein Schädel brummt», antworte ich mißmutig.
Guri greift in seine Netztasche, wühlt herum, bringt ein rotes Blatt zum Vorschein. Rasch feuchtet er dessen Innenseite an und reibt mir damit Schläfen und Stirn ein, benetzt das Blatt noch einmal mit Spucke und massiert mir Hals und Nacken.

Bald darauf spüre ich eine wärmende Wirkung. Die pflanzlichen Essenzen scheinen die Durchblutung der Haut stark anzuregen. Tatsächlich klingen die Schmerzen ab.
«So, Raimond, gleich hast du wieder einen klaren Kopf.»
Zischend verbrennt das Blatt im Feuer. Eine zermürbende Pause entsteht. Wieder einmal suche ich fieberhaft zu erklären, wie es möglich ist, trotz bewußter Gedanken- und Gefühlsdisziplin schlagartig aus der «normalen» Bewußtseinsebene herausgerissen zu werden. Sind Guris Gedankenkräfte so stark, daß sie meinen Verstand jederzeit ausschalten – ihn direkt beeinflussen und manipulieren können?
Ernsthaft erwäge ich, sofort abzureisen, alles Schreckliche, Belastende hinter mir zu lassen und diesen quälenden Zustand sofort zu beenden. Es wäre die Lösung – ja, die einzige Lösung!
Ein fürchterlicher Kampf zwischen meinen Gefühlen und meinem Verstand beginnt. Mein Verstand wehrt sich gegen eine tiefverwurzelte Zuneigung zu Rumba-Guri, will sie aus meiner Seele reißen. Gedanken streiten gegen Empfindungen, Empfindungen setzen das Denken matt. In mir ist nur noch Aufruhr: Wer, wie, warum, weshalb, wozu fallen über meine Gefühlsbarrieren her, drängen auf eine Entscheidung.
Im nächsten Moment ist alles vorbei. Meine Gefühle dominieren, signalisieren mir: Mehr Geduld, Toleranz und Verständnis.
«Du gehst deinen Weg allein, so wie ihn jeder von uns gehen muß, also übe dich im Erkennen und Verstehen», spricht plötzlich die Stimme in mir, die nicht die meine ist.
Ich erschrecke nicht – im Gegenteil: Ich wundere mich, daß ich ganz ruhig geworden bin. Mein Gehirn hat zu fragen aufgehört. Ich befinde mich in einem zeit- und raumlosen Zustand. Ich weiß nicht, wie lange, vielleicht sind es nur Bruchteile von Sekunden. Doch genau dieser Augenblick gibt mir den Impuls einer überirdischen Gewißheit, die nichts mit unserer Realität zu tun hat.
«Hier, iß etwas.»
Guri drückt mir seine angebissene Süßkartoffel in die Hand. Sie ist noch warm. Heißhungrig verzehre ich die mehlige Knollenfrucht.
«Raimond», Guri blinzelt mich an, «warst du wieder im Reich der Ahnen?» Seine Stimme klingt auffallend ruhig.

Ich nicke.
«Hm, hm, das wußte ich doch, daß du einen großen Kopf hast», wispert er. Er sieht mich forschend an:
«Raimond, was hast du gesehen?» fragt er plötzlich, rutscht neugierig neben mich und legt seine Hand um meine Schulter. «Hm, hm, sag's schon, Raimond.»
«Viele, viele Gesichter habe ich gesehen.»
Versonnen schaut er mich an:
«Viele Gesichter, sagst du – hm, du hast also das große Ahnenreich gesehen.» Verwunderung liegt in seinem Ausdruck. Er preßt die Lippen zusammen, schiebt sein Kinn vor:
«Also, du bist im großen Ahnenreich gewesen – sehr gut. Das ist ein gutes Zeichen.» Er neigt sich an mein Ohr:
«Sprich mit niemandem darüber, das ist unser Geheimnis, hast du gehört.»
Perplex starre ich ihn an und nicke.
«Frag jetzt nicht, ich werde dir später einmal vom Ahnenreich erzählen», sagt Guri.
«Aber...»
Seine herrische Geste gebietet Schweigen.
«Du sollst mich jetzt nicht fragen. Ich weiß, daß du dich wieder im Ahnenreich gesehen hast.»
Eine unheimliche Bestimmtheit liegt in seinen Worten und läßt augenblicklich all meine Zweifel und Spekulationen wie ein Kartenhaus in sich zusammenfallen. Verblüfft sehe ich Guri an, kämpfe gleichzeitig mit einem Angstanfall. Dieser Mann ist für mich ein Buch mit sieben Siegeln.
«Wie hast du geschlafen?» fragt Guri.
«Was meinst du?»
«Dein Kopf ist wohl wieder klar geworden, als du das Dorf verlassen hast.»
«Ach so, ja, das stimmt!» Mir wird bewußt, daß ich seit Wochen, seit meiner letzten Nacht in Riyofiyaro, keinen Alptraum, keine Vision, nichts mehr erlebt habe – bis auf das neue Erlebnis vor wenigen Minuten.
«Siehst du, mein Gegenzauber hat dir geholfen.»

Er blickt mich durchdringend an, berührt mich in meinen tiefsten Tiefen. Wieder habe ich das Gefühl, daß ihm keiner meiner Gedanken verborgen bleibt.
«Vor fünf Tagen hatten wir einen Todesfall», wechselt Guri das Thema. Erstaunt horche ich auf.
«Was! Hier in der Sippe?»
Er nickt.
«Das junge Schwein von Kamane ist plötzlich gestorben.»
«Ein Schwein», antworte ich und lache. «Ich dachte, jemand aus unserer Sippe!»
«Gehört das Schwein etwa nicht zu unserer Sippe?» fragt er aufgebracht. «Da gibt es nichts zu lachen, der Fall ist ernst.»
«Wieso?» frage ich unbekümmert.
«Kannst du dir nicht denken, was dahinter steckt?»
«Nein, Guri. Es wird Würmer oder sonst eine Krankheit gehabt haben.»
«Das Schwein war gesund», stellt Guri mit Nachdruck fest.
«Woran ist es dann gestorben?» frage ich, neugierig geworden. Er kommt nahe an mich heran, seine Augen funkeln.
«Du kannst dich doch noch entsinnen, als Orombawe zu mir kam.»
«Der böse Blick?» frage ich spontan.
Sein Mund berührt fast meinen. «Es war Sangguma.»
«Sangguma! Du glaubst das wirklich?»
«Es war die Sangguma-Frau aus Rimbaka, die Orombawe bereits einmal krank machte. Sie rächte sich an seinem Schwein.»
«Woher willst du das wissen?»
«Orombawe war zusammen mit seiner Frau und dem jungen Schwein in Watabung auf dem Markt. Plötzlich stand die Frau aus Rimbaka vor Orombawe und verlangte wieder eine Süßkartoffel. Doch er gab ihr keine, sondern jagte sie vom Marktplatz. «Ihr werdet bald wieder an mich denken!» schrie sie wütend und verschwand.
Am selben Abend, als Kamane ihre Schweine fütterte, merkte sie, wie ihr jüngstes plötzlich zitterte und aus der Nase blutete. Noch in der gleichen Nacht starb das Schwein. Für Kamane war das ein großer Verlust. Sie hackte sich selbst mit dem Buschmesser ein Stück von ihrem Finger weg.»

«Was, wegen des Schweins?!»
«Ewé, ewé», nickt er hastig.
«Und wie hat die Frau das Schwein getötet?»
«Sie hat es durch ihre Sangguma-Kraft getötet.»
«Aber wie?»
«Sangguma kannst du nicht sehen, sondern nur spüren. Alles spielt sich im Kopf ab, verstehst du?»
«Nein, eben nicht! Das mußt du mir erklären.»
«Jetzt nicht, später.»
«Wann?»
Er sieht mich verärgert an.
«Das weiß ich noch nicht.»
«Hat die Frau bereits gestanden?»
«Das will ich dir ja gerade erzählen. Hör zu, Raimond. Als das Schwein starb, war Trauer im Haus von Orombawe. Am nächsten Morgen ging ich mit Big Papa auf die Polizeistation. Ein Polizist, eine Blauhose, begleitete uns nach längerem Zögern nach Rimbaka. Wir warteten, bis die Sangguma-Frau nach Hause kam, und fragten sie, ob sie das Schwein getötet hätte. Sie gestand sofort. Big Papa handelte mit der Blauhose den Preis aus: dreimal zehn Kina. Ihr Mann kam hinzu und bezahlte. Das war alles.»
Guri steht auf, hängt seine Netztasche um den Rücken und geht aus dem Männerhaus.
Auf einmal rumort es in meinen Därmen. Ich renne zum smol haus. Dort sehe ich eben noch Guris blattbedecktes Hinterteil verschwinden. Mist, ausgerechnet, wenn *ich* muß! Wohin jetzt? Ab in den Busch. Querfeldein haste ich durch das Dickicht. Hier vielleicht? – Nein, da ist es zu stachelig. Oder dort? – Schon besser. Aber warum nicht drüben auf der kleinen Lichtung?! Im Nu habe ich einen Platz ausgewählt und beobachte die Wunderwelt der Insekten – fast aus der Froschperspektive.
Eine Maulwurfsgrille erledigt eine Wildbiene und schleppt sie im Tiefflug direkt über die Grashalme hinweg in ihr Versteck.
Unmittelbar vor mir seilt sich eine herrliche schwarz-gelbe Dreiecksspinne ab, unbeirrbar ihren Spulfaden produzierend.
Links neben mir, auf einem leicht gerollten Blatt, tauchen auf einmal

zwei stecknadelgroße Fühler auf – mehr nicht. Ich halte den Atem an, dicht vor meiner Nasenspitze tanzen zwei rote Libellen im Schwebeflug, bleiben für Momente in der Luft stehen und schießen im nächsten Augenblick wie Pfeile davon.
Halb rechts, auf einem geknickten Schilfrohrhalm, beobachte ich das geordnete Treiben einer Ameisenstraße. Dann ein Geräusch.
War da was? Mit einem raschen Blick mustere ich die Umgebung. Nichts.
Plötzlich ein Knacken hinter mir. Blitzartig drehe ich mich um. Entsetzt blicke ich in zwei kreisende Augen, die ungewöhnlich weit aus dem langen Schädel hervorquellen. Der Kerl muß mindestens zwei Zentner wiegen.
Seitlich aus dem Langschädel blitzen beunruhigend spitz zwei nach oben gebogene Hauer. Ungeduldig wedelt der kurze Borstenschwanz hin und her, als wolle er mich auffordern. «Mach schon, beeil dich!» Das Biest bohrt seine Rüsselnase schnaubend in die Erde und schiebt schmatzend seine rosafarbene Zunge aus dem Maul.
Wieder kreisen seine Augen alarmierend, ich fühle mich gezwungen, meine Sitzung schneller als geplant zu beenden. Sofort trabt der hausgezüchtete Eber heran und macht grunzend «reinen Tisch». Eilig suche ich den Weg ins Dorf zurück.

Was ist denn jetzt schon wieder los? Ich steige über den Knüppelzaun. Anja ist von einer Gruppe Frauen umringt, die ihr alle gleichzeitig die Hände schütteln wollen.
Ist das nicht meine Mutter? – Natürlich, Gunime kniet vor ihren Füßen und hält sie fest. Dahinter steht Jäne und klopft freudestrahlend auf Anjas Rücken. Ringsum Gelächter und Palaver.
«Raimond, Raimond!» kreischen sie. Sie haben mich entdeckt. Im Nu steht Anja verlassen auf dem Platz, streift sich ihre Kleidung zurecht und grinst mir verschmitzt zu.
«Raimond, du bist wieder hier – wir freuen uns! Raimond, du bist zurückgekommen.» Meine Mutter wirft sich um meinen Hals, lacht Freudentränen, küßt mich, wirft sich auf den Boden, küßt meine verstaubten Schuhe. «Raimond, mein Junge», stammelt sie und lächelt zu mir auf.

Langsam steht sie auf, berührt meine Genitalien, läßt mich nicht aus den Augen. Im nächsten Moment ergreift sie ihre Brust, hält sie an meinen Mund, drückt die Brustwarze gegen meine zusammengepreßten Lippen.
«Mein Junge, du bist mein Junge», schluchzt sie.
Wir halten uns fest in den Armen, sehen uns an.
Warum sollte diese Frau nicht meine Mutter sein?
Dann, plötzlich die fremde Stimme in mir: «Sie ist deine Mutter, sie will deine Mutter sein. Sie hat dich angenommen!»
«Sie hat dich angenommen, sie hat dich angenommen», dröhnt es in mir.
Erstaunt, jedoch völlig ruhig und unerschrocken, registriere ich das Stimmphänomen. Ich atme den Räucherduft aus den Haaren der Mutter und drücke sie noch fester an mich. Jemand zerrt an meiner Schulter, versucht mich wegzuziehen. Es ist mein Vater.
«Raimond», singt er heulend, umarmt mich und drückt mich fast bis zur Bewußtlosigkeit. Unglaublich rührend ist das Wiedersehen mit meinen Eltern, ungewöhnlich herzlich die Aufnahme in der Sippe.
Abends im Männerhaus:
«Raimond, wir haben dir noch etwas Wichtiges mitzuteilen», eröffnet Big Papa nach der Mahlzeit das Gespräch.
«Ewé, ewé, ja, ja», die Männer sehen mich gespannt an.
«Hör zu! Ich, Big Papa, und We Namba haben zusammen mit den Männern unserer Sippe beschlossen, ein großes singsing vorzubereiten. Es wird für uns alle ein bedeutendes Fest werden.»
Er legt die Stirn in Falten: «Nur zu dumm, daß ein Teil unserer Jungen nicht mehr mitmachen will.» Verärgert spuckt er eine Ladung Betelsaft ins Feuer.
«Raimond», Big Papa sieht mich scharf an, «du wirst alles mitmachen, damit du wieder Bescheid weißt.»
«Was mitmachen?» frage ich neugierig.
«Das wirst du noch erfahren, wenn es an der Zeit ist», erklärt er.
Big Papas Aussage läßt mich völlig unbefriedigt. Was wird es für ein Fest sein? -zig Fragen liegen mir auf der Zunge, doch Big Papas Miene zeigt mir deutlich, daß er nicht zu weiteren Erklärungen bereit ist. Auch Guri und die anderen Männer schweigen.

Seit Tagen lebe ich wieder von Anja «getrennt». Sie wohnt mit Gunime und Jäne, den beiden Frauen meines Vaters, im Frauenhaus. Beim Zusammensein mit ihnen erfährt sie Dinge, die der Männerwelt im allgemeinen verborgen bleiben. Hinzu kommt das glückliche Mutter-Tochter-Verhältnis, das es ihr ermöglicht, mehr von der Psyche der Bergpapuafrau zu erfahren.

Langsam schiebt sich der Mond hinter den bewaldeten Bergrücken hervor. Vollmond – der dritte seit unserer Ankunft.

Schlürfende Schritte vor dem Männerhaus. Dann die gewohnte Stimme: «Kindirum, Raimond, das Essen.» Gunime, meine Mutter, stellt die dampfende Waschschüssel vor den Eingang des Männerhauses. Jeden Tag, etwa eine Stunde nach Sonnenuntergang, immer dasselbe: Süßkartoffeln, Taro, Kochbananen und «giwi», ein spinatähnliches Blattgemüse.

Schmatzend sitzen wir um die Feuerstellen. Mit dem Essen beginnt das allabendliche Palaver. Problem Nummer eins: der Ärger mit der Jugend. Viele Väter klagen über ihre Söhne. Sie treiben sich Tag und Nacht auf der Hochlandstraße herum, spielen Karten, trinken Bier, streiten, raufen und vergessen die Arbeit.

Ich kann die Alten verstehen, es ist eine Tatsache, daß der Kulturwandel in der gegenwärtigen Phase der Bevölkerung im gesamten Siane-Gebiet mehr Elend als Fortschritt bringt. Die Älteren durchschauen das zwar nicht, spüren aber deutlich Unbehagen, und ich habe den Eindruck, daß nicht zuletzt deshalb die Kluft zwischen jung und alt unüberbrückbar ist. Die Entwicklung eines neuen, eigenständigen Bewußtseins wird sich, wenn überhaupt, erst nach Generationen durch die Bildung neuer Normen und Sozialstrukturen manifestieren. Ausnahmen sind die wenigen Alten, die noch lebendige Zeugen einer ursprünglichen Kultur sind. Doch höchstens solange sie leben!

Während ich noch über die «Segnungen» der Zivilisation nachdenke, merke ich, wie mein Vater mit der Bambuskochzange in der Holzkohlenglut herumstochert.

«Suchst du etwas?» frage ich.

«Ja, es muß hier irgendwo sein. – Da ist es!» Listig sieht er mich an, dreht sich um und spuckt im hohen Bogen den Betelsaft ins Feuer.

Bedächtig öffnet er das verschmorte Blattbündel und schiebt es vor meine Füße.
Köstlich. Im eigenen Saft gegart: Zikaden, Käfer und Larven. Bisher habe ich jeden Inhalt dieser kleinen Blattpakete überlebt, warum auch nicht diesen.
Ich greife zu einer dicken Larve und reiche das offene Paket dankend weiter. Gierig schnappen die Männer nach den Leckerbissen. Mit einemmal ist es ruhig geworden um die Feuerstelle. Nur das genüßliche Schmatzen, Schlürfen und Knacken der harten Käfer- und Zikadenschalen ist zu hören.

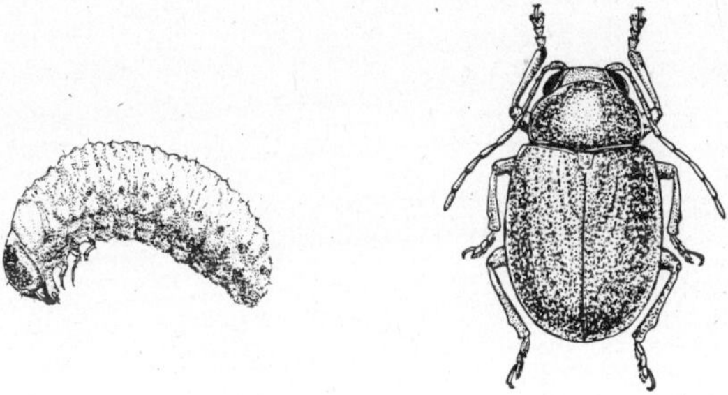

Links: Larve
rechts: Blattkäfer (Rhyparida coriacea/Familie Chrysomelidae)

Es würgt mich. Plötzlich kommt es mir hoch. Ein Teil der soeben verspeisten «Delikatesse» liegt wieder in meinem Mund, angereichert mit bitteren Magensäften. Widerwillig und mit zusammengebissenen Zähnen schlucke ich den säuerlich schmeckenden Fettlarvenbrei noch einmal. Hastig reiße ich Nokowe die Süßkartoffel aus der Hand, beiße ein Stückchen ab, drücke ihm den Rest wieder in die Hand. Die Knollenfrucht wirkt neutralisierend auf meinen verstimmten Magen.
«Hier, Raimond», mein Vater reicht mir noch eine Zikade. Er hat offenbar meinen überstürzten Kartoffelbiß als Zeichen großen Hungers gewertet. Ich muß meinen Abscheu bezwingen, denn ich will ja

leben wie «meine» Sippe, und dazu gehört, daß ich mein Vorurteil gegen geröstete Zikaden überwinde.
Ich fühle förmlich mein verzerrtes Lächeln, als ich Kindirum dankbar zunicke. Langsam entferne ich die angewinkelten Zikadenbeine und werfe sie ins Feuer.
«Was machst du da? Du kannst alles essen!» sagt Kindirum und schüttelt verständnislos den Kopf.
«Das kratzt mich aber zu sehr im Hals», antworte ich.
Nokowe lacht.
«Hast du noch ein Stück Süßkartoffel?» frage ich ihn.
Ich muß mir selbst gut zureden – endlich ist es geschafft!
Nokowe und mein Vater grinsen mich breit an. Wahrscheinlich konnte mein maskenhaftes Lachen doch nicht alles verbergen.
«Es hat wirklich gut geschmeckt», beteure ich und versuche hastig, einen Teil des Zikadengehäuses, das irgendwo zwischen meinen Zähnen klemmt, mit der Zunge zu befreien. Ich überlege, wie das Ding nun eigentlich geschmeckt hat, und fühle mich vage an Leberwurst erinnert.
Rülpsend erheben sich Nokowe und mein Vater.
«Raimond, du kommst mit», fordert Kindirum mich auf.
«Was! Wohin?»
«Wir gehen auf yakefa-Jagd.» Kindirum deutet auf Nokowe und mich.
«Ihr wollt Baumkänguruhs jagen? – Da bin ich dabei!» Ich brenne vor Neugier. Auf das Erlebnis einer Nachtjagd hatte ich schon immer gehofft.
«Warte, warte, wir müssen uns erst fertigmachen», sagt Nokowe und kratzt sich zwischen den Beinen.
Mit dem Knie drückt Kindirum den Bogenstab durch und hängt die Bambussehne ein. Kritisch beäugt er die Schlaufenverknotung an beiden Enden. Schließlich spannt er mit Zeige- und Mittelfinger die Sehne und läßt sie sirrend zurückschnellen.
«Gutpela», murmelt er zufrieden.
Hinter seiner Schlafstelle an der Flechtwand hängt in einer Lianenschlaufe das Pfeilbündel. Sorgfältig wählt er ein gutes Dutzend aus, prüft eingehend die Pfeilschafthalterungen auf festen Sitz und steckt

Pfeil und Bogen im Detail

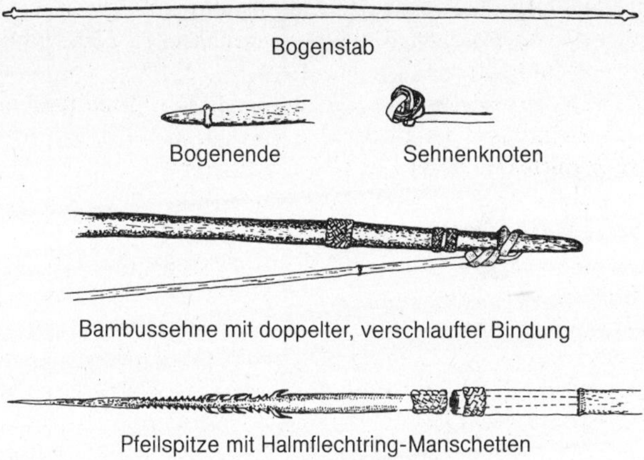

zwei Pfeile wieder zurück. Durch den alten abgeschabten Rindengürtel schiebt er seine Stahlaxt, «Made in Germany».
Die übrigen Männer sitzen um die Feuerstellen herum. Big Papa gibt die neuen Kaffee-Ankaufspreise bekannt, die pro Kilo bei den verschiedenen Händlern bis zu 70 Toea differieren.
«Leute, gebt euren Kaffee nicht der Asaro-Company. Der Australier bezahlt zu wenig! Wartet also, bis die Autos der Goroka-Company kommen...»
Gedämpfte Stimmen dringen an mein Ohr. Eine ernste Unterhaltung ist im Gange. Ein neuer Fall von Sangguma scheint bekanntgeworden zu sein. Orombawe will erfahren haben, daß drüben im Nachbardorf Wamba eine Frau unter schwerem Verdacht steht. Sie soll angeblich ein Kind krank gemacht haben. Man vermutet, daß diese Frau eine Sangguma ist. Guri berät sich mit den Männern, wie man die Hexe überführen könnte, denn sie leugnet ihre Tat hartnäckig. Er versichert den Alten, daß er die Sache persönlich in die Hand nehmen wird, und meint zu Orombawe:

«Morgen werden wir beide nach Wamba gehen und nach dem Rechten sehen.»

«Raimond, komm, wir sind fertig!» ruft Kindirum.

Wir verlassen das Männerhaus. Der Dorfplatz liegt im fahlen Mondlicht. Fast senkrecht über uns steht das Kreuz des Südens. Fasziniert betrachte ich den gewaltigen Sternenhimmel, der mich augenblicklich in eine meditative Stimmung versetzt. Meine Gedanken werden still, hören auf, sich zu beschäftigen.

Ich erlebe einen der seltenen Augenblicke, die mich erkennen lassen, daß ich ein Teil des Ganzen bin.

«Komm jetzt!» dringt von weit her die Stimme meines Vaters in mich, obschon er noch neben mir steht.

Wir gehen weiter. Dane, der Hund meiner Eltern, begleitet uns. Empfindlich kühl steigt die frische Nachtluft aus dem Tal hoch.

Auf einem mir unbekannten Pfad erreichen wir nach kurzer Zeit den Fluß. Vorsichtig überqueren wir einen glitschigen Baumstamm und tauchen sogleich am jenseitigen Ufer in eine pechschwarze Finsternis – Urwald.

«Kindirum, warte!» rufe ich.

«Gib mir deine Hand.»

Nokowe geht vor uns, lautlos, unsichtbar. An dieser Stelle führt der Pfad steil bergauf. Kein Schimmer des hellen Mondlichtes dringt durch die dichten Laubbäume. Es ist ein unangenehmes, beschwerliches Gehen.

Ich spüre die warme Hand meines Vaters. Sie ist rauh, aufgerissen, abgearbeitet. Obwohl nur eine Armspanne von ihm entfernt, kann ich Kindirums Umrisse nicht erkennen. Nur langsam, tastend, Schritt für Schritt komme ich weiter. Ich merke, daß ich Kindirum an seinem gewohnten Lauf hindere. Unglaublich, mit welcher Sicherheit sich die Alten bewegen. Ohne mich wären die beiden längst über alle Berge.

Auf einmal gleitet meine feuchtgewordene Hand aus Kindirums Umklammerung. Ich rutsche sofort den schroffen Abhang hinunter, greife nach einer Luftwurzel – sie reißt – ich rutsche weiter. Dann ein dumpfer Aufprall, ich stehe. Ein stark vermooster Baumstamm war mein Retter.

«Raimond», höre ich Kindirums Stimme von oben, «Raimond, bist du in Ordnung?»
«Ja, warte auf mich, ich komme.»
Auf allen vieren mache ich mich auf den Rückweg. Ich verheddere mich in rankigen Dornengewächsen, Zweige schlagen mir ins Gesicht. Endlich, vorn zeichnet sich die Waldgrenze ab. Es wird heller.
«Hier sind wir!»
Erschrocken fahre ich zusammen. Aus dem Schatten eines mächtigen Baumes vor mir lösen sich zwei Silhouetten, Kindirum und Nokowe.
«Du bewegst dich wie ein yakefa in der Mittagssonne», sagt mein Vater entgeistert: «Genauso langsam, plump und blind.»
Nokowe und Kindirum lachen. Schweigend ziehen wir weiter bergan und erreichen bald einen unbewaldeten Bergsattel. Im Nordosten glänzt hell das Band der Hochlandstraße. Kindirum deutet auf den jenseitigen Berg:
«Dort jagen wir die yakefas», sagt er.
«Und dort wohnen die Ahnengeister unserer Sippe», erklärt Nokowe und zeigt auf eine fast senkrecht ansteigende Felswand. «Und da drüben», er zeigt auf eine bewaldete Bergkuppe, «wohnt Berggeist Nokondi. Er sieht aus wie ein Vogel, hat aber ein Menschengesicht und geht auf einem Bein.»
«Hast du ihn schon einmal gesehen?» frage ich voller Ernst.
Nokowe zögert, tritt verlegen von einem Fuß auf den anderen. Schließlich:
«Fast! Ich habe ihn fast gesehen, nicht ganz, aber andere Männer haben ihn schon gesehen. Waiangi, ein Mann aus dem Yamowe-Stamm, hat sogar mit ihm gesprochen.»
Ich schaue zu Kindirum, erschrecke. Sein Kopf steht im Profil. Das erblindete Auge leuchtet im Mondlicht gespenstisch auf. Kein Muskel zuckt in seinem Gesicht. Er nickt mir wortlos zu.
Wir gehen weiter. Vor uns unbewohnte, menschenleere Bergwildnis: die Jagdgründe unserer Sippe.
Irgendwo im Busch bellt Dane. Lautlos schleichen die Alten davon und verschwinden im Regenwald. Ich habe Mühe, sie nicht aus den Augen zu verlieren. Wieder bellt der Hund, diesmal etwas näher. Vorsichtig pirsche ich weiter. Meine Hände greifen etwas Feuchtes,

unangenehm glitschige Schmarotzerpflanzen. Schon wieder falle ich über eine Brettwurzel. Mein Schienbein schmerzt, doch es scheint alles in Ordnung zu sein.
Plötzlich ein Rauschen über mir. Instinktiv ziehe ich meinen Kopf ein, halte schützend die Arme darüber. Ein Luftzug. Deutlich vernehme ich den kräftigen Flügelschlag eines großen Nachtvogels. Dann wieder die unheimliche Stille des Urwalds, von Zeit zu Zeit durch seltsame Laute unterbrochen. Ein Ast bricht.
Der Ruf einer Eule dringt vom Tal herauf. Ganz in meiner Nähe, aus dem Wipfel eines Urwaldriesen, kommt Antwort.
Behutsam schreite ich weiter. Vor mir blitzen Leuchtkäfer. Dann glucksende Geräusche, die langsam gurgelnder, sprudelnder werden: eine Quelle hinter einem mächtigen Baumfarn. Ich spüre einen leichten Windhauch. Eine Hand hält mich fest.
«Raimond, komm! Wir haben ein yakefa entdeckt.» Es ist Nokowe.
Wir gehen hintereinander, Hand in Hand. Nach einer Weile wird es heller. Eine Lichtung. Gleißendes Mondlicht überflutet uns. Im Schatten eines Baumes steht Kindirum. Mit einem Pfeil deutet er auf einen Baum jenseits der Lichtung. Ich kann nichts erkennen, so sehr ich mich auch anstrenge, nichts. Doch – jetzt, ein Ast bewegt sich leicht. Hoch oben sitzt das Tier und frißt Blätter oder Früchte.
Mein Vater kommt lautlos auf mich zu. Er drückt mir schweigend seinen Jagdbogen in die Hand, dazu einen Pfeil, und gibt mir mit einer Handbewegung zu verstehen, daß ich das Baumkänguruh schießen soll. Mit einer mechanischen Bewegung lege ich den Pfeil auf die Sehne, visiere.
Aber warum soll ich das Tier töten? Ich kann es nicht. Ich brauche es nicht. Es ist für mich nicht lebensnotwendig.
«Schieß endlich!» flüstert Kindirum.
Langsam spanne ich den Bogen – gut einen Meter schwirrt der Pfeil vorbei. Ein zweiter wird sofort nachgeschossen: Nokowes Pfeil.
Wie eine reife Frucht fällt das yakefa durch die raschelnden Blätter auf den Boden. Das Tier muß sofort tödlich getroffen worden sein, es hat keinen Laut von sich gegeben.
Dane, der halbverhungerte Papuahund, markiert bellend die Absturzstelle. Kindirum nimmt mir den Bogen aus der Hand. Auf sei-

nem Gesicht liegt ein starres, gleichgültiges Lächeln. Aus seiner Netztasche kramt er seine Rauchutensilien hervor und dreht eine Buschzigarette.
«Raimond, hol das yakefa», sagt er plötzlich, ohne aufzusehen. Vorsichtig überquere ich die unwegsame Lichtung. Wie soll ich hier nur durchkommen? Wild verfilztes Dornengestrüpp verhindert, daß ich weiter vordringe. Ich muß die Lichtung umgehen, vielleicht finde ich seitlich irgendwo eine Öffnung.
«Dane!» rufe ich. Doch der Hund bellt nicht mehr. «Dane, wo steckst du?» Nichts. Nur das amüsierte Gelächter der beiden Alten ist unüberhörbar.
«Ich komme hier nirgendwo durch», rufe ich halb verärgert, halb verzweifelt.
Wieder nur Gekicher als Antwort... Wenn ich wenigstens ein Buschmesser hätte, so könnte ich mir den Weg freischlagen. Ich versuche, in das Dickicht einzudringen.
Nach zwei Schritten bleibe ich hängen, reiße mir Gesicht und Hände blutig. Verdammter Mist. Klebrige Spinnfäden hängen mir störend im Gesicht.
«Ich komme hier nicht weiter», schreie ich und zwänge mich rückwärts wieder aus dem Gestrüpp. Unerwartet klopft mir Nokowe auf die Schulter, lacht mich breit an und huscht an mir vorbei. Geschickt, fast lautlos windet sich der Alte durch das Buschwerk. Bald darauf kehrt er mit dem yakefa und Dane zurück.
«Siehst du, überall sind Wege – man muß sie nur sehen!» sagt er und sieht mich mitleidig an.
Ich lache verlegen, zucke die Achseln. Wieder ist der «zivilisierte» Europäer an eine Grenze gestoßen, die ihn von diesem Naturvolk trennt.
Nach einer Pause ziehen wir weiter. Nokowe trägt das Pelztier über Nacken und Schulter. Mein Vater schleicht mit Dane voraus. Etwa nach einer Stunde erreichen wir einen Unterschlupf, einen rechteckigen Windfang aus dünnen Zweigen, bedeckt mit Pandanusblättern.
«Hier unten, siehst du», Nokowe deutet auf einen bewaldeten Talkessel, «haben wir früher Kasuare gejagt.»
«Und heute?»

Helmkasuar «Casuarius casuarius»

Die Alten schütteln den Kopf.
«Ich habe schon Monde lang keinen mehr gesehen», sagt Kindirum.
«Einige wohnen noch unten im Busch», ergänzt Nokowe. «Ich habe vor zwei Monden, oder ist es gar drei Monde her, die Spuren einer ganzen Kasuarfamilie entdeckt.»
«Habt ihr sie alle gejagt?» frage ich.
«Nein, nein», wehrt Kindirum entschieden ab, «die muruks haben sich nur viel, viel tiefer in den Busch zurückgezogen. Sie wohnen bereits im Jagdgebiet der Arango», flüstert er und betont: «Und da haben wir nichts zu suchen.»
«Hm, hm», Nokowe rempelt meinen Vater an, «gehen wir!»
Kindirum steht auf, nimmt Bogen und Pfeile.
«Raimond, bleib hier, wir sind bald wieder zurück.»
Ohne auf Antwort zu warten, verschwinden sie im Urwald. Um mich wieder die unheimliche Stille. Plötzlich glaube ich zu erkennen, daß die Angst in mir ein Teil meiner Überlebensstrategie ist. Meine Sinne sind hellwach. Alles Äußerliche nehmen sie mit größter Empfänglichkeit auf.
Wieder höre ich die Sinfonie der Stille: Sie ist voller Leben, ohne An-

fang und Ende; es ist die Sinfonie von Tod und Wiedergeburt der Natur. Meine Gedanken hören für einen Moment auf zu kreisen – sekundenlang glaube ich, die unermeßliche Tiefe des Seins zu spüren.
Die Luft wird schwer und feucht. Dünne Nebelschwaden steigen hoch, bleiben stehen und verdichten sich. Es dauert nicht lange, und das Tal liegt unter einer dicken milchigen Nebeldecke.
Auf den Gräsern und Blättern bilden sich Tautropfen, die Erde beginnt zu atmen. Allmählich verblassen Mond und Sterne. Im Osten zeichnen sich immer klarer die Konturen der Bismarck-Berge ab. Ein neuer Morgen kündigt sich an.
Kurz nach Sonnenaufgang erreichen wir wieder das Dorf. Mit der Jagdbeute waren wir zufrieden: ein Baumkänguruh und drei Beutelratten.

Seit Tagen ist unser neues Wohnhaus fertig – eine gewöhnliche Rundhütte. Tag und Nacht glimmt darin ein starkes Holzkohlenfeuer, um die Feuchtigkeit aus den Hölzern zu ziehen. Mein Vater hat sie zusammen mit einigen Männern gebaut. Erst heute haben wir die Hütte bezogen, doch wir wollen sie nicht bewohnen. Sie dient uns nur als Arbeits- und Abstellraum, denn wir möchten wie bisher das Leben und den Rhythmus der Einheimischen teilen. Nur wenn wir uns den Lebensgewohnheiten der Menschen hier so weit wie möglich anpassen, können wir ihre Bräuche, ihr Denken erfassen und nachvollziehen.
Wieder einmal ist es an der Zeit, sämtliche Feldnotizen grob zu ordnen und durchzulesen, um gegebenenfalls sofort an Ort und Stelle die notwendigen Ergänzungen hinzuzufügen, denn zu Hause ist es zu spät! Unsere kleine Insektenkollektion für die «Zoologische Staatssammlung München», die einen Teil der papuanischen Umwelt dokumentiert, haben wir – soweit möglich – vervollständigt. Die Kinder von Riyofiyaro waren dabei unsere eifrigsten Helfer. Das feldmäßige Präparieren der Insekten sowie das Etikettieren und Eintüten hat nicht weniger Zeit gekostet als das Aufzeichnen der ethnographischen Gegenstände.
Wir haben sieben Krankenbehandlungen registriert, vier davon mit Geisterbeschwörungen.

Je öfter ich die Beschreibungen durchlese, desto unzufriedener werde ich. Warum eigentlich! Nach einer Weile komme ich drauf: den Aufzeichnungen fehlt die Lebendigkeit, sie sind zu trocken. Vielleicht müßte ich selbst einmal in die Rolle des Patienten schlüpfen.
Gedacht – getan. Ich springe auf: «Anja, ich habe eine Idee!»
«So, was denn für eine?»
«Ich habe Bauchweh! Ich werde mal sehen, was Guri machen kann.»
Eilig verlasse ich unsere Hütte und renne zum Männerhaus. Nur der alte Yagi sitzt am Feuer und starrt dumpf brütend in die Glut. Freundlich blickt er auf:
«Raimond...» Er murmelt noch einige Worte im Komongu-Dialekt. Yagi ist der einzige Mann im Dorf, der kaum eine Silbe Pidgin-Englisch spricht und versteht.
«Wo ist We Namba?» frage ich.
«We Namba», krächzt er zurück, reibt nachdenklich sein Ohr. «We Namba, We Namba», sagt er mit zittriger Stimme und deutet zu den Familienhütten. Gleichzeitig erfaßt mich seine knochige Hand, hält mich fest.
Was will er? Tastend greift seine Hand nach meiner Hemdtasche. Er fingert zwei Zigaretten heraus.
Ich mache mich auf zu Guris Familienhütte.
«Da bist du ja», keuche ich.
Guri läßt sich von seiner Arbeit nicht ablenken. Eifrig, fast verbissen wühlt er im ergrauten Kraushaar seiner Frau.
Er stöhnt, zermalmt eine Kopflaus zwischen beiden Daumennägeln und offeriert die Beute mit befriedigtem Lächeln seiner Frau.
«Was willst du, ich habe zu tun», sagt er abweisend. Ohne aufzuschauen setzt er seine Suche am Hinterkopf fort.
«Ich muß mit dir sprechen, aber es hat Zeit», antworte ich.
«Hm, hm», summt er. Guri scheint wieder etwas entdeckt zu haben. Da – ein Kakerlak erreicht den Haaransatz von Guris Frau, rennt um sein Leben, rast auf die knochige Schulterpartie zu. Ein Zucken, ein erschreckter Aufschrei, ein Schmatzen von Guris Zunge – dann herrscht wieder Stille.
Gefährlich blitzen die Augen von Guris besserer Hälfte. Ihre Gesichtszüge drohen vor Boshaftigkeit zu bersten. Guri ahnt wohl, daß

sich ein Unwetter zusammenbraut. Intuitiv packt er seine Netztasche und kommt mir entgegen:

«Also, du hast mir etwas zu sagen. Komm, wir gehen ins Männerhaus.»

Der Türlattenverschlag knallt hinter uns zu, springt wieder auf – zu – auf. Das wiederholt sich sechsmal.

Auch eine Art, seine Aggressionen loszuwerden! Ich schmunzle Guri an, der betroffen vor sich auf den Boden stiert.

«Also, was hast du mir zu sagen?» fragt er.

Ich ziehe mein Hemd hoch:

«Hier, siehst du», sage ich und deute auf einen eingekapselten Talgknoten an meinem untersten linken Rippenbogen. «Ich habe Schmerzen. Kannst du mir helfen?»

Mißtrauisch sieht er mich an, runzelt seine Stirn, streicht prüfend über die Stelle. Noch einmal schaut er mich lange an; ich habe Mühe, seinem Blick standzuhalten. Hegt er bereits Zweifel? Weiß er gar, daß ich nur aus Neugier Schmerzen habe?

Er schüttelt den Kopf, schließlich: «Katim – schneiden! Komm, wir gehen hinunter zum Fluß.» Entschlossen wirft er die Netztasche über seinen Rücken.

«Guri», frage ich vorsichtig, «darf meine Frau dabei sein?»

Er preßt seine Lippen zusammen, nickt kaum merklich.

«Warte, ich hole sie schnell», überrumple ich ihn und renne zur Hütte. Hell begeistert war er nicht gerade von meinem Vorschlag.

«Anja, sei bitte so lieb, nimm deinen Fotoapparat und komm mit!»

«Wieso, gibt's was Besonderes?» fragt sie.

«Ja, aber bleib ganz ruhig und verwackle nichts.»

«Was soll das heißen?»

«Guri wird mich operieren! – Jetzt, mach schon, hol deine Kamera!»

«Was sagst du da – operieren? Du bist wohl von allen guten Geistern verlassen!»

«Das hoffe ich eben nicht. Jetzt komm, beeil dich, Guri wartet. Vielleicht hat er es sich schon wieder anders überlegt.»

«Na, hoffentlich! Du bist ja unmöglich.» Anja ist aufgebracht. Ihre Handgriffe wirken konfus.

«Blitzlicht brauche ich nicht – oder doch?»

«Nein, das kannst du hier lassen.»

Anja schaut auf:

«Weißt du, nichts gegen Guri, aber von einem Steinzeitdoktor würde ich mich nie anfassen lassen.»

«Wieso nicht?» frage ich. «Das klingt ja diskriminierend! Ich habe Vertrauen zu ihm. – Natürlich mit einigen Vorbehalten.»

«Und die wären?»

«Nun, eine Aderlaßbehandlung würde ich nicht mitmachen, man weiß nie...»

«Was?»

«Ich hätte Angst um meine Vene. Er könnte sie gefährlich verletzen.»

Anja zieht die Brauen hoch:

«Na gut, zum Glück gibt es noch das Hospital in Goroka.» Resignation schwingt in ihrer Stimme mit.

«Ich kann deine Bedenken verstehen, Anja, doch glaub mir, deine Befürchtungen sind unbegründet. Schließlich beobachte ich alles und kann die Behandlung jederzeit unterbrechen.»

«Und wenn du eine Blutvergiftung bekommst?»

«Ach, an so was denke ich gar nicht erst.»

«Du kennst doch seine verrostete Rasierklinge, die ist nicht gerade steril.»

Nasenseptumbohrung bei einer Knabeninitiationsfeier in der Nähe von Riyofiyaro. Die Septumbohrung war eine weitverbreitete Sitte in ganz Neuguinea. Dem Novizen wird zunächst die Pfeilspitze gezeigt. Nach Komongu-Sitte nimmt der Onkel mütterlicherseits das Durchbohren der Nasenscheidewand vor. Ein Zuckerrohrstück wird durch die linke Nasenöffnung an die Scheidewand gepreßt und gleichzeitig die Pfeilspitze mit einer Drehbewegung durch das Septum gebohrt. Anschließend wird durch die Öffnung ein Holzröhrchen gesteckt, das von Zeit zu Zeit durch immer dickere Röhrchen ausgewechselt wird. Etwa nach einem Jahr hat sich das Loch durch diesen Erweiterungsprozeß so weit vergrößert, daß das Tragen eines Eberhauers möglich ist.

«Ja, ich weiß! – Und scharf ist sie auch nicht mehr! Doch komm jetzt.»
«Anja, halte dich etwas im Hintergrund – nicht, daß sich Guri bei seiner Arbeit gestört fühlt.»
Sie nickt.
Wir gehen hinunter zum Fluß, schweigend. Guri sucht nach einer passenden Stelle.
«Hier, Raimond», flüstert er und deutet auf einen Steinblock. Gleichzeitig erforscht er mit einem raschen Blick die Umgebung. Beide Hände tauchen in seine Netztasche. Er wühlt herum. Seine Bewegungen machen mich unruhig. Was kramt er so lange?
Plötzlich hält er das rote Stoffpaket in der Hand. Erleichtert atme ich auf. Der Inhalt dieses Bündels ist mir hinreichend bekannt.
Schnell streife ich mir das Hemd vom Körper. Guri wendet sich zu mir:
«Hast du starke Schmerzen?» fragt er.
Seine Stimme klingt merkwürdig. Ein Schauer läuft mir über den Rücken.
«Nein, nein», sage ich, mit einemmal unsicher, «nur liklik, ein wenig», und zeige ihm wieder die auserwählte Stelle.
Guri tastet den Rippenbogen ab, drückt empfindlich auf den Talgknoten, reibt hin und her.
«Sia-ro-neta – du hast eine fremde Sache im Leib», flüstert er mir ins Ohr und sieht mich grübelnd an. Hoffentlich kommt er jetzt nicht auf besondere Behandlungsmethoden. Ich beobachte sein Mienenspiel. Seine Mundwinkel beginnen zu zucken:
«Sia-ro-neta», murmelt er, sein Blick wird hart, durchdringend:
«Wer könnte dich krank gemacht haben?»
Ich zucke mit den Schultern.
«Du warst doch mit Okani bei den Raiya? – Du bist auch bei den Keto-Leuten gewesen. Hast du dort Feinde?» forscht er.
«Nein, Guri, ich habe nur Freunde.»
«Du hast aber eine fremde Sache im Körper», betont er hartnäckig.
«Das ist keine fremde Sache.»
«Woher willst du das wissen», faucht er gereizt.
«Ich weiß es eben und bin ganz sicher», antworte ich.

«Hm, hm – du bist also sicher.»
Langsam schraubt er die Twist-Tabakdose auf, starrt unablässig auf die «erkrankte» Stelle. Mit einem flachen Stück Fensterglas sucht er meinen Oberkörper ab. Er hält die Glasscherbe etwa zwei Zentimeter vom Körper entfernt. Systematisch fährt seine Hand von links nach rechts, Bahn für Bahn, bis hinunter zur Gürtellinie.
«Guri, was machst du?» frage ich.
Mißmutig schaut er auf:
«Ich suche den Weg der Krankheit.»
Er legt das Glas nun auf meinen Nabel und sieht hindurch. Er stößt ein paar unverständliche Laute aus, ergreift die naka, die spitze Knochennadel, und stochert in meinem Nabel herum. Dabei trifft er einen Nerv, der eine Schmerzreaktion an Hoden und Achsel gleichzeitig auslöst.
Im selben Moment bringt die Nadelspitze Fasern von meinem Hemd zum Vorschein. Geringschätzig mustert Guri die kleine verfilzte Kugel und bläst sie achtlos ins Wasser.
Nun steckt er mir links und rechts je ein rotes monoto-Blatt auf die Hüfte, das vom Hosengummi gehalten wird.
«Guri, warum diese Blätter?» frage ich vorsichtig.
«Weißt du das nicht mehr?» staunt er. «Wie oft habe ich dir das schon gesagt, hm? – Die Blätter verhindern das Eindringen fremder Gedanken, die überall um uns sind.»
Wieder greift er in seine Netztasche.
Jetzt kommt er tatsächlich mit den kofe-Blättern daher, und schon geht es los. Guri massiert meinen Oberkörper kräftig mit den herrlich belebenden Brennesselblättern.
Eine Wohltat! Rasch bilden sich unzählige kleine Wasserbläschen auf meiner Haut, brennen wie Feuer. Gleichgültig, ohne mit der Wimper zu zucken, sieht Guri mich an.
«Das tut sehr gut.» Naserümpfend, mit einem abfälligen «hm», quittiert er meine Bemerkung.
Mittlerweile hat sich meine Haut krebsrot verfärbt und reagiert empfindlich auf die intensive Sonneneinstrahlung. Guri arbeitet ohne Hast, während ich das Gefühl habe, auf dem Scheiterhaufen zu stehen.

Er spült einen kleinen Flaschenkürbis aus, füllt Flußwasser hinein, schwenkt ihn einige Male, kratzt sich das Hinterteil und füllt die Kalebasse noch einmal.
«Bei den anderen bist du nicht so langsam», töne ich ungeduldig, als er beginnt, Steine in den Fluß zu werfen.
Bedächtig dreht er sich zu mir, fixiert mich scharf, seine Lippen beben:
«Raimond», er stockt, sein Blick scheint mich zu durchbohren, «ich überlege noch immer, wer dich krank gemacht haben könnte.»
Er verzieht sein Gesicht: «Oder – war es nicht nur ein Gedanke von dir, hm?! Bist du überhaupt krank?»
«Natürlich, Guri», beteure ich und deute aufgeregt auf meine Rippe.
«Gut, gut», lispelt der Alte, streicht mir beschwichtigend über den Kopf, «ich weiß, daß du Schmerzen hast.»
Aus meinem Hemd holt er sich eine Zigarette, zündet sie an und bläst den Rauch in die Kalebasse. Anschließend nimmt er einen Schluck und besprüht die «kranke» Stelle. Dreimal wiederholt er diesen Akt, das vierte Mal spritzt er mir eine Mundladung voll ins Gesicht.
«Guri, warum spritzt du mit dem Wasser?»
«Hör doch endlich mit deinen Fragen auf», antwortet er streitlustig und wendet sich zur Twist-Tabakdose.
Langsam erhebt er sich. Mit zusammengekniffenen Augen sieht er mich an, baut sich vor mich auf. Sein Gesicht mit den vielen Bartstoppeln fängt an zu zucken, legt sich in tiefe Falten.
Dann – der «Mongolenblick»! Ich spüre, wie sich meine Gedanken dadurch irritieren lassen. Es geschieht genau das Gegenteil von dem, was ich will: Ich möchte sachlich an mir selbst beobachten, doch jetzt versucht er wieder, mich in seine Gewalt zu bringen. Und gerade das fasziniert mich an diesem Menschen so und stößt mich zugleich ab. Ich versuche auszuweichen, doch es gelingt nicht. Er hält mich fest. Die Wirkung seiner magischen Kräfte empfinde ich als subtiler und geheimnisvoller denn je. Mein Gemütszustand zeigt, daß Guri einen Teil meines Willens, meiner Kraft ausgeschaltet oder neutralisiert haben muß.
Was ist nur los? Ruhig und gelassen, völlig willenlos und gleichgültig sehe ich Guri an. Mir scheint plötzlich alles egal zu sein.

Jetzt betasten seine Finger den Knoten an der Rippe, schieben ihn hin und her. Dann beugt er seinen Kopf an meine Brust und versperrt mir das Beobachtungsfeld. Ich merke zum erstenmal, daß er eine Delle im Hinterkopf hat. Vielleicht von einem Keulenhieb?
Ich zucke zusammen, spüre ein stumpfes Ritzen an meiner Haut, zwei, drei Sekunden.
Guri schaut auf, legt seine Hände an mein Schlüsselbein. Mit leichtem Druck schiebt er sie sternförmig bis zu der kleinen Ritzwunde. Sie fängt an zu bluten. Seine Handbewegungen werden schneller, fester. Von allen Seiten schiebt er seine Hände bis hin zur Wundstelle.
Guris Erklärungen kommen mir in den Sinn: So wird alles kranke und verunreinigte Blut zusammengeschoben und tritt an jener Ritzwunde aus.
Jetzt erst bemerke ich Anja, die ihr Gesicht hinter dem Fotoapparat versteckt hält. Ein ziehender Schmerz schießt durch meine Brust. Guris Mund haftet an der Wunde, seine Zähne graben sich tief in die Haut. Er saugt die Wunde aus, röchelt dabei durch die Nase, läßt nicht ab. Der Schmerz wird heftiger, sticht und pocht. Guri saugt weiter. Seine Hände krallen sich noch fester in meine Weichteile.
«Hör auf!» schreie ich.
Gurgelnd läßt er endlich von mir ab. Seine Augen sind blutunterlaufen, rot von der Anstrengung. Er atmet schwer. Müde sieht er mich an, formt seine Hände, in denen Blätter liegen, zu einer Schüssel und spuckt vor meinen Augen den mit Blut gemischten Speichel hinein.
«Siehst du, du hattest diese böse Sache im Leib», erklärt er und deutet mit den Augen in seine Hand. «Sia-ro-neta», wiederholt er.
Ein schwarzer, etwa drei Zentimeter langer, nierenförmiger Stein liegt plötzlich auf den Blättern.
«Wo kommt dieser Stein her?» frage ich.
Guri sieht mich versonnen an, scheint von dieser Frage überrascht, überlegt einen Moment:
«Neta, neta», lispelt er, «das ist die Sache, die dich krank gemacht hat. Das habe ich aus deinem Körper geholt.»
Mißtrauisch schüttle ich den Kopf:
«Guri, dieser Stein soll in meinem Körper gewesen sein?»
Er weicht aus, dann sagt er, mich scharf anschauend:

«Raimond, das ist kein Stein.»
«Was soll es sonst sein?»
«Das sind deine schweren Gedanken, die sich im Laufe der Zeit in deinem Körper zu festen Klumpen formten. Fast jeder von uns hat sie.»
«Was sagst du da? Das sind meine schweren Gedanken?» Ich muß lachen.
Guris Gesichtszüge versteinern sich. Drohend blitzen seine Augen:
«Das können auch schwere Gedanken sein von fremden Leuten, verstehst du, Raimond? Alle schweren Gedanken machen krank.»
«Was verstehst du unter schweren Gedanken?»
Guri holt tief Luft, beherrscht sich, unterdrückt einen Wutausbruch, läßt schnaubend Luft durch die Nase entweichen.
Er faltet die Hände, legt meine «Krankheit» in ein größeres Blatt, verschnürt es mit Halmen und wirft es zorngeladen in den Fluß. Aus seiner Netztasche kramt er wieder die schrecklichen Brennesselblätter und reibt meinen Oberkörper ein. «Warum hast du nur immer solche komischen Fragen im Kopf?» fragt Guri dann. Verächtlich sieht er auf mich, sammelt alle Zeremonienblätter ein und schleudert sie ebenfalls ins Wasser.
«Guri, wirst du mir von den schweren Gedanken erzählen?»
Mit geringschätzigem Ausdruck schweifen seine Augen über mich, verändern sich mit einemmal, sehen mich freundlich an:
«Raimond, später werde ich dir vielleicht etwas darüber sagen.» In seiner Stimme liegt soviel Aufrichtigkeit, daß ich es nicht wage, ihn weiter mit Fragen zu belästigen. Ich fühle plötzlich die Gewißheit, daß Guri mir irgendwann noch vieles von seinem mir fremden Bewußtsein mitteilen wird.
Behutsam verschließt er seine Utensiliendose und steckt sie in die Netztasche zurück.
Neugierig betrachte ich meine kleine Schnittwunde, die an sich unbedeutend ist, auch der Talgknoten sitzt noch an derselben Stelle, doch rundherum hat sich ein rotblau schillernder Bluterguß gebildet. Unübersehbar zeichnet sich Guris lückenhaftes Gebiß auf meiner Haut ab und hinterläßt für Tage ein sichtbares Zeugnis seiner Behandlung.

«Raimond, du wirst dich bald gesund fühlen», meint Guri und sieht mich etwas verlegen an.
«Was ist?» frage ich.
«Deine Krankheit war nichts Besonderes. Ich konnte dich ohne Hilfe der Ahnengeister heilen. Doch Arbeit hat es gemacht.» Er kratzt sich unsicher.
Jetzt erst realisiere ich, worauf er hinaus will:
«Was bekommst du?» frage ich.
«Nein, nein, es war nicht viel Arbeit», druckst er herum, guckt zu Anja, dann wieder zu mir: «Ich muß noch Blätter holen im Busch. Wir besprechen das heute nach Sonnenuntergang im Männerhaus.»
Er dreht sich um und schleicht flußaufwärts davon.
«Er hat dich aber ganz schön zugerichtet», meint Anja, schüttelt mißbilligend den Kopf, «selber schuld.»
«Aber wir sind um eine Erfahrung reicher.»
«Auf solche Erfahrungen kann ich verzichten», sagt sie schnippisch.
«Weißt du, Anja, ich habe überdies wirklich eine wichtige Erfahrung hinzugewonnen: Guris Behandlungsweise beruht tatsächlich auf Gedankenkraft, auch wenn er in meinem Fall nicht in einen transzendenten Bereich übergewechselt ist. Ich habe gespürt, wie er die Kraft seiner Gedanken dosierte und genau *den* Teil meiner Gedanken und Empfindungen ausschaltete, der für ihn störend gewesen wäre. Du hast ja selbst gesehen, ich habe alles beobachtet und mitverfolgt, doch trotzdem war ich in einem willenlosen, untergeordneten Zustand.»
«War es Hypnose?»
«Ich weiß nicht, ob man es so nennen kann. Ich selbst war ja keine Sekunde in irgendeinem Trancezustand. Mein Bewußtsein war völlig klar und aufnahmefähig. Wie gesagt, Guris Gedanken übertrugen sich und legten ausschließlich einen Teil meines eigenen Willens lahm. Auf alle Fälle ist mir klar, daß Guris Gedankenkraft ein wesentlicher Bestandteil seiner Behandlungsmethode ist.»
«Dieser Guri ist für mich ein leibhaftiges Phänomen.»
«Ja, das ist er im wahrsten Sinne des Wortes».
«Hast du noch Schmerzen?» fragt Anja besorgt.
«Nein, nein, halb so schlimm. Es brennt ein bißchen, das ist alles.»
Scherzend gehen wir ins Dorf zurück.

«Raimond – Anja!» ruft es. Die Stimme kommt mir bekannt vor. Hellen rennt uns entgegen, fällt mir um den Hals, lacht.
«Brata, brata, wie geht es dir?»
Schon stürmt sie zu Anja, überrollt sie mit einer neuen überschäumenden Woge ihres offenherzigen Temperaments.
«Brata, stell dir vor», sie wischt sich Freudentränen aus dem Gesicht, «ich habe heute meinen freien Tag, morgen muß ich wieder mit dem Nachtdienst anfangen. Übrigens, viele Grüße von Dr. Taureka. Er fährt für vier Wochen nach Australien, Urlaub und Kongreß.» Sie holt tief Luft. «Brata, hör zu: Buka will mit dir Wichtiges besprechen. Er hat mir nicht gesagt, worum es geht, doch es ist eine wichtige Sache.» Wieder holt Hellen tief Luft und setzt ihren Redeschwall fort: «Brata, Buka erwartet dich am Sonntag in seinem Dorf. Du sollst unbedingt kommen.»
Spontan wendet Hellen sich zu Anja:
«Meine Schwester, bekommst du schon ein Baby?» Sie lacht herzlich und tätschelt Anjas Bauch.
Verwirrt von dieser Frage sage ich:
«Nein, nein, das täuscht, Hellen. Weißt du, das ist ein reiner Süßkartoffelbauch.» Anja sieht mich grimmig an.
Hellen reagiert sofort:
«Schäm dich, Raimond, du sollst ein Baby machen, aber keine Süßkartoffeln!»
John ist auch hier. Ich gehe zum Männerhaus. «Hallo, wie läuft das Kaffeegeschäft?»
«Gut, brata, gut», grollt er mit seiner Baßstimme.
«Big Papa ist aber gar nicht mit deiner Asaro-Company zufrieden. Der Australier zahlt viel weniger als die Goroka-Company», erkläre ich.
«Weiß ich, weiß ich», lacht er zurück, «das ist business.»
«John, hast du am Sonntag Zeit?»
«Am Sonntag? Hm, wann ist Sonntag?» fragt er.
«Ja, wann ist überhaupt Sonntag? Siehst du, ich habe die Tage auch bereits vergessen! Hellen kann es uns sagen, dann brauche ich nicht erst im Kalender nachzusehen.»
«Warum fragst du, Raimond?»

«Ich dachte, du könntest mich mit dem Wagen zu Buka fahren. Er will mich unbedingt sprechen.»
«Mach ich, geht in Ordnung.»
«John!» Ich zeige ihm Guris Behandlungsmerkmale.
«Bist du verrückt!» stammelt er, sieht mich entgeistert an. «Hast du dich von We Namba heilen lassen?»
«Natürlich, warum nicht?»
John schüttelt verständnislos den Kopf.
«Wenn ich krank bin, gehe ich ins Hospital oder zum Doctorboy, aber nicht zu We Namba.»
«Und warum nicht?»
Ratlos guckt John mich an. Er kann es offenbar nicht verstehen, daß ich mich von einem Buschdoktor kurieren lasse. Ich, als weißer Raimond! Ängstlich schaut er um sich, dann kommt er dicht an mich heran:
«Der Alte ist zwar ein großer Mann, doch, was We Namba macht, geht nicht mit rechten Dingen zu.»
«Wie meinst du das?»
John wird nervös. Ich merke ihm an, daß er nicht gern über Guri spricht. Hastig zündet er sich eine Zigarette an, stößt gepreßt den Rauch aus:
«Weißt du, Raimond, We Namba ist ein... ein unheimlicher Mensch. Er heilt mit Zauberkräften.»

Weit abseits der Hochlandstraße, tief im Busch, hat die Jagd noch heute für manche Papua-Gruppen ihre lebenswichtige Funktion. Als notwendige Zusatznahrung werden unter anderem Beuteltiere und Vögel mit Pfeil und Bogen bejagt.
Dabei ist die Treffsicherheit der Einheimischen erstaunlich. Aus einer Distanz von ca. 20–30 Metern genügt oft der erste Pfeil, um sogar die kleinste Beute, beispielsweise ein Opossum, zu treffen.

«Woher willst du das wissen? Hat Guri dich schon einmal behandelt?»
«Nein, noch nie», antwortet er mit großen Augen. «Ich habe das nur von Leuten erfahren, die sich von ihm heilen ließen.»
Nachdenklich wiegt John den Kopf:
«Raimond, ich bin lieber bei den weißen Doktoren. Die australische Medizin ist viel besser und –»
Plötzlich taucht Guri auf, geht wortlos an uns vorbei und verschwindet im Männerhaus.
«Wir sollten nicht mehr darüber sprechen», flüstert John, «sonst wird er böse.»
«Raimond», ruft Guri im selben Moment.
Er sitzt am Feuer, schaut auf, kneift die Augen zusammen, mustert mich.
«Wie fühlst du dich, bist du wieder in Ordnung, hm?»
«Ja, alles in Ordnung, Guri.»
«Hm, gut – dann gib mir fünfzig Toea (ca. 1,50 DM)», antwortet er zufrieden, zieht die Lippe hoch. «Oder gib mir einige Zigaretten.»
«Hier, für deine Arbeit bekommst du eine ganze Packung.»
«Gutpela, gutpela», murmelt er, steckt sie sofort in seine Netztasche und kramt seine Betel-Utensilien hervor.
«Willst du, Raimond?» Guri hält mir eine Betelnuß entgegen.
Eigentlich könnte ich mal wieder eine probieren.
Vor fünf Jahren habe ich die letzte in Maprik gekaut. Anschließend gleich Zähne putzen, dann ist alles halb so wild.
«Ja, warum nicht. – Danke.»
Vorsichtig beiße ich die grüngelbe Nußschale auf. Es schmeckt jetzt schon bitter. Ich spucke die Außenschale ins Feuer.
Guri kichert belustigt, reicht mir ein grünes Kaublatt und die Kalebasse mit dem Kalk. Zusammen mit dem Blatt kaue ich den weißen Nußkern.
Es schüttelt mich, so bitter ist diese ungewohnte «Leckerei». Gleichzeitig merke ich, daß gerade dadurch die Speichelproduktion angeregt wird. Ich komme mir vor, wie ein «papuanisches Lama»!
Guri klopft auf die Kalebasse, um zu zeigen, daß es nun Zeit ist, den Muschelkalk beizufügen. Denn erst der Kalk bewirkt die typische

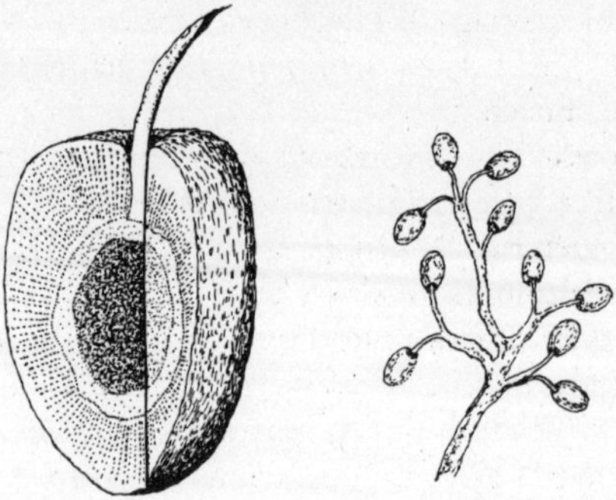

Betelnuß (Nuß der Areca-Palme) mit Fruchtstand

rote Farbumwandlung. Guris Kalkspatel scheint ein altes Familienerbstück zu sein, er besteht aus einem Stück von einem menschlichen Ellenknochen. Normalerweise sind die Spatel aus Holz oder Kasuarknochen. Grinsend beobachtet Guri, wie ich den weißen Kalkpulverspatel schlürfend durch die Lippen ziehe. Emsig kaue ich weiter, produziere immer mehr Speichel, spucke schließlich die erste hellrote Ladung ins Feuer.

Es kitzelt in meinem Rachen. Nur jetzt keinen Hustenanfall. Meine Kiefermuskeln fangen an zu schmerzen. Trotzdem kaue ich weiter, denn ich will mich nicht blamieren.

Ich muß auf Guri wohl sehr komisch wirken, denn er hält sich den Bauch vor Lachen. Ich kaue verbissen weiter.

John, der neben mir Platz genommen hat, springt auf und rennt laut lachend aus dem Männerhaus. Ich höre, wie er draußen, von Lachkrämpfen immer wieder unterbrochen, versucht, Hellen, Anja und anderen Bewohnern des Dorfes mein erbärmliches Betelkauen zu beschreiben.

Was mag daran so lustig sein? Vielleicht, daß ich weiß bin? Guris Lachanfälle nehmen allmählich bedenkliche Formen an. Er windet sich glucksend am Boden, hält für Sekunden inne, platzt erneut aus, verdreht die Augen und meckert wie eine Ziege.

Plötzlich steht John im Eingang:

«Raimond yu kaikai man – ißt du einen Mann?»
Guri unterbricht sein Lachen, schleudert John schimpfend ein glimmendes Holzscheit nach.
Wahrscheinlich sehe ich wirklich aus wie ein Menschenfresser, denn der rote Betelsaft tropft mir bereits aus dem Bart. Ich merke nichts von der stimulierenden Wirkung, reibe meine verkrampften Kiefernmuskeln und kaue mit vollen Backen weiter – ununterbrochen, fast schon seit einer Stunde. Mittlerweile zerkleinere ich bereits die fünfte Betelnuß, das dritte Betelpfefferblatt, doch von der erfrischenden Wirkung, die man diesem Genußmittel nachsagt, kann ich bei allen Anstrengungen und Bemühungen nichts feststellen. Nur Zunge, Gaumen und Kieferpartien sind unempfindlich geworden. Es hat den Anschein, als würden sich meine Mund- und Rachenschleimhäute durch den bitteren Saft allmählich zersetzen. Ich bekomme Kopfschmerzen.
Darauf kann ich verzichten. Ich spucke die rote Brühe im hohen Bogen ins Feuer. «Gutpela – sehr gut, Raimond», heult Guri und schaut mich verzückt an.
Müde lache ich zurück. Das Betelkauen hat mich geschafft. Immer wieder lösen die bitteren Säfte quälenden Hustenreiz aus. Was mag wohl schuld daran sein, daß mein Körper so reagiert?

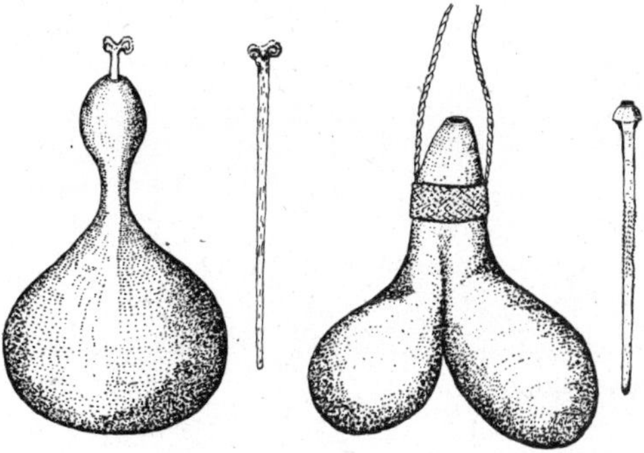

Kalkkalebassen mit Knochen- und Holzspatel

Lange habe ich keineswegs gekaut. Die Einheimischen pflegen bei Festen ganze Nächte durchzukauen. – Sicher eine Gewohnheitssache. Ich stehe auf und gehe zum Zähneputzen.
Mit dampfendem Kühler, gleich einer Lokomotive, tuckern wir den Daulo-Paß hinauf.
«Was nur Buka von mir will?» frage ich Anja, die neben mir im Führerhaus sitzt.
«Vielleicht braucht er einen neuen mudman», sagt sie achselzuckend und lacht.
John lacht auch schallend:
«Vielleicht gibt dir Buka einen Arbeitsvertrag als mudman-Tänzer.»
«Vorsicht! – Das war knapp, Handtuchbreite.
John, du bist vor lauter Lachen zu weit nach rechts gekommen.»
«Sori, Raimond, sori», antwortet John kleinlaut und spielt nervös mit den Fingern am Lenkrad.
«War was?» fragt Anja und sieht uns verwundert an.
«Bald hätte es gekracht.»
«Ach, das habe ich gar nicht mitbekommen. Ich beobachtete die Fahrbahn.»
Anja deutet zwischen ihre Füße hindurch auf ein faustgroßes Loch im Bodenblech. Sie schüttelt den Kopf.
«John, sag deinem Boss, er soll bei Gelegenheit ein Stück Bodenblech einschweißen, sonst kann es passieren, daß plötzlich dein Beifahrer verschwindet!»
Wieder bebt John vor Lachen, als hätte er eben den besten Witz der Welt gehört.
Endlich erreichen wir die Paßhöhe.
«Viele Kaffeesäcke wirst du mit dieser Kiste nicht mehr über den Paß bringen», sage ich ironisch.
«Brata, du bist ein funny man», meint John.
Im nächsten Moment kracht es unter der Motorhaube, irgend etwas schlägt heftig gegen das Karosserieblech – dann steht der Wagen. Fluchend springt John aus dem Auto, öffnet die Kühlerhaube und hantiert herum.
Nach einer Weile steigt er wieder ein. Mit ölverschmierten Händen hält er mir den gerissenen Keilriemen unter die Nase:

«Bagarap bruk pinis», stellt er sachlich fest und befördert ihn mit einer eleganten Bewegung den Abhang hinunter.
«Ich sehe im public workshop nach. Dort stehen immer einige Toyota. Ich werde die Arbeiter fragen, vielleicht habe ich Glück und finde einen brauchbaren Keilriemen», sagt John und rennt zur Paß-Station. Schweigend bewundern wir das vor uns liegende Goroka-Tal, das sich heute in einer faszinierenden Morgenstimmung zeigt. Noch sind keine zehn Minuten vergangen, da kommt John zurück. Um seinen Hals baumelt ein neuer Keilriemen.
Voller Staunen, Respekt und Bewunderung folgt mein Blick Johns mechanischen Handbewegungen. Kein Handgriff zuviel – und jeder sitzt. Doch nicht nur John, sondern bereits viele andere Einheimische haben mich immer wieder in Verwunderung versetzt, mit ihrer Improvisationsgabe und ihrem Geschick in der Praxis der Technik.
«Brata, sista, steigt ein, wir können weiterfahren», ruft John, knallt die Motorhaube zu und wirft den Motor an.
«Wie hast du das nur geschafft? Du bist wirklich großartig!» sage ich.
«Mi lukluk – ich schaue, mi save – ich überlege, mi save pinis – dann, ich weiß es, na nau mi wok – und dann arbeite ich», erklärt John stolz.
Bald erreichen wir die unübersichtliche Stelle mit den drei Haarnadelkurven. – Das Operationsgebiet von Asaro-Jim, fällt mir ein. An der nächsten Kurve räumt eine Planierraupe wieder einmal die Straße frei. Der Daulo-Paß ist stets in Bewegung. Nicht nur Erosionsschäden, verursacht vom Straßenbau, sondern auch ständige tektonische Beben lassen die Straßeninstandsetzungsarbeiten zu einem Dauerprojekt der Provinzregierung werden.
«John, vorn müssen wir rechts abbiegen», sage ich.
«Mi save – ich weiß.»

Bukas Schlammtänzer-Dorf liegt am Fuß des Daulo-Passes im Asaro-Tal. Er ist Council, Manager und Ambulanzwagenfahrer in einer Person. Etwa zweihundert Meter vor dem Dorf ein «Stop»-Schild. John fährt den Wagen auf den Touristenparkplatz, der eigens für die «Showlustigen» angelegt wurde. Wir gehen ins Dorf.
«Hallo, Buka!» rufe ich.

«Morning, wantokbrata», antwortet es aus einer Hütte.
Mit einem laplap um die Hüfte und einer Waschschüssel in den Händen tritt Buka aus dem Familienhaus.
«Ich habe mich gewaschen, wartet, ich bin gleich angezogen.»
Hinter einem Haus sind zwei Männer dabei, neue Lehmmasken anzufertigen. Ein korbartiges Lianengeflecht bildet das Gerüst dieser Tanzmasken.

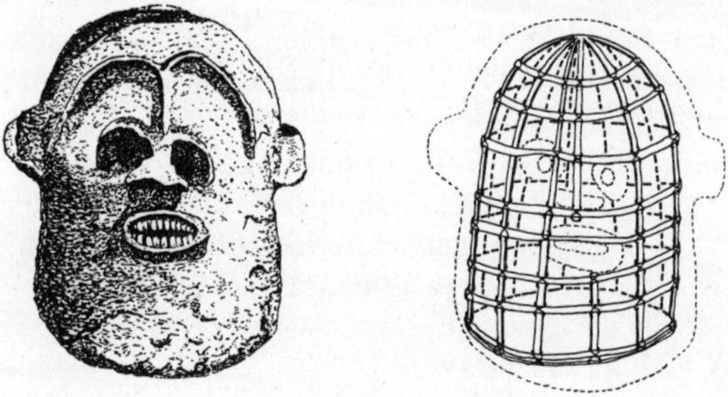

Lehmmaske. Das Korbgeflecht *(rechts)* wird zur Stabilisierung in die Maske einmodelliert

«So, da bin ich», überrascht uns Buka.
Perplex starre ich auf einen geschniegelten Gentleman: Anzug, Krawatte, schwarze Lederschuhe – gutsitzend, geschmackvoll aufeinander abgestimmt. Wenn ich nicht wüßte, daß ich Buka vor mir habe, könnte ich glatt meinen, er wäre der Generaldirektor der National Bank of Papua Niugini.
Selbstzufrieden hüllt sich Buka in Schweigen. Er zehrt von unseren staunenden Blicken, die ihn vom Scheitel bis zur Sohle mustern.
«Was hast du denn vor?» frage ich.
«Heute haben wir eine Tanz-Show. Schließlich müssen die Weißen sehen, daß ich der Manager und Council bin», sagt Buka und poliert seine verchromte Councilplakette.
«Das kann ich verstehen – und wann kommen die Touristen?»

«So gegen Mittag, haben wir vereinbart.»
«Mit wem?»
«Die Termine bekomme ich meistens vom Hotelmanager des ‹Bird of Paradise› in Goroka.»
«Buka, jetzt lach mich bitte nicht aus. Du weißt, ich mache viele Neuguinea-Studien, um euch alle besser verstehen zu lernen. Also, um deinen mudman-Tanz verstehen zu können, möchte ich selbst als mudman tanzen.»
«Oh wantokbrata!» kichert er. «Was hast du für Ideen. Noch kein Weißer hat bei uns als mudman getanzt! Ha, ha, ha...»
«Buka, was gibt's da zu lachen? – Ich meine es ernst!»
Er verstummt, schaut mich unsicher an, nickt:
«Sori, Raimond-Piet.»
Erstaunt horche ich auf. Zum erstenmal höre ich meinen Doppelnamen.
«Ich weiß Bescheid, wantokbrata. Mi save – wir wissen, du bist der weiße Komongu-Mann. – Wir haben noch Zeit, du kannst mit meinen Männern tanzen», und Buka ruft über den Dorfplatz und informiert die Bewohner.
Angeregtes Palaver und Gelächter dringen aus den Hütten. Die Nachricht, daß ich als mudman tanze, löst Begeisterung aus. Die Vorbereitungen werden getroffen.
Buka zieht mich zur Seite: «Wantokbrata, ich habe nicht gewußt, daß du heute tanzen willst. Weißt du, ich muß mit dir etwas Wichtiges besprechen.»
Er sieht mich mit großen Augen an, spielt unsicher mit seinen Händen in den Hosentaschen.
«Was willst du von mir?» frage ich.
Buka druckst herum. Meine direkte Frage scheint ihm Unbehagen zu bereiten.
«Na, was ist, sag schon», bohre ich weiter.
Buka zögert, verzieht das Gesicht:
«Ich, ich wollte dir nur sagen, daß ich mir vorn an der Straße ein kleines Grundstück vom Government kaufen will.» Er stockt, popelt verlegen in der Nase, sieht mich fragend an.
«Du hast ja große Pläne, Buka.»

«Genau, wantokbrata, das habe ich», prustet er und strahlt. Mit einer großzügigen Geste bietet er mir eine Zigarette an:
«Brata, ich habe vor, einen großen trade store zu bauen. Von der Rasierklinge bis zur Stahlaxt, vom Schuhband bis zum Büstenhalter soll es alles in meinem Laden zu kaufen geben. Jeder soll wissen, der Buka-Store ist der beste im Asaro-Tal. Das wird ein Riesengeschäft. Brata, willst du mir helfen?»
Buka umarmt mich:
«Du bist mein Partner, wir machen eine big company. Überall auf der Straße lassen wir Schilder aufstellen: Leute, kauft bei Buka und Company – der Mudman-Asaro-Store, der Beste vom Eastern Highland!» Er schnappt nach Luft: «Oh, brata, ich sage dir, das ist das business unseres Lebens. Ich und du!»
Er klopft mir auf die Schulter, lacht, hustet:
«Ich bin der big boss, und du bist mein Manager. Was sagst du dazu, Raimond-Piet?» Buka ist aufgeregt. Der Begeisterungsrausch überwältigt ihn. Noch einmal haucht er seine Council-Plakette an, reibt sie mit dem Ärmel blank. Mit einer Routinebewegung prüft er den Sitz seiner Krawatte, hüstelt, fährt eitel über seinen gepflegten Bart.
«Buka, wann wirst du das Grundstück kaufen?» frage ich.
«Ich habe mich bei der Provinzregierung ins Buch eintragen lassen. Die Regierung sagt, daß ich das Grundstück in ein bis zwei Jahren kaufen kann. Bis dahin soll ich auch die Store-Lizenz bekommen. Du siehst, brata, ich habe alles getan, um ein Geschäft aufzubauen. Also, was ist, wirst du mein Partner?»
«Buka, was soll ich dazu sagen? Warte erst mal ab, wie sich alles entwickelt. Wir können später wieder darüber sprechen.»
«Okay, brata, einverstanden, das machen wir», antwortet er zufrieden, schaut auf seine neue japanische Quarzuhr:
«Oh, brata, du mußt bald tanzen! – In einer Stunde kommen die Touristen. Sag, was sollen wir tanzen?»
«Keinen Show-Tanz, Buka, ich will einen traditionellen mudman-Tanz.»
«Was? Traditionell! Den kennen wir nicht. Nein, so etwas haben wir nicht», gesteht Buka und sieht mich unglücklich an. «Sori, brata, wir machen nur Show-Tänze.»

«Wie, sind eure mudman-Tänze schon immer Show-Tänze gewesen?» frage ich.
«Ja, brata, schon immer.»
«Seit wann?»
«Oh, das ist schon lange her. Warte, laß mich überlegen. Mein Vater hat die mudmen gegründet. Ja, jetzt fällt es mir wieder ein. Das war – warte mal, das war 1959 oder 1960. In Goroka war ein großes Festival der Australier. Lauter Maschinenzeug war ausgestellt. Und die kiaps gaben Anweisungen an alle luluais der umliegenden Stämme, Abordnungen nach Goroka zu diesem Festival zu schicken. Ja, so war es. Unsere Leute schmierten sich mit grauem Lehm an und fuhren zur Show – seitdem sind wir als mudmen bekannt und berühmt geworden.»
«Und was habt ihr als Show-Tänze?» frage ich.
«Wir tanzen eigentlich nur zwei: den Dämonenabwehrtanz mit Blättern oder Knüppeln und den Kriegstanz mit Pfeil und Bogen.»
Wieder sieht Buka auf die Uhr:
«Brata, du mußt dich beeilen – bald kommen die Touristen!»
Unruhig tritt er von einem Bein auf das andere, rückt wieder seine Krawatte zurecht, prüft den Glanz seiner Plakette.
Buka hat viel von den Weißen übernommen. Zuviel. Sein Gehabe wirkt unnatürlich.
Ich ziehe mich aus.
«Wo sind deine Leute?» frage ich Buka und drücke ihm Blue jeans, Hemd und Sandalen in die Hand.
«Sie sind ganz vorn, am Ende des Dorfes, hinter der letzten Hütte», antwortet er hastig, übergibt meine verstaubte Kleidung seiner Frau. Ich muß lachen. Gleich einem Ordenskissen trägt sie feierlich meine alten Klamotten sorgfältig auf beiden Händen ins Haus.
Am Dorfrand, im Schatten der hohen Araukarien und Laubbäume, sitzen die Tänzer und warten. Sie haben ihre schweren Lehmmasken, die wie geköpfte Fabelwesen in eine Richtung blicken, auf Bananenblättern abgestellt.
«Das ist unser wantokbrata», stellt mich Buka seinen Männern vor. «Bevor die Touristen kommen, will er mit euch einen Tanz machen.» Vergnügtes Gelächter. Zwei ältere Männer schleppen je einen Plastik-

eimer voll Wasser und Schlamm heran. Im Nu bin ich vom Hals bis zu den Füßen mit grauer Lehmerde beschmiert. Geknickte Kaffeeblattzweige werden mir behutsam in den Badehosengummi gesteckt. Ich komme mir vor wie Adam, ungewaschen, doch im Blätterkostüm!

«Brata, suche dir eine Maske aus!» ruft Buka. Sein unbändiges Lachen erinnert mich an das Meckern einer Ziege.

«Da wird es Schwierigkeiten geben, sie sind mir alle zu klein», sage ich und probiere die letzte, die siebte Lehmmaske. «Die paßt, aber die Augenlöcher sind zu tief. Ich kann nicht hindurchsehen.»

«O Raimond, was hast du nur für einen großen Kopf?! – Warte, wir haben noch alte Tanzmasken im workshop.»

Drei weitere verstaubte Lehmköpfe werden geholt.

«Okay, die paßt, in Ordnung! Wir können anfangen», sage ich gepreßt unter der Maske und blase mir die Spinnengewebe vom Mund. Mein Blickfeld gleicht dem eines Einäugigen, da, aus welchen Gründen auch immer, die Augenlöcher der Maske schief einmodelliert wurden. Vielleicht ist es aber auch nur eine optische Täuschung, und die Maske sitzt schief auf meinem Kopf.

Etwa zehn Meter vor mir haben sich die Tänzer aufgestellt. Buka gibt das Kommando: «Mudmen go!»

Die Lehmgestalten setzen sich in Bewegung, kommen langsam mit breiten, gespreizten Schritten auf mich zu. Dabei drehen sie gemächlich ihre Oberkörper nach beiden Seiten und vollziehen schwerfällige Handbewegungen. Hin und wieder schlagen sie ihre Blattbüschel an Arm, Körper, Beine oder durch ihre angehobenen Füße hindurch. Sämtliche Bewegungen werden langsam und bedächtig ausgeführt. Es macht mir Spaß, die Tänzer exakt nachzuahmen. Ich habe bisher ihre Show-Tänze erst zweimal in Goroka beobachtet. Jetzt habe ich Gelegenheit, den mudman in mir leben zu lassen.

Nur noch wenige Schritte trennen mich von der Tanzgruppe. Beifall bricht aus. Die Bewohner des Dorfes spenden Beifall, klatschen, lachen und jubeln. Buka tritt in meinen Gesichtskreis:

«Raimond», er lacht und winkt, «das hätte ich nicht gedacht, daß du so gut tanzt. Du könntest einer von uns sein.»

«Findest du – oder erzählst du mir nur Humbug?» frage ich.

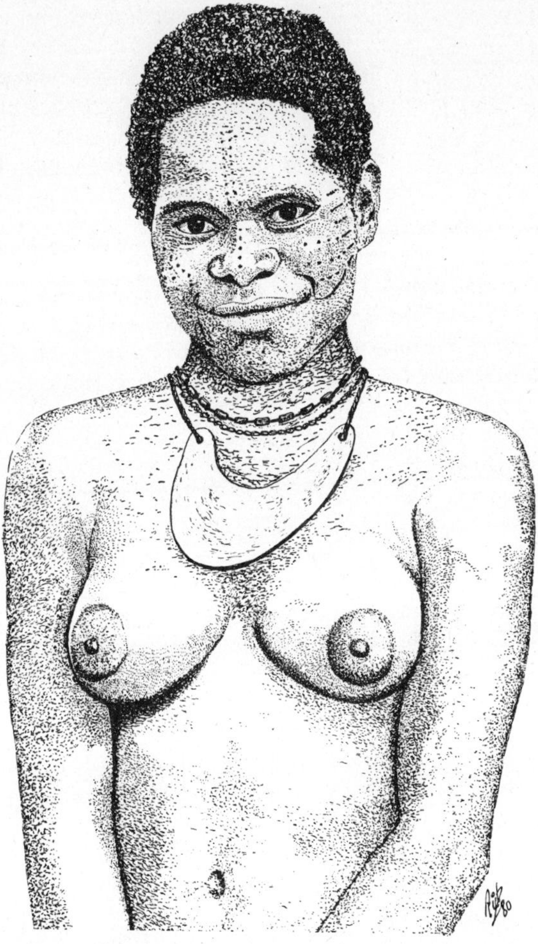

Die fünfzehnjährige Jaume aus dem Dorf Riyofiyaro. Mädchen gelten nach der ersten Menstruation, der sogenannten Mutterblutung, als heiratsfähig, obwohl die Pubertät, auch im bezug auf die sekundären Geschlechtsmerkmale, noch keineswegs abgeschlossen ist.

«Nein, wirklich, du bist von den anderen nicht zu unterscheiden.»
«Gut, Buka, dann laß mich jetzt in der Gruppe tanzen.»
Wieder stellen wir uns in eine Reihe, warten auf das Kommando: «Mudmen go!»
Plötzlich tauchen am äußeren Konturenrand des linken Maskenauges zwei, dann vier schwarze, behaarte Spinnenbeine auf. Im nächsten Moment schieben sich die Mundwerkzeuge und Kiefertaster über den Rand hervor. Deutlich kann ich erkennen, wie sich die bürstenartigen Kiefertaster unaufhörlich bewegen.
Zwischendurch beobachte ich die Tanzgruppe, vollziehe mechanisch meine Bewegungsabläufe, die ohne Rhythmus, ohne Gesang, schweigend durchgeführt werden. Ich sehe Anja bei den Zuschauern stehen und fotografieren.
Vor meinem Auge beginnt eine praktische Lehrvorführung der Webespinnen-Biologie. Weil es in der Maske ganz dunkel ist, zeichnet sich die Spinne vor mir nur als schwarze Silhouette ab. Aus ihrem Hinterleib spult sie bereits den zweiten Faden und heftet ihn diagonal über das Loch des Maskenauges. Eine so interessante, vor allem ungewohnte Perspektive habe ich noch nie zuvor erlebt. Einfach faszinierend! Ich entschließe mich, den Tanz zu unterbrechen. Ich hebe vorsichtig die etwa acht Kilo schwere Maske ab und setze die Kreuzspinne auf ein Blatt eines nahen Kaffeestrauches. Wieder tosender Beifall von jung und alt. Die Leute nehmen wohl an, daß ich meinen Tanz jetzt beende. Keiner von ihnen hat mein Zwischenspiel beobachten können.
Buka kommt mir lachend entgegen:
«Raimond, du tanzt wirklich wie einer von uns.»
«Der Bus kommt», schreit ein Jugendlicher aus der Menge, und Motorengeräusche sind zu hören. Buka brüllt und tobt wie wild:
«Verschwindet in eure Häuser, laßt euch nicht blicken. Los, macht schon, verschwindet!»
Dann wendet er sich zu uns:
«Wokmen, ihr geht auf eure Plätze. Schnell, ab hinter die Häuser, versteckt euch in den Kaffeebüschen!»
«Buka, hör zu! Ich möchte mittanzen – darf ich?» frage ich, einer plötzlichen Eingebung folgend. Entgeistert, völlig fassungslos sieht

mich Buka an, zieht nervös seinen Krawattenknoten auf und ab. Die Motorengeräusche werden lauter, zwingen Buka, schnell zu entscheiden.

«Na, was ist? Ich möchte tanzen», bekräftige ich meine Forderung.

Er ringt nach Worten. Mit stummen Mundbewegungen wie ein Fisch beginnt er zu gestikulieren, formuliert schließlich seine Antwort:

«Nimm ja nicht die Maske ab, sonst machst du mir mein mudmenbusiness kaputt!»

«Nein, nein – keine Sorge», versichere ich.

Eilig macht er kehrt und hetzt zum Parkplatz, wo gerade ein Mini-Bus vorfährt. Das Herz schlägt mir bis zum Hals. Ich laufe zu Anja.

«Anja, jetzt frag nicht, warum – wieso! – Ich tanze mit.»

«Das ist doch unmöglich.»

«Eben drum, ich möchte das Unmögliche möglich machen. Laß dich nicht von den Touristen sehen. Halte dich hinter einer Hütte versteckt. Wenn es klappt, dann mach einige Schnappschüsse.»

John steht mit offenem Mund neben Anja und sieht mich sprachlos an.

«Also, laßt euch nicht sehen – bis bald», sage ich, packe meine Lehmmaske und laufe zu den wartenden Männern im Gebüsch.

«Was willst du hier?» fragt mich eine Lehmgestalt und sieht mich verdutzt an.

«Buka sagt, ich kann mittanzen», erwidere ich.

Unbeirrt gehe ich zum Schlammeimer und ergänze meinen Anstrich.

«Was, du tanzt mit?» fragen alle fast gleichzeitig, umringen mich, unterdrücken ihr Lachen.

«Hört auf zu lachen, paßt lieber auf, wann wir anfangen müssen», maule ich und versuche, mir das Lachen zu verbeißen.

«Hört zu, ihr dürft auf keinen Fall lachen. Die Touristen kämen sich womöglich verspottet und betrogen vor. Ihr würdet alle nichts verdienen, und Buka würde seinen guten Ruf verlieren. Die mudmen-Show wäre vergessen, und kein Tourist würde mehr ins Asaro-Tal kommen», sage ich und mustere jeden einzelnen streng.

«In Ordnung, wantok», erklärt ein älterer Tänzer und gibt mir eine Zigarette.

Schweigend beobachten wir die Gruppe, die, von Buka angeführt, auf dem Dorfplatz erscheint.
Ich zähle neun Leute: sechs Damen, alle in bunten Sommerkleidern, mit Sonnenbrillen und Strohhüten. In ihrer Begleitung drei Herren mit weißen Kniestrümpfen und flatternden Bermudas.
Der Kleidung nach müssen sie Australier sein. Ich ziehe aufgeregt an der Zigarette.
Buka unterhält sich angeregt mit dem einheimischen Busfahrer, der in fließendem Englisch Bukas Fragen und Forderungen an die Touristen weitergibt. Ein breites «Okay» ist die Antwort.
Buka wendet sich zu uns: «Nainpela man wok», ruft er.
Wir sind aber nur acht, bemerke ich.
«Schnell, ein Mann noch», sage ich zu dem Alten, der mir die Zigarette gegeben hat.
Sofort ruft er zur workshop-Hütte. Im nächsten Moment flitzt eine graue Gestalt mit einer Lehmmaske unter dem Arm aus dem Haus und steht vor uns. Sie scheint bereits gewartet zu haben. Buka hält immer einige Reservetänzer bereit. Organisationstalent hat er.
Da – Buka gibt ein verstecktes Handzeichen.
«Fertigmachen», flüstert der Alte, der anscheinend Vortänzer ist.
Im Halbkreis stehen die Touristen mit gezückten Fotoapparaten und Filmkameras, schauen unsicher umher, warten. Einige schauen suchend zu den Baumwipfeln.
«Okay», sagt einer von uns, «Masken auf, langsam vor!»
Endlich, die Show beginnt.
Langsam lösen wir uns aus dem Versteck, der Vortänzer an der Spitze. Ich ziehe es vor, in der Mitte des Pulks zu bleiben. So habe ich auf beiden Seiten die besten Beobachtungsmöglichkeiten, und sollte ich Fehler machen, würden sie nicht gleich auffallen.
Mit Kaffeeblattzweigen in der Hand, den Oberkörper nach vorn geneigt, gehen wir winkend der Gruppe entgegen, stehen bereits im Telebereich.
«Oh, look», ruft eine Dame, die sich mit beiden Händen am Rand ihres Strohhutes festhält. «The mudmen are coming!» zirpt sie, stößt ihren Ellenbogen in die Rippen ihres Begleiters.
«Oh, yeah, yeah», brummt er anerkennend.

«Oh, beautiful, phantastic!» ruft entzückt eine andere Dame. Sie merkt nicht, daß sie schon längst auf ihrem gehäkelten weißen Handschuh steht. Ihr rotleuchtender Fingernagel drückt beständig auf den Auslöser.

«Hey, Archibald, look here! That mudman is a very strong man.»

«Wo? Welchen meinst du?»

«Hier, nein dort, Archibald, wo hast du nur wieder deine Augen.»

«Wo?»

«Der zweite von links.»

«Ah, oh yes! Jetzt sehe ich ihn.» Die Kamera fängt mich ein.

«Oh boy, sind die aber schmutzig! Wie schrecklich sehen die nur aus», entsetzt sich die älteste Dame der Reisegruppe, schüttelt verständnislos den Kopf und hält sich aufgeregt an der Gürtelschlaufe ihres Mannes fest.

«Bleib ganz ruhig, Victoria, das ist die Steinzeit», erklärt er fachmännisch.

«Terrible», stammelt sie gepreßt und schiebt ihre metallicfarbene Schönwetterperücke etwas tiefer in die Stirn.

«Darling, look! That's a big man.»

Wieder deutet man auf mich. «Klick, klick, eine Kamera surrt. Mit einemmal schlägt meine heitere Stimmung in Beklemmung um. Ich sehe mich plötzlich herumstehen wie ein Tier vor den Augen der Besucher eines Sonntagszoos. Ja, genau, so kommt es mir vor. – Und ich selbst habe es jahrelang so praktiziert, obschon ich – vielleicht – eine andere Einstellung zu fremden Kulturen habe. Ich möchte niemandem etwas unterstellen. Mein Gott, bin ich froh, diese Erkenntnis aus der anderen Perspektive gewonnen zu haben. Im Prinzip fühle ich mich betroffen, nicht im moralisch-menschlichen, aber im grundsätzlichen Sinne.

Langsam tanzen wir um die Touristen herum, verharren schließlich auf der Stelle. Ein dumpfes Gefühl lastet in mir. Der Spaß an der Freud' ist mir vergangen. Ein bitterer Geschmack überzieht meinen Gaumen, ich schäme mich für alle Weißen. Die Tänzer bleiben stehen, nehmen ihre Masken ab und stellen sich für Gruppenfotos auf.

Irgendwer klopft mir energisch auf den Kopf.

«Hey, mudman, how do you do?!»

«Gutpela, gutpela», rufe ich unter der Maske hervor. Meine Ohren dröhnen.
«Honey, was sagt er?» fragt eine Frauenstimme.
«Ich weiß nicht», höre ich es hinter mir sagen, «er wird uns nicht verstehen.»
Dann – wieder die gleiche Stimme:
«Hello, Mr. mudman – how do you do?»
«Gutpela, gutpela», brumme ich, drehe mich um, mache einige groteske Armbewegungen vor der Nase des überrascht dreinblickenden Paares und tanze auf der Stelle weiter.
Erschrocken weichen sie zurück.
«My goodness», stammelt die Dame, «das ist ja aufregend.»
Die männliche Stimme setzt hinzu:
«Yes, darling, das ist typisch Neuguinea.»
«Yeaah, yeaah», tönt es breit aus einem knallroten Mund, die pfirsichrot gepuderten Wangen der Dame beben.
«Ach, Archibald, stell dir vor, die werden Augen machen zu Hause», schnattert sie, «vorausgesetzt, du hast nicht wieder alles verwackelt.»
Für die Gruppenbilder gibt es extra Trinkgeld. Man freut sich, endlich mit der Steinzeit Kontakt aufgenommen zu haben.
So, jetzt reicht's mir. Allein tanze ich wiegend und blattschüttelnd davon. Hoffentlich läuft mir niemand nach. Immer schneller werden meine Bewegungen.
«Stop, please, a picture – wait a moment», verfolgt mich eine Stimme.
Verdammter Mist. Ich drehe mich verkrampft um – und werde vom Klick-Klick förmlich erschossen.
«Thank you, mudman!»
Müde winke ich mit den Kaffeeblättern und setze meinen Weg zur Hütte fort.
Geschafft!
Vorsichtshalber drehe ich mich noch einmal langsam tanzend um, zähle neun Weiße auf dem Platz.
Gott sei Dank! Erleichtert stülpe ich die Lehmmaske vom Kopf, die mir in den letzten Minuten immer schwerer geworden war. Sollte ich jemals wieder auf diese irre Idee kommen, dann werde ich mir ein

Handtuch auf den Schädel legen, ich reibe die empfindlich schmerzenden Druckstellen.
Mit großem Gekreische und «Bye, bye – stone age» zieht die Gruppe winkend aus dem Dorf. Bald darauf wieder Motorengeräusch, der Bus fährt zurück nach Goroka – Treffpunkt: Bar oder diningroom im Hotel «Bird of Paradise».
Schade. Zu gern hätte ich den «knallharten» Gesprächen in der rauchgeschwängerten Whiskyathmosphäre gelauscht. Sie liegen meistens auf der gleichen Frequenz: imitierte Selbstdarstellung im Tarnmantel eines gehobenen, unanfechtbaren Kulturbewußtseins. Wie oft

Gesichtsstatauierung einer jungen Frau aus dem Dorf Riyofiyaro. Die Tatauierung (v. samoanischen tat-a-u- = zeichnen) beschränkte sich bei den Komongu weitgehend auf das Gesicht, im Gegensatz zu anderen Stämmen, die Brust und Rücken mit kunstvollen Mustern verzierten. Als Werkzeuge dienten scharfkantige Steine (Obsidiansplitter), in jüngerer Zeit auch Glasscherben und Rasierklingen. In die Ritzwunden der Haut wurde pulverisierte Holzkohle und Ruß gerieben, die die Muster nach Abheilen der Wunden dunkelblau erschienen ließen. Diese freiwillige Prozedur, die sich beide Geschlechter unterzogen, wurde letztmalig 1979 bei den Komongu durchgeführt.

habe ich solche Gespräche selbst hierzulande schon miterlebt. Sie lösen in mir jedesmal Gefühle aus, deren Skala von amüsierter Heiterkeit über Frustration, Resignation bis zu Bestürzung und Betroffenheit reicht. Den selbstkritischen Versuch, das eigene Kulturbild zu überprüfen, es in Frage zu stellen, konnte ich in solchen Kreisen niemals hören.

Anja, Buka und John kommen mir entgegen. Dahinter folgen die Bewohner des Dorfes. Sie lachen und jubeln, beschwatzen dieses denkwürdige Ereignis, das in die ungeschriebenen Annalen ihrer Dorfgeschichte eingehen wird.

«Dein Auftritt war überzeugend», ruft Anja. «Buka wird dich sicher als Reservetänzer engagieren», lacht sie mit kindlichem Vergnügen.

«Bedaure, Anja, aber der mudman-Job bleibt den Asaro-Männern vorbehalten – aus Traditionsgründen, versteht sich!» ulke ich zurück.

«Auf Ideen kommst du...» sagt Anja und schüttelt den Kopf. «Ich bin nicht sicher, ob die Bilder was geworden sind. Meine Hand war viel zu unruhig.»

«Das kann ich verstehen, Anja. Mach dir darüber keine Gedanken. Wichtig ist, daß alles glatt über die Bühne ging. Somit lebt die mudman-story weiter. Ihr business ist meinetwegen nicht in schlechten Ruf geraten oder gar geplatzt.»

Buka wiehert vor Lachen:

«Oh, brata! Du hast gut gearbeitet. Brata, brata, so etwas habe ich noch nie erlebt. Das war eine top-show!»

«Jetzt finde dich wieder. Stell dir vor, du hättest während der Tanzvorführung so einen Lachanfall bekommen!»

Buka sieht mich mit tränenden Augen an, gluckst, bemüht sich, ernst zu bleiben – vergeblich. Immer noch wird er von Lachanfällen geschüttelt.

«Buka, wenn du so weitermachst, ist dir ein Platz im ‹ward five› (Abteilung für Geistesgestörte im Goroka-Base-Hospital) sicher.»

«Was sagst du? Ward five! Ha, ha, haaaa...»

Wie von Magenkrämpfen gepeinigt, den Oberkörper nach vorn geneigt, preßt Buka beide Hände auf sein Zwerchfell, lacht, schnappt nach Luft, dreht sich auf der Stelle im Kreis. Selbst John, bis jetzt verschlossen und zurückhaltend, stimmt dröhnend in das Gelächter ein.

Der «Lachvirus» überträgt sich weiter auf die vor uns im Halbkreis versammelten Dorfbewohner. Sie zucken, beben, reißen die Hände hoch vor Vergnügen.
«Sieh dir das an, die lachen und wissen überhaupt nicht, warum», sage ich zu Anja, die sich sichtlich bemüht, ernst zu bleiben. Doch schon im nächsten Moment hat es auch sie erwischt. Ich falle mit ein. Das Spektakel dauert einige Minuten. Allmählich flaut das Gelächter ab, endet schließlich in allgemeinem Palaver.

John steht mir gegenüber. Unsicher schaut er mich an, spielt nervös mit seinen Fingern.
«Was ist, John?» frage ich.
«Nichts, Raimond, nichts», sagt er hastig, sucht nach seinen Zigaretten und steckt sich eine an.
«Doch, ich sehe es dir an. Du fühlst dich nicht wohl, dich bedrückt etwas. Komm, sag schon – was ist los?»
Er starrt vor sich hin. Kaum merklich zittern seine Hände.
«He, John, was hast du?»
Zögernd blickt er auf. Wir schauen uns an. Unruhig flattert sein Blick. Er scheint zu überlegen – dann:
«Weißt du, Raimond, als ich dich vorhin tanzen sah, bekam ich plötzlich Angst. Ich wollte davonrennen.»
«Wieso? Warum?»
«Es war alles so unheimlich, verstehst du?»
«Nein, John, das mußt du mir erklären.»
«Da gibt es nicht viel zu erklären, Raimond. Ich sah dich, meinen Bruder, als mudman. Deine Bewegungen waren die gleichen wie die der Asaro-Männer. Das war zu viel für mich. Mir kam der Verdacht, ein Masalai tanzte in der Gruppe.»
«Du machst Witze, John. Denkst du etwa, ich bin ein Geist?»
John schüttelt heftig den Kopf:
«Oh nein, Raimond», antwortet er und fügt leise hinzu: «Du bist doch mein Bruder und kein Masalai.»
Er versucht zu lächeln. Sein Gesicht wirkt dabei verzerrt, grimassenhaft. Ich bin überzeugt, daß John unter der Zwangsvorstellung leidet, ich sei ein Masalai. Er kämpft mit sich, er zweifelt. Vielleicht ist ihm

das Geschwätz der Jugendlichen von Watabung eingefallen. Mein offenkundig perfekt wirkendes Erscheinungbild als mudman-Tänzer hat ihm den Rest gegeben.
«John, glaub doch nicht solchen Unsinn! Sieh mich an. Ich bin ein Mensch wie du – wie alle anderen, die hier auf dem Platz stehen.»
John schaut mich fest an:
«Sori, brata, ich wollte dich nicht beleidigen», flüstert er.
Wieder stiert er verkrampft ins Leere. Ich spüre, wie er noch immer mit sich ringt. Seine durcheinandergewirbelten Gefühle lassen keinen klaren Gedanken zu.
«Meinst du etwa noch immer…», spreche ich John an.
Er schüttelt den Kopf und wendet sich ab.
Welche Erklärung kann ich ihm geben? Fieberhaft überlege ich:
«Paß auf, John. Du weißt genau, wie wir alle, daß ein Masalai eine Erscheinung ist, die nicht aus Fleisch und Blut besteht.»
«Ja, Raimond. Masalais können sich in Menschen verwandeln. Oft sind es Geister von Verstorbenen, die plötzlich auftauchen, vor einem stehen und einen zum Narren halten. Sie können sich im nächsten Augenblick in Luft auflösen und an gleicher oder anderer Stelle wieder erscheinen.»
«Genau, das sagen alle Leute, die es einmal mit einem Masalai zu tun hatten. Was meinst du, kann ein masalai Blut im Körper haben?»
«Nein, Raimond. Es sind doch keine echten Menschen.»
«Also nur wirkliche Menschen haben Blut im Körper?»
«Ja, natürlich. Warum fragst du?»
«Um dir klar zu machen, daß ich ein Mensch bin und sonst nichts.»
Mit einem Ruck reiße ich einen vernarbten Insektenstich am Schienbein auf. Eine schmale Blutbahn sickert duch den angetrockneten Lehm.
«Blut», stammelt John.
«Was denn sonst? Glaubst du's jetzt?»
«Ja, Raimond», antwortet er, umarmt mich und heult.
«Schon gut, John, vergiß diesen Blödsinn!»
Er wischt sich verschämt die Tränen aus dem Gesicht.
Lange sehen wir uns in die Augen, fangen an zu lachen, halten uns fest und tanzen im Kreis.

«Na also, John. Alles in Ordnung?»
«Ja, Raimond, alles in Ordnung.»
Ein Stein fällt mir vom Herzen. Gott sei Dank, der alte Zustand ist wieder hergestellt. Das Durcheinander wäre nicht auszudenken gewesen, wenn John das Gerücht verbreitet hätte, ich, sein Bruder Raimond, sei ein Masalai.
Buka tritt an mich heran:
«Brata, hast du dich verletzt?» fragt er mit vorgetäuschter Besorgnis und betrachtet die kleine Wunde.
Deutlich kann ich die Zufriedenheit aus seinem Gesicht ablesen. Denn auch an Buka nagten die Zweifel, obwohl er sich bemühte, sich nichts anmerken zu lassen. Es ist eine Tatsache: Wenn einmal offen ein solcher Verdacht ausgesprochen wird, ist es für den Verdächtigten schwer, ja fast unmöglich, in der Sippengemeinschaft weiterzuleben. Häufig enden solche Belastungen mit dem Selbstmord des Beschuldigten.
«Ich habe mich nur gekratzt, es ist weiter nicht schlimm.»
«Oh, brata, mein Angebot gilt noch immer, du bist mein Partner. Möchtest du mit mir essen? Meine Frau legt gern für dich ein Huhn in den Topf.»
Mein Blick wandert zu Anja: «Na, wie wär's?»
«Nein, nein! Um Himmels willen, Huhn im Topf, nein danke! Ich habe wirklich keinen Hunger», wehrt sie entschieden ab. Ich muß lachen. Anjas Schilderung ihrer ersten Nacht in Riyofiyaro fällt mir ein.
«Und wie ist es mit dir, John?»
Er schüttelt den Kopf:
«Danke, Raimond, ich bin nicht hungrig.»
Ich wende mich zu Buka:
«Sori, mein Freund, ein andermal und nochmals vielen Dank.»
«Warte, brata, schau – willst du sie?»
«Was? Die Maske?!»
«Sie ist für dich. Du kannst sie behalten», erklärt Buka mit einem breiten Lächeln und deutet großzügig auf eine noch ziemlich neue Lehmmaske.
«Brata!» rufe ich freudestrahlend und will ihn umarmen.

«Halt!» Buka springt zur Seite, wehrt mit beiden Händen ab: «Komm mir nicht zu nahe, mein Anzug!»
«Pardon, Mister Buka.»
Ich mustere ihn einige Sekunden: «Wenn ich nicht wüßte, daß du ein großer Geschäftsmann bist, würde ich glatt annehmen, du willst mir das Stück Lehm schenken. Also, sag mir gleich, was für ein Wunsch hinter der Maske steckt.»
Buka sieht mich verdutzt an. Mit dieser Reaktion hat er nicht gerechnet.
Verlegen sagt er: «Das ist ein Geschenk von mir. Dafür brauchst du mir nichts zu geben», beteuert er mit gespieltem Ernst.
«Ist das wahr, Buka?»
«Natürlich», tönt er und lacht in sich hinein. Es ist mehr ein zweideutiges Lächeln.
«Dann vielen Dank, Buka.»
Ich hebe die Maske auf.
«Bye, bye, Buka, vielleicht sehen wir uns in Goroka wieder.»
«Brata, warte noch», ruft er.
«Ich wußte es doch, Buka. Raus mit der Sprache!»
«Ich, ich...» stottert er.
«Was willst du?»
«Ich möchte gern ein paar Farbfotos, so wie ich bin, in meiner besten Kleidung.»
«Du ausgekochter Lump! Für die Maske möchtest du Fotos.»
«Nein, nein, brata», fällt er mir ins Wort, «das hat nichts mit der Maske zu tun. Die ist ein Geschenk.»
«Brata, nur fünfzig Bilder.»
«Was sagst du da? Fünfzig!» Lachend schüttle ich den Kopf.
«Warum lachst du – ist das etwa zuviel? Ich könnte hundert und mehr brauchen.»
«Wozu?» frage ich.
«Brata, versteh mich doch. Als Geschäftsmann brauche ich Fotos von mir, und zwar die besten. Jedem, der mit mir ein Geschäft macht, gebe ich ein Bild. So können die Leute mich immer auf dem Foto betrachten.»
Bukas Geschäftssinn ist unverkennbar.

«Buka, ich schicke dir Bilder, aber keine fünfzig. Die kann sich selbst der Prime Minister von Niugini nicht leisten!»
«Okay, brata, dann fünf Bilder.»
«Einverstanden. Die kannst du haben», sage ich und hole von Anja die Kamera.
«Warte, warte, noch nicht! Ich muß mich erst in Ordnung bringen», schreit Buka aufgeregt.
Hastig durchsucht er sämtliche Taschen seines Anzuges. «Wo ist nur mein Spiegel? Der Kamm – wo ist der Kamm?» zischt er durch die Zähne und sieht mich dabei an, als erwarte er von mir eine Erklärung.
Seine Eitelkeit läßt ihn völlig unnatürlich erscheinen. Er feuchtet mit Speichel seinen kleinen Finger an und streicht mit eleganten Bewegungen die Augenbrauen glatt.
«Wie sehe ich aus?» ruft er und sieht mich über den Taschenspiegel an.
«Noch besser als vorher!» Ich habe Mühe, mir das Lachen zu verkneifen.
Eilig fährt er mit dem Bambuskamm durch sein dichtes Kraushaar, toupiert es regelrecht. Noch einmal poliert er seine Councilplakette, rückt die Krawatte zurecht, findet nach einigen Schrittkombinationen endlich seine Pose.
Buka wagt kaum zu atmen. Verkrampft, starr wie eine Schaufensterpuppe, mit einem künstlichen Lächeln schaut er in meine Kamera.
«Sehr gut», sage ich, knipse einige Fotos, ob er meinen Zynismus bemerkt?
«Tenkyu, brata, tenkyu!»
Wir verabschieden uns von Buka und den andern im Dorf. Am späten Nachmittag treffen wir wieder in Riyofiyaro ein.

III. Teil:
Meine traditionelle Stammesaufnahme

Guris Kopf taucht im rechten Eingang des Männerhauses auf. Markant hebt sich sein Schädel von dem schwarzen Hintergrund des Hütteninnenraumes ab. Mit einer energischen Handbewegung winkt er mich zu sich.

Was will er denn jetzt schon wieder?

Guris unbewegliche Kopfhaltung beunruhigt mich. Ich stutze, bleibe stehen und schaue in ein regloses Gesicht.

Der «Mongolenblick»! Ich sehe Rumba Guri entsetzt an.

«Komm schon», faucht er ungeduldig und fixiert mich mit zusammengekniffenen Augen.

«Setz dich», befiehlt er in ungewöhnlich scharfem Ton. Ich wage nicht, ihn anzusprechen. Wieder scheint es ihm gelungen zu sein, mich in seine Gewalt zu bringen. Schon allein der Gedanke daran widerstrebt mir. Konzentriert starre ich in die schwach glimmende Holzkohlenglut und versuche, mich von seiner Gedankenkraft zu befreien. Doch es will mir nicht gelingen – ich finde keine Ruhe.

Guri steht auf, setzt sich neben mich, legt seinen Arm um meine Schultern. Sein Körper bebt, bewegt sich auf und ab. Ich spüre seinen warmen Atem an meinem Ohr:

«Raimond», flüstert er, schweigt und sieht mich geheimnisvoll an:

«Raimond, die Ahnen haben gerufen.»

Wie ein Peitschenhieb treffen mich seine Worte. Unfähig, nur einen Ton über die Lippen zu bringen, starre ich vor mich hin. Tausend Fragen stürzen auf mich ein, zermartern mein Hirn. Was soll das bedeuten? Was will er damit sagen?

«Raimond!»

Guris Stimme läßt mich aufhorchen. Mit zusammengepreßten Lippen betrachtet er mich eindringlich:

«Warum füllst du deinen Kopf mit schweren Gedanken? Sie machen dich nur wirr. Habe ich dir das nicht schon einmal gesagt? Was hast du gegen unsere Ahnen? Weißt du nicht, daß sie mit uns leben? Ohne sie wären wir nicht hier.»

Er schweigt. Ein mysteriöses, starres Lächeln liegt in seinen Zügen.

Noch immer bin ich unfähig zu antworten. Was Guri eben sagte, empfinde ich als einleuchtend und verständlich – trotzdem kann ich es nicht erklären.

«Die Ahnen haben mich gerufen, als du im Asaro-Dorf als Asaro-mudman getanzt hast», sagt Guri und versetzt mich schon wieder in Staunen.

Hat Guri mich in Gedanken begleitet? War er dabei? Wieso weiß er von meinem Tanz? Hat er meine Gedanken aufgegriffen? Ja, das wäre eine, vielleicht die einzige Erklärung. Ich kann mich entsinnen, als ich mit der Gruppe tanzte, dachte ich kurz, aber sehr intensiv an Guri: «Wenn du mich jetzt sehen könntest, würdest du dich schief lachen!» Es muß eine Gedankenübertragung stattgefunden haben.

«Suche nicht, Raimond. Du mußt wissen, mir bleibt nichts verborgen.»

Eine lange, fast unerträgliche Pause entsteht.

Weshalb gerate ich immer wieder in solche Situationen? Ich springe auf. Guri hält mich am Arm fest.

«Was willst du von mir?» schreie ich unbeherrscht.

«Siehst du, deine Gedanken spielen mit dir», antwortet er in einem ungewöhnlich ruhigen Ton.

«Das ist nicht gut, Raimond», er schnalzt mit der Zunge und fügt hinzu: «Du hast einen großen Kopf, so, wie ich oder deine Schwester Okani – doch du mußt lernen, deine Kraft im Kopf zu beherrschen.»

«Was verstehst du unter Kraft?»

Langsam sieht er auf, seine Augen blitzen:

«Sind unsere Gedanken keine Kraft?!» fragt er gereizt und stampft mit dem Fuß auf.

Eine solche Antwort hatte ich nicht erwartet. Dieser Guri ist für mich ein absolutes Phänomen. Er sprengt alle Formen.

«Was geht in dir wieder vor, hmm... – gib mir eine Zigarette», sagt er ganz beiläufig.

«Raimond, ich wollte dir nur sagen, daß die Ahnen mich gerufen haben.» Genüßlich zieht er den Rauch in seine Lunge.

«Und was haben sie dir mitgeteilt?» frage ich neugierig.

«Hm», er schüttelt den Kopf, seine Mundwinkel zucken, «später! Wenn du willst.»

«Was später?»

Guri lacht.

«Ich will jetzt darüber nicht sprechen.»

«Warum nicht?»
«Deine Gedanken müssen sich erst beruhigen – und bald wird das Männerhaus voller Leute sein. Sie sollen davon nichts erfahren, denn es ist unser Geheimnis.»
Er wendet sich ab und schaut zwischen seinen angewinkelten Beinen hindurch auf den Boden.
Fast gleichzeitig tauchen John und Orombawe in den beiden Eingängen des Männerhauses auf. Bald darauf folgen Big Papa, Nokowe und die anderen Männer.
Im Schein der frisch auflodernden Holzfeuer beginnen die Gespräche. John berichtet lautstark von meiner Tanz-Uraufführung bei den Asaro und löst damit Begeisterung und Gelächter aus. Orombawe steht auf, äfft mit todernster Miene die trägen Tanzbewegungen der Asaro nach.

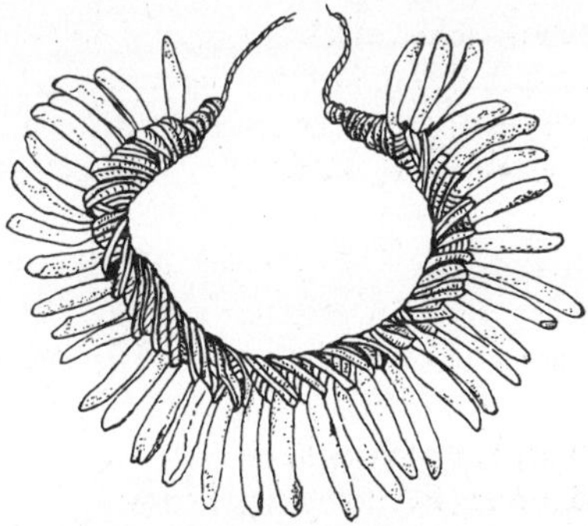

Halskette aus Hunde-Eckzähnen

«Tanzen sie so?» fragt er mich und lacht.
«Ja, genau so.»
Grinsend kommt er auf mich zu, beugt sich über mich und faßt unversehens meine Hoden an. Schallendes Gelächter. Im nächsten Moment greift Guris Hand zwischen Orombawes Beine. Eine ausgelassene Balgerei mit lautem Gekichere und Geschrei geht los.

Fluchtartig verlasse ich das Getümmel und beobachte von den Schlafstellen aus das alberne Treiben. Jeder gegen jeden! scheint die Parole zu sein. Ich lache. Es ist einfach grotesk, wie sich die Männer gegenseitig an den Penis fassen und sich dabei wie Kinder amüsieren. Bei Jugendlichen habe ich derartige Szenen schon miterlebt, doch daß sich die Alten ganz spontan zu solchem Spiel hinreißen lassen, ist für mich eine neue, interessante Beobachtung.
«Inap», dröhnt mit einemmal Big Papas mächtige Stimme.
Schlagartig verstummt die fröhliche Ausgelassenheit. Noch vereinzeltes Gekicher dringt ohne Widerhall durch die Hütte, dann ist es still. Shorts, Männerschurze und die Cordyline-Zweige der Gesäßbedekkungen werden zurechtgerückt, die Köpfe gesenkt, verstohlene Blikke ausgetauscht. Das gewöhnliche Abendpalaver fängt an, als wäre nichts gewesen.

Nach dem Süßkartoffelessen erzählt John wieder von dem heutigen Asaro-Erlebnis und lenkt alle Aufmerksamkeit auf sich. Gespannt hören ihm die Männer zu.
«Stellt euch vor, der mudman-boss will Raimond zum Partner machen.»
«Das könnte dem so passen», poltert Big Papa und rollt sich zwischen den Handflächen eine Buschzigarette.
Das mußte ja kommen. Ausgerechnet dieses Thema! Ich ärgere mich.
«Wieso, was sollst du für ihn tun?» fragt Orombawe.
«Nichts», antworte ich, «das ist doch alles nur Geschwätz, Humbug, sonst nichts.»
«Das glaube ich nicht, Raimond. Buka hat es ernst gemeint. Er will dich unbedingt als Partner haben», sagt John hartnäckig.
«Ach was, John, das war doch nur ein Wunschgedanke von Buka», antworte ich und versuche mit einem gekünstelten Lachen, dieses kritische Thema herunterzuspielen.
John springt auf:
«Nein, Buka will mit dir ein großes Geschäft aufmachen. Das weiß ich ganz genau», protestiert er.
Big Papas Miene verfinstert sich:
«Das kommt überhaupt nicht in Frage», bestimmt er. «Ausgeschlos-

sen, Raimond! Du gehörst zu uns. Wir lassen es nicht zu, wenn du mit Fremden ein gemeinsames Geschäft machst.»

«Aber...»

«Sei still, jetzt rede ich.» Er sieht mich streitlustig an: «Du kannst *mit allen* Geschäfte machen, aber *für uns*. Denn *wir* wollen reich werden. Doch du sollst nicht für andere Geschäfte machen.»

Er zieht an der Zigarette und blickt herausfordernd.

«Das habe ich auch gar nicht vor. Ich will weder mit Buka noch mit anderen ein Geschäft machen, mit niemandem!»

Deutlich kann ich in vielen Gesichtern die große Enttäuschung lesen. Sie alle hofften vermutlich, von mir zu hören, daß ich ausschließlich für die Sippe arbeiten würde. Big Papa scheint zu überlegen, was er von meiner Antwort halten soll.

«Was erwartet ihr von mir?» frage ich und schaue in die Runde. Zusammengekauert, mit eingezogenen Köpfen starren sie reglos vor sich hin. Nur Big Papa fixiert mich mit scharfem Blick, als wolle er den Inhalt meiner Worte abschätzen.

«Ha», lacht er plötzlich, «Raimond, wir wollen damit nur sagen, daß du dich nicht mit dem Asaro-Council einlassen sollst», erklärt er zu meiner Überraschung. Und das ohne rhetorischen Aufwand, ruhig und gelassen.

Einige Männer nicken.

«Die haben genügend Geld», brummt John.

Guri zwinkert mir spitzbübisch zu.

«Eben, deshalb kommt es überhaupt nicht in Frage, daß einer von uns mit diesem Kerl ein Geschäft macht», stellt Big Papa lakonisch fest und beißt behutsam die Schale einer Betelnuß auf.

«So, Männer, Schluß damit! – Wie war euer Kaffeegeschäft heute?» ändert Big Papa das Thema. Im Nu ist wieder die alte Diskussion über Kaffeepreise im Gange.

Was mag Big Papa bewogen haben, so spontan das Thema zu wechseln? Warum sind er und die anderen Männer nicht auf meine Frage eingegangen? Weshalb lachte mich Guri vorher so rätselhaft an? Wollten sie einfach meine Antwort nicht hören – oder *noch* nicht? Was geht in den Köpfen der Männer vor? Unruhig, geplagt von unzählbaren Fragen, versuche ich, endlich Schlaf zu finden.

Ein Geräusch wie ein Trompetenstoß läßt mich aufschrecken: Was war das?
Halb benommen rapple ich mich aus dem Schlafsack hoch. Sofort befällt mich ein gräßlicher Juckreiz. Die verfluchten Wanzen und Flöhe!
Ich schaue zu den Feuerstellen: Nanu, schwatzen die noch immer? Erst jetzt merke ich, daß schon Sonnenstrahlen durch die unzähligen Ritzen an der Hüttenwand dringen. «Good morning, Raimond! Good morning!» krächzt es mir entgegen. Was soll dieses ungewöhnliche Begrüßungsritual? Kindirum kommt an mein Schlaflager, drückt mir eine geschälte, warme Süßkartoffel in die Hand:
«Laß sie dir schmecken, mein Sohn», sagt er und fügt leise bei: «Du sollst es immer gut haben.»
Er lächelt mich freundlich an, zupft behutsam an meinem Bart und setzt sich wieder zu den anderen ans Feuer.
Da stimmt doch was nicht. Während ich mich umziehe, beobachte ich heimlich die Gesichter. Sie scheinen wie verwandelt zu sein. Keine einzige mürrische Miene, kein einziger grimmiger Morgenblick. Rundherum freundlich dreinschauende «Papua-Herren».
«Du hast sehr gut geschlafen», bemerkt Big Papa, der sich, wie fast alle anderen, noch nie um meinen Schlaf gekümmert hat. Überdies schläft er normalerweise im Familienhaus.
Irgend etwas ist faul. Was bezwecken sie nur mit ihrem merkwürdigen Verhalten? Womöglich kauen sie noch immer an meiner Frage von gestern? Wollen sie mich umstimmen? Erwarten sie tatsächlich, daß ich ihnen Reichtum und Wohlstand bringe?
«Was war das für ein Geräusch, das mich geweckt hat?» frage ich.
«Bist du geweckt worden, Raimond?» kommt Big Papas Gegenfrage mit verstellter, fast vorwurfsvoller Stimme. Fragend guckt er zu den Männern, die undefinierbare Blicke tauschen.
«Das war Nokowe», bricht Orombawe das Schweigen und bemüht sich, mich mit einer aufrichtigen Miene zu überzeugen.
«Nein, das bist du gewesen», verteidigt sich Nokowe.
«Was, ich?!»
«Ja, du! Sieh dir deine Blätter an, sie hängen noch immer ganz schief an deinem Hintern», feixt Nokowe.

Schallendes Gelächter.
Big Papa klopft Asche von seiner Süßkartoffel. Mein Vater teilt die letzte Portion Twist-Tabak mit Guri. Nokowe schneidet mit einer abgebrochenen Rasierklinge geschickt seine Zehennägel.
Dann ein langgezogener Ruf. Wir horchen auf. Die Männer sehen sich an, springen auf, laufen auf den Dorfplatz. Wieder das Rufen. Deutlich dringt es vom Tal zu uns herauf.
«Komonguwe-we-weee...» Die anderen Wortsilben – gerufen im Yamowe-Dialekt – verstehe ich nicht.
Unruhe breitet sich aus. Die Männer kommen zurück, beschmieren ihre Gesichter mit Ruß, greifen nach Pfeil und Bogen und stürmen wieder hinunter zum Fluß.
«He, Kindirum, was ist eigentlich los?» frage ich und versuche, möglichst schnell meine Schuhe anzuziehen.
«Der Yamowe-Mann sagte: ‹Unten am Fluß liegt einer eurer Männer.›»
«Und was macht ihr jetzt?» frag ich.
«Wir sollen ihn holen, rief der Yamowe.»
«Es ist doch niemand aus unserer Sippe – oder?»
«Nein! – Aber ein Komongu.»
Mit zittrigen Händen hängt mein Vater die Bambussehne ein, prüft rasch die Spannung des Bogens, nimmt seine Pfeile und rennt hinter seinen Gefährten her.
Nur die ganz Alten sind zurückgeblieben und richten sich auf die Verteidigung des Hauses ein.
Das Verhalten der Männer in dieser verworrenen Situation finde ich bemerkenswert: Ohne Diskussion und lange Abstimmung haben sie sich sofort zu einer Kampfgemeinschaft formiert.
Die alten Männer kauern verängstigt neben den Eingängen des Männerhauses und beobachten aufmerksam und besorgt den Dorfplatz. Sie haben ihre Buschmesser und Stahläxte in die Hand genommen.
«Erwartet ihr einen Überfall?» frage ich und lege rasch einen neuen Film in meine Kamera.
«Nein», antwortet der alte Bira, schüttelt seinen haarlosen Kopf, «aber wir müssen aufpassen.»

Nervös hantiere ich an der Filmspule. Sie klemmt. Schon längst wollte ich bei den Männern am Fluß sein.
«Raimond, sitz hier nicht unnütz herum!» spricht mich Bira an, «geh zum Fluß. Dort wirst du gebraucht – nicht hier. Wir können das Männerhaus allein verteidigen.»
Ich verschwinde durch den linken Hütteneingang ins Freie.
Der Dorfplatz ist wie leergefegt. Frauen und Kinder haben sich in den Häusern verkrochen.
«Gib acht!» ruft Anja aus Gunimes Hütte.
Ich winke ihr zu und renne Richtung Fluß.
Bereits vor der steilen Uferböschung dringt mir das Stimmengewirr der Männer entgegen. Mein Herz beginnt zu hämmern. Ich haste weiter durch das Dickicht, stolpere und rutsche aus. Verdammt! Muß das ausgerechnet hier sein?! Ich steige aus einem Loch mit trübem, abgestandenem Wasser.
Entsetzen packt mich: Nur wenige Schritte vor mir liegt bewegungslos ein älterer Mann im trockenen Teil des Flußbettes. Ein Pfeil steckt zwischen Hals und Schlüsselbein, ein zweiter in der Hüfte.
«Er lebt noch», rufe ich Guri zu.
Die Hände des Verletzten krallen sich in den Steinboden, ein schwaches Wimmern ist zu hören.
«Hilf ihm doch, Guri!» schreie ich, «er lebt!»
Endlich: Guri kniet sich neben ihn, knickt die Pfeilschäfte ab und reicht sie wortlos Big Papa. John und Orombawe kommen zur Hilfe. Sie halten den Verwundeten, während Guri vorsichtig die eingedrungene Pfeilspitze am Hals berührt. Er dreht sie – ein Ruck, gurgelnde Laute, die glatte Spitze ist aus dem Körper. Erst jetzt sickert etwas Blut aus der Wunde.
«Bringt mir noch mehr Blätter», ruft Guri ohne aufzuschauen und deckt die Wunde mit gut einem Dutzend der saugfähigen rumbl-

Während der Knabeninitiationsfeier wird auch der Waldgeist ‹Wiwa› den Novizen vorgestellt. Er ist der Hüter des Waldes, schützt die Jagdgebiete der Sippen vor Dämonen und Flußgeistern und übernimmt eine Vermittlerrolle zwischen den Ahnengeistern und den Lebenden.

Blätter ab. Mit dünnen zusammengeknüpften Streifen von Bananenblättern, die er über Schulter, Brust und Rücken führt, bindet er das Blattpaket fest, das nun wie ein Druckverband wirkt.
Guris Blick wandert zum Unterleib des Verletzten, wo die andere Pfeilspitze steckt. Die Widerhaken haben sich tief in den Körper gebohrt. Aus den dunkelblau gefärbten Wundrändern quillt noch immer Blut. Guri starrt auf die Pfeilspitze. Sein stoppeliges Gesicht mit den tiefen, breiten Falten zuckt vor Anspannung – er scheint zu überlegen. Was wird er tun? Ich atme tief, um meine Nervosität zu unterdrücken.
Guri greift in seine Netztasche. Ich sehe in seiner Hand ein dünnes Bambusmesser.
«Nein, das kannst du nicht tun!» schreie ich.
«Sei still», höre ich Big Papas Stimme hinter mir.
Guri reagiert nicht auf meinen Protest. Es scheint, als nähme er seine Umwelt überhaupt nicht mehr wahr. Hat sich gar sein Bewußtseinszustand verändert? Unablässig lastet sein konzentrierter Blick auf der Pfeilspitze. – Ist er «wahnsinnig»?
Während die Männer den Verwundeten halten, der sich mit animalischen Schreien aufbäumt, sich windet und krümmt, schneidet Guri mit ruhiger Hand die Pfeilspitze heraus. Schnell deckt er die Wunde mit Blättern ab, legt ein Rindenstück darauf und bindet es fest. Noch immer röchelt der Alte.
«Bringt ihn ins Krankenhaus!»
Guri sieht mich mißbilligend an.
«Oder wollt ihr ihn sterben lassen?» frage ich.
«Warum regst du dich auf? We Namba weiß, was er tut», meint Big Papa.
«Das bestreite ich nicht. Trotzdem fände ich es besser, wenn der Mann ins Krankenhaus gebracht würde. Er hat viel Blut verloren. Er braucht neues, sonst stirbt er.»
«Raimond hat recht», sagt John, der auf einmal neben mir steht. Guri lacht, schüttelt den Kopf:
«Neues Blut! So etwas habe ich noch nie gehört», murmelt er, schaut dann zögernd auf: «Gut, dann schafft ihn fort.» Gott sei Dank! Erleichtert wische ich mir den Schweiß von der Stirn.

«John, du fährst ihn nach Chuave.»
«Nicht nach Goroka?»
«Nein, Chuave ist näher. Du darfst keine Zeit verlieren.»
«Okay, Raimond.»
Mit einer behelfsmäßigen Bahre aus Bambusstangen und Lianen tragen vier Männer den Verletzten zur Hochlandstraße.
«Wer war dieser Mann?» frage ich Big Papa, der das andere Flußufer beobachtet.
Ohne zu antworten, deutet er über den Fluß auf einen dichten Busch: «Von dort aus müssen die Yamowe geschossen haben.»
Mit einem flüchtigen Blick zur Blutlache und wieder hinüber zu den Büschen deutet er die Schußlinie an.
«Ja, so muß es gewesen sein», schnaubt er und setzt sich auf einen Stein.
«Sie haben ihn aus dem Hinterhalt niedergeschossen», bemerkt Nokowe.
Plötzlich springt Big Papa auf, schreit mit seiner mächtigen Urstimme über den Fluß in das Stammesgebiet der Yamowe:
«Ihr hinterhältiges, feiges Pack... ihr wollt Männer sein. Aber ihr kämpft wie alte Frauen. Schämt euch...»
Die übrigen Männer schließen sich der Schimpfkanonade an. Immer erregter werden ihre Stimmen, immer bedrohlicher ihre Gesten. Kampfgeschrei wird angestimmt: «He-yo-we–he-yo-we!»
Mir offenbart sich in diesem Augenblick die Mentalität der Bergpapua, und wieder einmal wird mir bewußt, wie einseitig leichtfertig und verständnislos man sie im scheinbar so aufgeklärten Europa «Wilde» genannt hat und manchmal immer noch nennt.
Sekundenschnell haben sich die besorgten Männer in rachedurstige Krieger verwandelt. Ihre Blicke sind haßerfüllt. Ihr Gebaren läßt ahnen, daß sofort Gewalt angewendet würde, wenn sie jetzt einen Feind vor sich hätten – eine unkalkulierbare Gewalt. Etwas abseits der tobenden Gruppe beobachte ich das Geschehen. Wie sich die Aggressionen steigern, läßt sich deutlich an ihren leidenschaftlichen Gesängen erkennen. Ihr Mienenspiel, ihr Imponiergehabe beeindrucken mich sehr.
Einige Männer stehen im Fluß. Sie halten dünne, biegsame Lianen

u-förmig in beiden Händen, tauchen sie singend ins Wasser. Noch ist mir nicht klar, was sie tun. Guris Erzählungen fallen mir ein. Natürlich, das wird's sein: eine Mutprobe.
Der Gesang verstummt. Breitbeinig, die Köpfe nach hinten geneigt, stehen die Männer im Wasser. Langsam führen sie die wie Schlaufen gebogenen Lianen in den Mund. Mir wird mulmig im Magen.
Würgetöne. Die Augen der Männer fangen an zu tränen. Mit kleinen Rucken schieben sie die Schlaufen durch die Speiseröhre – immer tiefer. Sie krümmen sich vor Schmerzen, die Bauchmuskeln verkrampfen sich, ihr Atem wird hektischer, die Brechreizlaute werden immer erbärmlicher. Zwei oder drei Minuten dauert die Szene. Obwohl nur unbeteiligter Zuschauer, muß ich mich sehr anstrengen, meinen Brechreiz zu beherrschen.
Speichel- und Schleimfäden hängen in den Mundwinkeln der Männer. Nokowe unterdrückt einen Schrei, stöhnt, preßt eine Hand auf den Magen, spuckt blutigen Schleim. Seine andere Hand hält zitternd das gebrochene Lianenstück. Guri gibt Nokowe zwei verrunzelte Blätter, die er mit schmerzverzerrter Miene kaut.
Nur Big Papa und mein Vater haben die Mutprobe der Selbstbeherrschung bestanden. Die anderen drei Männer, die sich diesem Ritual freiwillig unterzogen, mußten aufgeben, weil sie sich erbrachen. Die übrigen Leute, auch Guri, begnügten sich mit dem Zuschauen. Wieder stimmen sie Gesang an, drohen mit Pfeil und Bogen hinüber zum vermeintlichen Feind und treten endlich, sichtlich erschöpft, den Rückweg ins Dorf an.
Mit dieser Demonstration haben sie nicht nur ihren Unmut gegenüber der Tat bekundet, sondern zugleich ihre Entschlossenheit zum Kampf gezeigt.
«Warum gehst du nicht mit den Männern ins Dorf zurück?» frage ich Big Papa.
Seine Augen blitzen, starren in meine.
«Weißt du nicht mehr, was heute morgen passiert ist?» antwortet er in einem leisen, gefährlich klingenden Ton. Er ballt seine Hand zur Faust, schlägt sich auf die Brust: «Wenn wir herausgefunden haben, welche Sippe für den Überfall verantwortlich ist, dann gibt es Krieg mit den Yamowe.»

«Das verstehe ich nicht.»
«Das kannst du auch nicht verstehen! Denn dich haben die Ahnen mit dem Vergessen geschlagen», schreit er zornig, springt auf und schleudert wutentbrannt einen Stein auf das andere Flußufer.
«Warum gehst du nicht auf die Polizeistation?»
«Halte dich aus dieser Sache heraus. Die ‹Blauhosen› brauchen wir nicht», sagt er verächtlich. «Das ist unsere Angelegenheit. Wir Komongu sind stark genug. Wir werden es unseren Feinden schon zeigen.»
Wütend reißt er einen Bund Schilfgras aus. Flink dreht seine Hand auf dem Oberschenkel die schmalen Gräser zu zwei festen Stäben. Alles geht sehr schnell. In jeder Hand hält er fest umklammert einen Grasgriffel, dessen Spitze nach oben zeigt.
Mit drehender Bewegung führt er sie in die Nasenlöcher ein, immer höher. Dann spreizt er seine Arme seitlich vom Körper, schließt die Augen und verharrt unbeweglich in Hockstellung. Seine Nase schwillt zusehends an, wird noch breiter. Die Venen an Hals und Schläfe werden sichtbar, zeugen von einer ungeheuren Anspannung.
Dann zieht er die Stäbe mit einem Ruck nach unten. Ein gewaltiger Blutsturz folgt. Big Papa richtet sich auf, schwankt, seine Knie zittern – doch er bleibt stehen, den Oberkörper nach vorn geneigt. Eine lange rote Spur zieht mit dem Wasser davon.
Allmählich läßt die Blutung nach, hört schließlich ganz auf. Blutunterlaufene Augen sehen mich trübe an.
Wortlos hängt er seine Netztasche über die Schulter, nimmt Pfeile und Bogen und geht.
«Warum hast du das getan?» frage ich.
Big Papa hält inne, dreht sich um – ich blicke in eine blutverschmierte, zu einem Lächeln verzerrte Fratze.
«Ich, Big Papa, habe zuviel schweres Blut in meinem Körper gehabt. Das war nicht gut. Nun fühle ich mich leichter – jetzt kann ich kämpfen!»
«Wird es denn zu einem Kampf kommen?»
«Das werden die Verhandlungen zeigen. Auf alle Fälle bin ich bereit!»
Ohne weitere Worte zu wechseln, gehen wir ins Dorf zurück. Vor den Eingängen des Männerhauses sind die Kaffeesäcke heruntergelas-

sen, was soviel heißt wie «Eintritt für Unbefugte verboten». Schweigend, bedrückt und sorgenvoll hocken die Alten um die Feuerstellen.
«Endlich, wir warten schon auf dich», bemerkt Guri und rutscht zur Seite.
Big Papa setzt sich neben ihn.
«Wo sind die anderen?» fragt er.
«Bei der Arbeit in den Kaffeegärten», antwortet Guri.
«Hast du sie weggeschickt?»
«Ja, denn ich werde zuerst die Nimalere-Sippe fragen, warum einer ihrer Männer niedergeschossen wurde. Du weißt selbst, wir haben seit langem keinen Streit mit den Yamowe gehabt.»
Big Papa nickt.
«Ist das nicht verdächtig? Ich will bei der Nimalere-Sippe nach den Gründen fragen.»
«Du hast recht, We Namba», antwortet Big Papa. «Im übrigen soll sich die Sippe selbst um ihren Mann kümmern. Sollte sich aber herausstellen, daß die Yamowe grundlos einen Komongu überfallen haben, dann können sie was erleben.»
Big Papas Worte werden mit zustimmenden ewé-Rufen quittiert, die ihn in Hochstimmung versetzen.
«Ja, wir Komongu! Wir sind die Besten, die Mutigsten, die Stärksten!» Tosender Beifall. «Also, Männer, wir werden abwarten, bis We Namba die Sache aufgeklärt hat.»
Wieder Beifallsgeschrei.
Big Papa wie auch Guri haben bewiesen, daß sie ihrer Führungsrolle in der Sippe würdig sind.
Guris Vorschlag, selbst und allein Licht in das Dunkel zu bringen und, wenn nötig, als Vermittler zwischen beiden Parteien aufzutreten, wird einstimmig angenommen.
Besonnen, ohne eine Gefühlsregung zu zeigen, blickt Guri in die Runde, steht auf:
«Hört zu!» lispelt er. «Ich gehe jetzt zur Nimalere-Sippe. Sollte ich nach Sonnenuntergang noch nicht zurück sein, dann wißt ihr, daß ich immer noch mit den Leuten spreche. Wartet also, bis ich wieder zurückkomme – und laßt euch mit den Nachbarn nicht in aufwieglerische Gespräche ein.»

Mit gesenktem Kopf verläßt Guri das Männerhaus.
«So, dann geht wieder an eure Arbeit», fordert Big Papa die Männer auf und mahnt: «Verkauft eure Kaffeebohnen nicht an die Asaro-Company! Der Australier zahlt 30 Toea pro Pfund zuwenig.»

Früher als gewöhnlich kehren die Leute von den Gärten nach Riyofiyaro zurück.
«Ist We Namba schon da?» fragen sie besorgt.
«Nein», ist die knappe Antwort von Big Papa, der vor der Familienhütte eines seiner Schweine entlaust.
Orombawe kommt dazu:
«Hast du etwas erfahren?»
«Nein. Ich habe zwar einen aus der Sippe getroffen, doch er sagte kein Wort über die Sache von heute morgen.»
«Findest du das nicht eigenartig?» fragt Orombawe.
Big Papa nickt:
«Das ist natürlich sehr verdächtig. Doch warten wir ab, We Namba wird es sicher herauskriegen.»
Plötzlich Palaver. Einige Frauen und Männer laufen zum Dorfeingang. John kommt mit den Krankenträgern zurück.
«Ist er tot?» schreit Big Papa ihnen entgegen.
«Nein», tönt Johns Baßstimme, «der Alte lebt.»
Alle atmen erleichtert auf.
«Der weiße Doktor hat ihn sofort operiert. Wir warteten so lange. Nachdem er mit seiner Arbeit fertig war, sagte er, der Alte habe noch einmal Glück gehabt. Und im übrigen meinte der Doktor, wenn wir wieder einen Verletzten zu ihm bringen, dann sollen wir die Pfeilspitzen im Körper lassen und sie auf keinen Fall herausschneiden.»
«Was! Das sagte er! Ha, der hat doch keine Ahnung», antwortet Big Papa abfällig und spuckt auf den Boden. Bis tief in die Nacht rätselt man über die Hintergründe des Überfalls. Weil Guri ausbleibt, fühlt sich Big Papa in seiner Vermutung bestätigt:
«Männer, ich glaube, die Nimalere-Sippe hat etwas zu verheimlichen, sonst hätten wir längst etwas erfahren. Kein singout, nichts haben wir gehört. Ist das nicht seltsam?»
Die Männer pflichten ihm bei.

«Also, warten wir bis morgen», beendet Big Papa die Versammlung.
«We Namba ist nun schon zwei Nächte fort», sagt Nokowe besorgt und legt seine Frühstückskartoffel in die Glut.
«Sollen wir nicht doch zu den Nimalere gehen?» fragt mein Vater.
«Nein!» wehrt Big Papa entschieden ab. «Wir warten noch einen Tag.»

Ein Schatten taucht vor dem linken Eingang des Männerhauses auf.
«Aiyoo – aiyoo!» ruft Orombawe.
Wie ein Gespenst steht Guri für einen Moment unbeweglich in der Türöffnung.
«Da bist du ja!» Big Papa schnalzt aufgeregt mit der Zunge.
Schweigend setzt sich Guri ans Feuer. Sein Gesicht wirkt eingefallen, müde, übernächtigt. Er schließt die Augen. Er scheint zu meditieren.
Eine lange Pause... Niemand wagt, Guri anzusprechen. Gebannt starren wir alle auf ihn, warten auf seinen Bericht. Die Spannung wird von Minute zu Minute größer.
Guri öffnet langsam die Augen, sein Blick wandert durch die Holzkohlenglut. Etwas umständlich stochert er Nokowes Süßkartoffel heraus, teilt sie und ißt eine Hälfte.
«Raimond, smok», spricht Guri mich an, nimmt die Zigarettenpakkung aus meiner Hemdtasche und bedient sich.
«Die Nimalere haben den Überfall selbst verschuldet», beginnt Guri das Rätsel zu enthüllen.
«Was! Hm, das habe ich nicht gedacht», sagt Big Papa und kratzt sich mit dem Ausdruck höchster Verwunderung am Hinterkopf.
«Was haben sie angestellt?» fragt er.
«Vor einigen Tagen hatten Männer der Nimalere-Sippe drei fremde Schweine, die in ihren Gärten wühlten, mit Pfeilen erschossen. Es waren Yamowe-Schweine!»
«Recht haben sie getan», ruft Big Papa. «Wenn fremde Schweine meinen Garten kaputtmachen, erschieße ich sie auch.»
«Und was würdest du mit den toten Schweinen tun?» fragt Guri.
«Ich! Ich würde sie liegenlassen, die Eigentümer herbeirufen und Schadenersatz für meinen Garten verlangen», antwortet Big Papa.
«So, und genau das haben die Nimalere nicht getan. Sie haben die

Schweine sofort in ihr Dorf gebracht, sie gekocht und gegessen. Am Tag darauf kamen die Yamowe und forderten ihre toten Schweine zurück. Die Nimalere taten so, als wüßten sie von nichts. Sie lachten die Yamowe aus, beschimpften sie und schickten sie fort. Am nächsten Tag kamen die Yamowe wieder und forderten Schadenersatz für ihre Schweine. Doch die Nimalere wollten von alldem nichts wissen. Als sie von den Yamowe erfuhren, daß ihre Männer beim Wegtragen der Schweine beobachtet worden waren, kam es zum Streit. Unter Drohungen wurden die Yamowe wieder zurückgeschickt.»

«Ha, warum haben diese Dummköpfe denn nicht mit den Yamowe verhandelt?» Big Papa ist wütend geworden und schüttelt verständnislos den Kopf.

«Das habe ich sie auch gefragt», antwortet Guri, «aber sie wollten den Schweinediebstahl verheimlichen. Der Überfall unten am Fluß war die Rache.»

Big Papa springt auf:

«Recht haben sie getan, die Yamowe!»

Guri schüttelt den Kopf:

«Nein, nicht ganz.»

«Wieso?» fragt Big Papa.

«Ist ein Mensch ein Schwein?»

«Was meinst du damit?»

«Warum muß für ein Schwein ein Mensch erschossen werden?»

«Die Yamowe hatten doch keine andere Wahl, wenn die Nimalere nicht verhandeln wollten!»

«... Yoyauwe, der Mann dort oben, warf eine Schlange vom Himmel. Sie verkroch sich im Busch, wechselt von Zeit zu Zeit ihre Haut, stirbt aber nie. Die Menschen jedoch sterben und sind für immer tot. Nur ihre Geister leben weiter und beobachten uns Lebenden. Deshalb nehmt euch in acht vor Karafa, dem Schatten des Todes ..»

Diese und andere heilige Mythen werden bei den Komongu nur während der Reifefeiern und Initiationszeit den Jungen erzählt. Dieses ungeschriebene Kulturgut wurde seit Jahrtausenden durch mündliche Überlieferung von Generation zu Generation in die Gegenwart getragen.

«Trotzdem, die Yamowe hätten klüger gehandelt, wenn sie darüber Gericht gehalten hätten», entgegnet Guri.
Big Papa starrt Guri verdutzt an: Mit dieser ungewöhnlichen Antwort hat er nicht gerechnet.
«Nein, da kann ich dir nicht zustimmen, We Namba. In einem solchen Fall hätte ich mich genau so gerächt, wie es die Yamowe getan haben.»
Die übrigen Männer nicken. Guri schweigt eine Weile. Was er gesagt hat, ist in der Tat ungewöhnlich und paßt nicht in die traditionsgebundene Denk- und Handlungsweise der Bergpapua. Hingegen entspricht Big Papas Antwort dem üblichen Verhalten dieses Naturvolkes. Sippen- und Stammesfehden, Mord und Blutrache sind noch heute Realität – nicht nur bei den Komongu. Auch die Ursachen sind im Prinzip dieselben geblieben. Verlagert haben sich die Schwerpunkte: Wo früher zum Beispiel Frauenraub oder Schweinediebstahl Anlaß zu Streit und Kampf boten, stehen heute, unter dem Einfluß der Zivilisation, Vergewaltigung und Mord durch Alkoholismus im Vordergrund.
Neben diesen kriminellen Aspekten, deren soziale Hintergründe vielschichtig sein mögen, gibt es immer noch magisch-rituelle Praktiken wie Krankheit und Tod durch Zauberei, die oft genug Streit und Fehde auslösen.
Guri hat ein paar Minuten nachgedacht und erzählt nun weiter: «Immerhin habe ich die Nimalere soweit gebracht, daß sie den Yamowe zwei Schweine als Schadenersatz zurückgaben. Auf meinen Rat schlachteten sie sogar noch ein drittes Schwein und bereiteten den Yamowe ein Friedensmahl. Beide Parteien haben fest versprochen, einander nie mehr zu schädigen. Die Sache ist also erledigt.»
Jubel bricht aus. Big Papa läuft auf den Dorfplatz und verkündet laut die Friedensbotschaft – alle Dorfbewohner nehmen sie mit großer Erleichterung auf.

«Die marita-Pandanus ist reif geworden, auch das genu-Gras blüht bereits», sagt Guri, mit einem geheimnisvollen Blick zu den Männern gewandt.
«Ewé, ewé», antworten sie.

Big Papa kommt mit heißen Süßkartoffeln zurück, verteilt sie schweigend und wirft die Aluminium-Schüssel durch den Eingang ins Freie, wo sie scheppernd auf den Boden fällt.
«Aiyee-eeé», eine Frauenhand ergreift die Schüssel und verschwindet.
Guri gibt Big Papa eine sanften Rippenstoß:
«Die marita und genu sind reif.»
Big Papa pfeift durch die Zähne und zieht die Brauen hoch.
«Und wie sieht es mit den Schweinen aus?» fragt Guri.
«Meine sind groß und fett», antwortet Big Papa stolz.
«Gutpela, gutpela», lispelt Guri zufrieden und wirft mir einen verstohlenen Blick zu. Ein Verdacht steigt in mir auf. Sollten diese Fragen im Zusammenhang mit dem vor einiger Zeit besprochenen Sippenfest stehen? Ich bin fast sicher.
«Und was ist mit euren Schweinen?» fragt Big Papa in die Runde.
«Die sind in Ordnung», antworten die Männer, sie lachen und reiben sich vergnügt die Hände. Nur Orombawe schaut betrübt. Irgend etwas bereitet ihm Kopfzerbrechen.
«He, was ist mit deinen Schweinen?» ruft ihm Big Papa zu.
Verlegen blickt Orombawe auf:
«Weißt du, wir haben in letzter Zeit einige Schweine verkauft», druckst er schwerfällig herum, «und jetzt haben wir nur noch die Jungschweine.»
Big Papa nickt verständnisvoll:
«Du kannst von mir einige Schweine kaufen.»
«Von mir auch», sagt Nokowe.
Orombawe steht auf:
«Gut, ich werde mit meiner Frau darüber sprechen.»
Orombawes Antwort bestätigt meine Annahme, daß die Frauen nicht nur für die Aufzucht der Schweine verantwortlich sind, sondern auch für Kauf und Verkauf.
«Harim olgeta – hört alle zu!»
Im selben Moment beginnt ein fürchterliches Grunzkonzert. Nur wenige Schritte vor dem rechten Eingang des Männerhauses bemüht sich ein ausgewachsener Eber, seinen «ehelichen Pflichten» nachzukommen.
«Maski!»... schreit Big Papa zornig durch die Türöffnung.

Die Männer schütteln sich vor Lachen. Einigen Kindern gelingt es schließlich, das grunzende Duo mit Stöcken und Ruten zu vertreiben.
«Männer, hört zu. Es ist soweit! Ihr wißt, was wir beschlossen haben. Bereitet nun alles vor. Bringt das Feuerholz und sagt euren Frauen, sie sollen reichlich Gartenfrüchte nach Hause bringen. Und noch eins: Sagt euren Söhnen, die von unseren großen Festen nichts mehr halten, daß sie nie echte Männer werden.»
Einige der Männer sind sichtlich betroffen; ihre Söhne gehören zu denen, die für die traditionellen Rituale nichts übrig haben.
Big Papas Worte bringen Leben in die Runde. Ächzend, gähnend und sich reckend stehen die Männer auf, packen ihre Netze, greifen nach Äxten und Buschmessern und eilen palavernd zu den Familienhütten. Es dauert nicht lange, und Familie für Familie zieht in die Gärten.
Guri bleibt als einziger im Männerhaus. Mit der vertrauten Geste bittet er um eine Zigarette. Genüßlich zündet er sie an, zieht den Rauch in die Lungen und läßt ihn stoßweise aus seinen Nasenlöchern wieder herausqualmen. In seinen Zügen glaube ich ein feines, hintergründiges Lächeln zu erkennen, ich hüte mich aber, danach zu fragen. Vielleicht hat er auch nur Spaß daran, zu sehen, wie ich mich anziehe.
«Warum schlägst du deine Schuhe?» fragt er. Ich muß lachen.
«Weißt du, oft kommen nachts kleine Insekten wie Spinnen oder Kakerlaken in die Schuhe. Deshalb klopfe ich die Schuhe aus, bevor ich sie anziehe.»
Ganz allmählich, so als würde eine Handsirene angekurbelt, fängt Guri an zu kichern, das Lachen wird immer rhythmischer, erreicht schließlich seinen Höhepunkt und endet in einigen Gluckslauten.
«Von den nimakarawe?» fragt Guri mit rauher Stimme, nimmt meine Hand und betrachtet meinen Ehering.
«Ja, von den Weißen», antworte ich.
Er nickt kaum merklich und kommt nahe an mein Ohr:
«Raimond, morgen ist für dich und für uns alle ein großer Tag!»
Ich bin neugierig: «Was sagst du da, für mich?»
«Ich will nicht viel darüber sprechen. Du sollst es so miterleben, wie wir das alle einmal erlebt haben.»

Big Papa hat also doch nicht geblufft.
«Und was ist das für ein Fest, Guri?»
«Raimond, als du bei deiner Schwester Okani warst, haben wir beschlossen, daß du das wichtigste Fest unserer Sippe so miterleben sollst, wie es bei uns früher Sitte war.»
«Was! Was ist das für ein Fest?»
«Hör auf zu fragen. Was bist du für ein Mann geworden», sagt er und spielt den Entrüsteten. «Es ist das große Fest der Stammesaufnahme.»
«Der Stammesaufnahme? Wieso? Gehöre ich nicht zu eurem Stamm?» frage ich.
Guris Lippen beben: «Natürlich!» brüllt er mir ins Gesicht. «Du warst schon immer ein Komongu. Aber eben deswegen, weil du als nimakarawe alles vergessen hast, haben wir beschlossen, das große Fest noch einmal mit dir zu feiern. Oder kannst du dich an deine Stammesaufnahme erinnern?»
«Nein, das kann ich nicht.»
«Na also. Sei froh, daß die Sippe überhaupt noch ein solches Fest macht. Ich habe lange reden müssen, bis alle Männer damit einverstanden waren, dieses Singsing zu veranstalten.»
«Und warum?»
«Das weißt du doch selbst, die neue Zeit hat viele neue Gedanken von den nimakarawe in die Köpfe unserer Leute gesetzt – und unsere eigenen zugeschüttet. Du siehst ja, die Jugend denkt nicht mehr so wie wir. Und wir Alten verstehen die Jugend nicht mehr...»
«Aber die neue Zeit bringt nicht nur Schlechtes», unterbreche ich ihn und versuche, ihn zu beruhigen. Er denkt nach.
«Was ist die neue Zeit?» fragt er und zieht seine Augenlider zu Schlitzen zusammen.
Ich bin verdutzt. Wie soll ich seine Frage verstehen? Guri sieht mir meine Verblüffung an und lächelt.
«Sind es nicht die neuen Menschen, hm?» flüstert er, «sind nicht die neuen Menschen die neue Zeit, hm?»
«Was verstehst du unter ‹neuen Menschen›?» frage ich und tue so, als verstünde ich ihn nicht.
«Alle nimakarawe! Sie haben in uns vieles verändert; bei uns Alten

langsamer und weniger, bei unseren Jungen aber sehr schnell und eigentlich fast alles. Habe ich dir nicht schon gesagt: Die Jungen sind nicht so wie wir? Sie denken und reden anders. Wir können sie oft nicht mehr verstehen, eben weil sie nur mit der neuen Zeit leben wollen. Raimond, das ist nicht gut, unsere Jungen dürfen die alte Zeit, unsere Zeit, die wir an sie weitergeben, nicht vergessen!»
Ich muß Guri zustimmen. Der Jugend bedeutet die traditionelle Kultur ihrer Vorfahren nichts; es ist, als hätte sie keine Wurzeln mehr. Das ganze Volk ist im Begriff, seine Identität zu verlieren – das sind die Symptome einer von Anfang an fehl- oder überhaupt nicht gesteuerten Akkulturation in diesem Lande. Ohne Zweifel, die neue Zeit hat vielen Menschen mehr genommen, als sie ihnen geben konnte.
«Ich muß noch einiges vorbereiten», sagt Guri etwas traurig und besorgt, steht auf, rückt seine Gesäßbedeckung aus Cordyline-Zweigen zurecht und geht aus dem Männerhaus.
Guris Worte klingen in mir wie ein Appell, ein Aufschrei, der Hilferuf eines sterbenden Naturvolkes. Bedrückt meinen Gedanken nachhängend, gehe ich zu Anja in unsere Arbeitshütte.

Wortkarg krame ich meinen Notizblock aus der Alu-Kiste und registriere das Gespräch mit Guri. Die Aufzeichnungen verdeutlichen mir die überragende Persönlichkeit dieses Mannes. Geradezu zu extrem ist das Denken Guris im Vergleich zum Denken der anderen.
Dann fragt Anja: «Ist dir eigentlich klar, daß dein hiesiges Leben in sieben Tagen zu Ende geht?»
«Was sagst du da! Ist es schon wieder soweit?»
Der bloße Gedanke, Neuguinea verlassen zu müssen, stimmt mich wehmütig.
«Das mußt du mir ausgerechnet jetzt, vor dem Höhepunkt meines Papua-Lebens sagen.»
Kritisch sieht Anja mich an. «Was soll das heißen: ‹dein Lebenshöhepunkt›? Haben sie dir eine zweite Frau angeboten?»
«Nein, das nicht», sage ich und lache. «Aber deine Frage ist nicht so abwegig. Doch es ist etwas anderes. Stell dir vor, Anja, morgen soll meine Stammesaufnahme stattfinden!»

«Was sagst du da!»
«Ja, du hast richtig gehört. Meine Stammesaufnahme.»
«Und wie soll die aussehen?» fragt Anja und sieht mich mit großen Augen an.
«Keine Ahnung. Jedenfalls steht fest, daß es ein großes Singsing geben wird. Und nach Big Papas Worten vermute ich sogar, daß eine ganze Menge Schweine geschlachtet werden.»
«Und sie machen das Riesenfest nur für dich?»
«Nein, das glaube ich nicht. Sie inszenieren allgemein das große Fest der Stammesaufnahme. Hauptakteure sind einige wenige Jugendliche, die diese traditionelle Stammessitte noch akzeptieren.»
«Wie meinst du das?»
«Nun, dir ist die ohnehin gespaltene Situation der Jugend zu ihren Eltern bekannt – es gibt noch einige Ausnahmen. Mit den wenigen und mir wird dieses früher so bedeutende Fest noch einmal gefeiert, und ich hoffe, die Komongu feiern es nicht zum letztenmal. Ich soll jedenfalls alles noch einmal so miterleben, wie es früher war. Das ist der Wunsch der Männer.»
«Und warum?» fragt Anja.
«Na, du weißt doch, ich kann mich an mein hiesiges Leben nicht mehr erinnern, ich habe ja alles vergessen.»
«Ja sicher. – Übrigens, wann willst du ihnen sagen, daß wir bald abreisen müssen?» fragt Anja. Ich zucke hilflos die Schultern:
«Wenn ich das nur wüßte!»
«Wenn ich allein ginge, wäre es nicht problematisch», sagt Anja, «doch du bist die Schlüsselfigur, mit deinem Weggehen rechnet niemand.»
«Das ist es eben. Wie soll ich ihnen klarmachen, daß wir erst nächstes Jahr wiederkommen? – Und primär wegen Okani? Das wird noch eine harte Nuß werden.» Wie ein Bleiklotz legt sich das Problem auf meinen Magen.
«Anja, ich werde mit Guri darüber sprechen. Mit ihm kann ich am besten reden. Vielleicht versteht er mich.»
«Und weißt du schon, was du ihm sagen wirst?»
«Nein, eben nicht. Aber ich hoffe, es wird sich irgendwie ergeben.»
Anja hat meine Notizen über die Unterhaltung mit Guri gelesen und

legt sie wieder in die Kiste. Schweigend zündet sie sich eine Zigarette an: «... und die Abendländer haben im Zusammenhang mit Naturvölkern den Begriff ‹primitives Denken› geprägt!»
«Na gut, das war früher. Diese Auffassung wurde längst revidiert», sage ich.
«Trotzdem Piet, wie viele Leute reden heute noch von Wilden, Primitiven oder Kanaken. Stell dir vor, du würdest Guris Worte den Europäern vorlesen, ohne zu erwähnen, von wem sie stammen. Sie würden seine Aussagen vermutlich als hintergründige Gedankenspiele auffassen. Würdest du dann sagen: ‹Hört zu, Leute, was ihr soeben gehört habt, stammt aus dem Munde eines Medizinmannes aus Neuguinea›, so würden sie lachen und das als Witz betrachten. Oder du erzählst den Leuten von Anfang an, von wem diese Worte sind, dann würden sie glatt sagen: ‹Was für ein Unsinn!›»
«Ja, das glaube ich auch. So könnten manche Reaktionen ausfallen. Doch darüber sollten wir uns keine Gedanken machen. Wie heißt es so treffend: Wer es fassen kann, der fasse es.»
«Bist du schon aufgeregt?» fragt Anja.
«Ich – aufgeregt? Wieso?»
«Ich denke an morgen.»
«Ach so, ja, ein bißchen schon. Ich brenne vor Neugier. Apropos Neugier: Anja, beobachte bitte genau den Frauenbereich. Du weißt schon; was macht Gunime, was Jäne und so weiter. Das Verhalten der Frauen vor dem Singsing kann sehr interessant sein. Frage sie je nach Situation oft in Pidgin, damit sie nicht zu häufig ihre Stammessprache sprechen – du weißt selbst, mit Fingerspitzengefühl, das Ganze muß fließen. Ihre Absichten dürfen nicht durch Fragen blockiert oder beeinflußt werden. Lieber einmal weniger fragen, als einen Ablauf durch eine überflüssige Frage zu verändern.»
Jemand klopft an die Hüttenwand:
«Raimond!» dringt Guris Stimme durch das pitpit-Mattengeflecht. «Komm schon», ruft er ungeduldig, «wir gehen zum Wasser.»
Ich komme gar nicht zum Fragen. Längst ist Guri auf dem Pfad, der zum Fluß führt. Eilig folge ich ihm. Vorn an der Biegung bleibt er stehen. Er scheint zu lauschen. Angestrengt horcht er in den Flußgrund hinab.

Sein Verhalten zwingt mich zu höchster Aufmerksamkeit. Der Fluß scheint immer heftiger zu rauschen, das Zwitschern der Vögel immer lauter zu werden. Meine Sinne reagieren übersensibel. Da – waren das nicht Kinderstimmen?

«Komm, Raimond», fordert Guri mich im nächsten Moment auf. Nach wenigen Minuten erreichen wir den Fluß. Männer stehen im Schatten eines Bambusstrauches. Guri geht auf sie zu: «Alles in Ordnung?» fragt er.

Sie nicken. Sie scheinen gerannt zu sein: alle sind außer Atem. Ich kenne die Männer vom Sehen, sie stammen aus verschiedenen Dörfern der Umgebung.

Wieder unterdrückte Kinderstimmen. Doch ich kann nirgendwo Kinder sehen. Noch einmal die Stimmen. Kommen sie aus dem Bambusbusch?

Mit einemmal beginnen die Männer zu schreien. Ich verstehe kein Wort. Erstaunt sehe ich, wie ein Junge verängstigt aus dem Bambusstrauch hervorkriecht. Es folgt ein zweiter, ein dritter... Schließlich stehen acht Knaben vor uns. Ihre Körper sind völlig mit Lehm beschmiert. Das könnte schon ein Teil der Initiationsfeier sein. Gespannt beobachte ich, was geschieht.

Die Jungen machen einen erschöpften, niedergeschlagenen Eindruck. Sie sehen aus, als seien sie stundenlang durch den Urwald gehetzt worden. Ihre kleinen Brustkörbe senken und heben sich. Einer der Männer deutet flußaufwärts, die anderen nicken. «Heii, heii...», fangen die Männer an zu schreien, stoßen die Knaben vor sich her und rennen in die gezeigte Richtung.

«Komm, Raimond», zischt Guri.

Alles schreit «heii, heii!».

Unvermittelt stoppt die Gruppe; das Geschrei verstummt. Die Männer schauen kurz zu Guri, der kaum merklich nickt. Er scheint tatsächlich Regie zu führen.

«He – yo – we – he – yo – we...», stimmen die Männer den Kampfruf an, der sich augenblicklich auf die Knaben überträgt. Noch nie habe ich diesen Ruf so leidenschaftlich bei Jugendlichen gehört. Sie stampfen mit den Füßen, feuern einander an. Das ist mehr als ein Spiel.

Guris Augen leuchten. Auch er schreit aus voller Kehle – und ich schreie auch, merke ich – selbst verwundert.
Es geht weiter. Mit furchterregendem Kriegsgeheul stürmen wir weiter, besinnungslos, einfach den anderen nach.
Plötzlich: ein gefährlich tönendes Summen über unseren Köpfen.
«Deckung», brülle ich und werfe mich hinter einen Flußstein. Niemand hat mich verstanden, die Gruppe läuft weiter. Fassungslos schaue ich zurück. Einige Pfeile liegen zerbrochen nahe der Uferböschung.
«Was soll das Theater!» schreie ich, springe auf und hetze hinter der Gruppe her.
Wieder schwirren Pfeile über meinen Kopf hinweg und prasseln weit hinter mir auf die Steine.
Ich renne um mein Leben. Endlich habe ich die Gruppe erreicht, die halb versteckt im Schutz eines riesigen Felsquaders kauert.
«Was soll dieser Mist?» frage ich Guri.
Er weicht meinem Blick aus, bleibt stumm. Eine lange Pause entsteht. Minuten vergehen, nichts geschieht.
«Inap», höre ich Guri sagen.
Langsam richten sich die Männer auf, wischen den Schweiß von ihren Gesichtern und gehen mit den Jungen zum Wasser. Während die Knaben von den Männern gewaschen werden, geht Guri zurück und sammelt die Pfeile ein. Mit einem beachtlichen Bündel kommt er zurück. Fast alle Spitzen sind abgebrochen. Mir fällt auf, daß es sich ausschließlich um Kampfpfeile handelt, deren Widerhaken beim Aufschlag fast durchweg abgesplittert sind.
Pfeil für Pfeil zerbricht Guri über seinem Knie, zerkleinert die Spitzen besonders sorgsam. Durch zwei, drei auffällige Augenaufschläge gibt er mir zu verstehen, daß er ungestört sein möchte.
Mittlerweile ist mir eins klargeworden: der Überfall von vorhin war ein inszenierter Scheinangriff und ist zugleich ein Teil der großen Initiationszeremonie.
Singend kommen die Männer mit ihren Schützlingen an uns vorbei und verschwinden im Dickicht.
«Wo gehen sie hin?» platze ich neugierig heraus.
«Sie gehen in ihr Buschhaus zurück.»

«Und was machen sie dort?» frage ich.
«Ihre Onkel werden ihnen vom wahren Männerleben erzählen, denn die Knaben werden bald Jungmänner sein.»
«Wann?»
«Vielleicht schon morgen», sagt Guri und setzt flüsternd hinzu: «Dann gehören sie zu uns.»
«War das soeben ein Teil der Stammesaufnahme?»

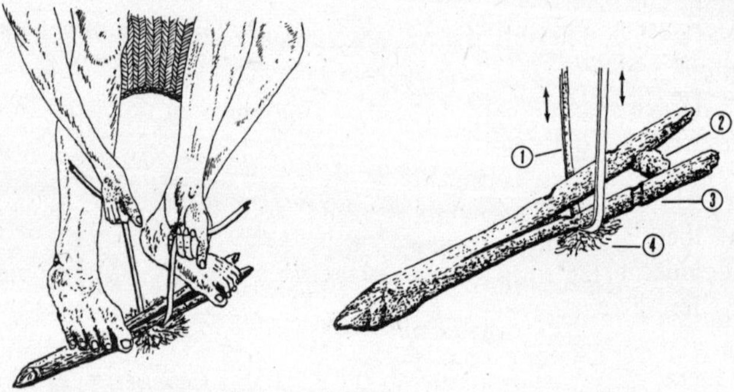

Das Feuersägen: einst eine lebenswichtige Fertigkeit.
Rechts: Feuersäge; 1 = Bambusstreifen; 2 = Klemmstück; 3 = gespaltenes Aststück; 4 = getrocknete Bastfasern

Guri nickt nur, denn er ist gerade dabei, Feuer zu machen. Mit beiden Füßen steht er auf einem armlangen, gespaltenen Rundholzstück. Unter dem Rundholz liegt ein kleines, faseriges Bündel aus getrockneten Blüten.
Er führt eine Bambussehne unter das Holz, zieht sie kräftig auf und ab, immer schneller, bis sie reißt. Dann fängt er an zu pusten. Feine weiße Schwaden steigen auf. Er bläst weiter, im Rhythmus eines Blasebalges. Der Rauch verdichtet sich, wird gelblich, ein gelbes Flämmchen flackert auf. Rasch nimmt er das brennende Zunderpaket und steckt den Pfeilbündelhaufen in Brand.
«Guri, was hat das alles zu bedeuten?»

Lange und durchdringend mustert er mich. Seine Lippen werden zu einem waagrechten Strich, er schüttelt den Kopf:
«Als Komongu-Mann hast du heute nicht viel Mut im Kampf gezeigt. Du hast dich wie eine Spinne zwischen den Steinen versteckt. Erst beim zweiten Überfall bist du aufrecht wie ein Kämpfer gelaufen. Das hat mir besser gefallen.»
«Mir hat das Ganze überhaupt nicht gefallen. Weißt du, daß ich um mein Leben gerannt bin?»
Guri winkt mißbilligend ab:
«Ein Komongu läuft nicht um sein Leben. Hast du die Jungen gesehen? Sie alle sind den Pfeilen entgegengerannt. Keiner von ihnen hat sich wie ein Stein auf den Boden fallen lassen. – Doch du hast deinen Mut schon gezeigt. Bei den Bena Bena damals warst du der Mutigste von uns allen. Das haben wir nicht vergessen.»
Guri klopft mir auf den Rücken, steht auf und hängt seine Netztasche über die Schulter.
«Ich muß noch etwas arbeiten», sagt er und verschwindet geräuschlos im Uferdickicht.

Erst jetzt merke ich, wie in mir die Spannung wächst. Was kommt noch alles auf mich zu? Allein der Gedanke, das Initiationsritual miterleben zu dürfen, läßt mein Herz höher schlagen, auch wenn ich die Einleitung nicht ohne Tadel hinter mich gebracht habe.
Doch sehr schnell ändert sich meine Stimmung. Sorgen und Ängste nagen an mir. Wie soll ich ihnen klarmachen, daß ich abreisen muß? Wie soll ich ihnen erklären, daß ich nicht in der Lage bin, ihnen Wohlstand zu bringen?
Wieder spüre ich bitteren Speichel am Gaumen. Guri kommt mir in den Sinn: «Mach dir keine schweren Gedanken, sie machen dich krank.» Wie recht hat er. Doch ich kann die Probleme nicht umgehen. Probleme lassen sich nur lösen, wenn man sie durchdringt. Aber wie? Grübelnd gehe ich ins Dorf.
Kurz vor Riyofiyaro ändert sich meine Gefühlsverfassung. Ich bin plötzlich sicher, daß sich das Problem lösen läßt. Ich weiß zwar nicht wie, aber ich weiß, daß ich alle Schwierigkeiten überwinden werde.

Der Abend bringt nicht die erhoffte Vorfreude auf das große Singsing. Nur ganz beiläufig wird hin und wieder an das Fest erinnert. Die Tagesgeschehnisse im Garten und in der Umgebung stehen im Vordergrund. Big Papas Zuckerrohr ist von Schädlingen stark angefressen, im Dorf Wamba hat sich eine Frau mit einem heißen Kochstein die ganze Handfläche verbrannt, in Nokowes Zaun fehlen seit heute drei große Knüppel, die, wie er vermutet, ein Dieb als Feuerholz verwendet hat.

Big Papa steht auf, gähnt und streckt sich: «Dann ist alles in Ordnung?» fragt er und fixiert jedes einzelne Gesicht für Bruchteile von Sekunden.

«Ewé, ewé!» antworten die Männer.

«Gut, dann gehen wir schlafen», lispelt Guri. «Gut nait, olgeta!»

«Bu-la-wieé-a-ií-aiy-ai-a-ií-aiy-ai...», dringt es an meine Ohren. Das Fest! Ich habe verschlafen! Schnell springe ich auf. Der Gesang verstummt. Gelächter ertönt. Die Männer sitzen an den Feuerstellen und essen Süßkartoffeln. Wieder fangen einige zu singen an.

«Wir wollten dich nicht wecken», sagt mein Vater.

«Das hättet ihr aber tun sollen», antwortete ich verärgert und ziehe mich eilig an.

«Das ist nicht gut», meint Guri. «Schlafende soll man nicht schnell wecken.»

«Und warum nicht?»

«Man weiß nie, wo ihre Gedanken sind, verstehst du?»

Ich schüttle den Kopf und steige in meine feuchtkalten Blue jeans.

«Bei Schlafenden können die Gedanken weit weg sein», erklärt Guri, «deshalb muß man sie behutsam wecken. Würde man sie schnell wachrufen, könnten die Gedanken nicht mehr in den Kopf zurückfinden.»

«Was ist dann?» frage ich.

«Hm, der Schlafende könnte nicht mehr aufwachen. Er wäre tot!»

«Tot, sagst du?» frage ich erschrocken.

Guri und mein Vater nicken stumm.

«Raimond, für dich», krächzt Gunimes Stimme vor dem Eingang. Im nächsten Augenblick fliegt etwas durch die Türöffnung und landet unweit von Kindirums Rücken.

Ekel überkommt mich. Das scheußliche Ding soll sie selber essen. Entzückt gucken die Alten auf den «Festbraten». Man sieht ihnen förmlich an, wie ihnen das Wasser im Mund zusammenläuft.
«Ihr könnt sie essen, ich habe nur Appetit auf eine Süßkartoffel», sage ich.
«Nein, das ist für dich, Raimond», erklärt Guri mit gespielter Zurückhaltung, packt die olivgrüne schwabbelige Kröte, die etwa die Größe einer Männerfaust hat, und wickelt sie in ein Kochblatt. Ein Lianenstreifen hält das Bündel zusammen, das sich noch ab und zu bewegt. Nach einer Weile liegt es ruhig in der Holzkohlenglut.
Währenddessen entwickeln sich ungewöhnliche Aktivitäten im Männerhaus: Erd- und Pflanzenfarben werden in kleinen Blattschüsseln angerührt. Aus verstaubten Koffern, Netztaschen und Bambusbehältern kommt der kostbare, oft seit Generationen vererbte Muschel- und Federschmuck zum Vorschein.
Orombawe, Nokowe und Big Papa sind gerade dabei, ihre alten sanduhrförmigen Handtrommeln zu stimmen. Es ist eine langwierige Prozedur, und alle nehmen sie sehr ernst. Mit kreisenden Bewegungen werden die Instrumente solange über das Feuer gehalten, bis das Fell – meist Kuskushaut – die notwendige Spannung hat. Auf die Trommeln werden erbsengroße Honig- oder Harzklümpchen gedrückt. Dadurch bekommt jede einzelne ihren unverwechselbaren Ton, und es entstehen unzählige Klangvariationen.
Nokowe scheint mit dem Klang seiner Trommel zufrieden zu sein. Behutsam legt er sie auf seine Schlafstelle. Big Papa dagegen – seine Trommel tönt dumpf – sucht noch nach der absoluten Klangvollendung.
«Klingt doch wunderbar!» rufe ich ihm zu.
«Was verstehst du davon», brummt er mürrisch und drückt einen weiteren Harzklumpen auf das Trommelfell. Von meinem Musikgehör scheint er nicht viel zu halten.
«Was macht ihr da für einen hambak», schreit mit einemmal jemand ins Männerhaus herein. Draußen stehen höhnisch lachend einige Jugendliche. Big Papa und die anderen Männer erstarren.
«Was habt ihr gesagt?» brüllt Big Papa. Seine Augen blitzen. Diese Beleidigung ist zuviel. Rasend vor Wut jagen die Männer mit Knüp-

peln und glimmenden Holzscheiten den davonrennenden «Revoluzzern» nach. Kurz vor dem Dorfeingang werden sie gestellt. Stockhiebe klatschen auf nackte Haut. Die drei Burschen schreien vor Schmerzen.
«Hambak – hambak – hambak...», schreit Big Papa und schlägt im Takt dazu.
«Hört auf, genug», sagt Guri und stellt sich vor Big Papa, dem eine Speichelblase vor dem Mund steht.
«Haut ab! Laßt euch während des Singsing hier nicht mehr blicken!» schreit er, immer noch zitternd vor Zorn.
Diese Episode macht deutlich, daß es unter den Jungen brodelt. Es gibt also welche, die sich den traditionellen Verpflichtungen entziehen, sich nicht anpassen, den Alten gegenüber nicht einmal Kompromißbereitschaft zeigen, sondern sich militant verweigern.

Heute werde ich von diesem Problem rasch abgelenkt, denn singend treffen die Gäste – verwandte und verschwägerte Sippen – ein, an die siebzig, achtzig Personen. Ein unheimliches Durcheinander entsteht. Gastgeschenke oder, genauer, Pflichtgeschenke werden ausgetauscht, darunter lebende Schweine, Süßkartoffelnetze, Geld und Federschmuck.
Der stete Kreislauf zwischen Geben und Nehmen funktioniert noch. Denn auch das bindet und stärkt die Gemeinschaft der Sippen.
Kurz nach dem Eintreffen der Gäste kehren auch die Novizen mit ihren Onkeln aus dem Busch zurück. Abgesondert, im Schatten einiger Bananenstauden, bleiben sie am Dorfeingang sitzen.
«Bindet die Schweine fest», befiehlt Big Papa, dessen Kopf, mit Kasuarfedern bekränzt, die andern Köpfe um 20 Zentimeter überragt. Bestimmt steht er wieder auf der alten Benzintonne, um den Überblick nicht zu verlieren.
Die Schweine werden an allen vier Läufen mit dicken Rindenstrikken festgebunden und angepflockt.
Mit dem Kommando: «kilim pik», das tatsächlich vom Benzinfaßpodest kommt, fängt das große Singsing an – vielleicht ist es das letzte dieser Art.
Dumpf schlagen schwere Holzkeulen auf die Schweineschädel. Meist

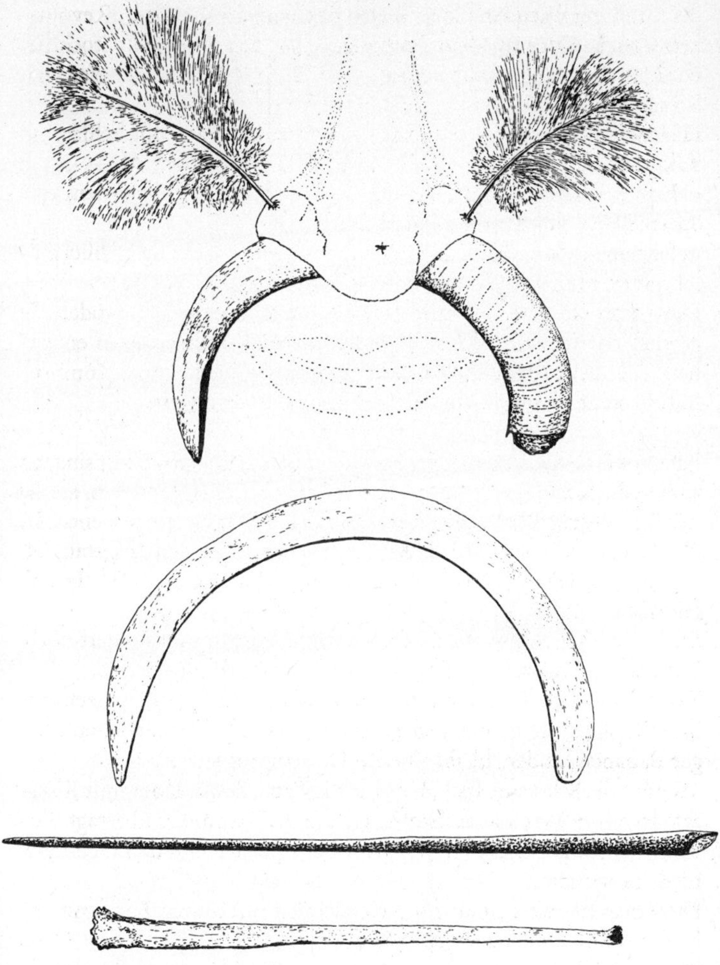

Komplette Nasendekoration. Nasenflügeldurchbohrung: Zwergpapageienfedern, Nasenseptumbohrung: Eberhauer oder Perlmuttsichel, Kasuarfederkiel, Röhrenknochen

erst nach dem zweiten oder dritten Hieb sacken die Tiere bewußtlos zusammen. Monotone Wechselgesänge, das Stampfen der Tanzschritte und Trommelschläge untermalen das Quietschen der Schweine. Anja geht ins Familienhaus zurück. Sie kann das Gemetzel nicht mit ansehen.
Nicht weniger als siebenundzwanzig Schweine haben die Sippenmitglieder für dieses Fest aufgeboten – der größte Teil kommt von den Eltern der Novizen, denn sie sind nach Stammessitte für das Festessen verantwortlich.
Während sämtliche Frauen und ein paar Männer auf dem Dorfplatz zurückbleiben und sich mit den Kochvorbereitungen beschäftigen, ziehen alle übrigen Männer zusammen mit den Novizen zum Fluß. Anja und ich hasten hinterher.
Genau an der Stelle, wo gestern der Scheinangriff stattgefunden hat, versammelt sich die Menge.
Anja stößt mich sanft in die Rippen:
«Guri kommt – er ist hinter uns.»
Ich fahre herum. Guri steht vor mir.
«Raimond, sieh dir alles ganz genau an, damit du wieder weißt, wie es früher war.»
Guri geht hinüber zu Big Papa.
Gott sei Dank. Ich dachte schon, ich würde zum Spielen einer Heldenrolle aufgefordert.
Guri redet gestikulierend auf Big Papa ein. Offensichtlich erteilt er ihm genaue Anweisungen über den Ablauf der Reifefeier, denn mit einem Schilfrohrhalm beschreibt Guri einen Kreis. Dann legt er einige Steine in eine Reihe, blickt zu Big Papa auf, der sogleich nickt. Unauffällig gibt Guri ein Handzeichen.
Sofort lösen sich fünf Männer aus der singenden Versammlung. Guri scheint auch ihnen etwas zu erklären. Einige Male deutet er über den Fluß. Die Männer gehen zurück, doch nicht zu den anderen, sondern sie verschwinden im Dickicht der Uferböschung.
Big Papa schlägt seine Tanztrommel im gleichmäßigen Rhythmus und dreht sich dabei langsam um seine eigene Achse. Der Gesang verstummt. Die Festteilnehmer bilden einen großen Halbkreis, der zum Fluß hin offen bleibt.

Absolute Stille. Dann stößt Big Papa einen kurzen schrillen Schrei aus – ein Signal. Aus dem Bambusgebüsch werden die Knaben, zwischen zehn und dreizehn Jahre alt, von ihren Onkeln in den Fluß geführt.
Es sind nur sechs Novizen. Gestern waren es noch acht. Zwei haben also bereits aufgegeben.
Knöcheltief stehen die Knaben im Wasser mit Blickrichtung zu den Zuschauern. Wieder ein kurzer schriller Ruf von Big Papa, der ohne Zweifel den Zeremonienmeister spielt.
Die Novizen werden festgehalten. Sie bäumen sich auf, winden und drehen sich, strampeln und schlagen wild um sich, wollen sich losreißen – doch vergeblich. Mit eisernem Griff werden die Jungen festgehalten.
Guri tritt in Aktion. Behutsam reibt er Körper für Körper mit Brennesselblättern ein. Sofort bilden sich dicke Blasen.
Einige Helfer aus den Reihen der Zuschauer beschmieren die überreizte Haut der Novizen mit nassem Lehm. So wird die gewünschte Gegenreaktion erzielt: Die Haut wird gekühlt, die Bläschen bilden sich zurück, das Brennen läßt allmählich nach.
Der Sinn dieser Brennesselzeremonie ist, wie mir Guri später erzählte, den Schmerz gelassen zu ertragen und sich dadurch in Selbstbeherrschung zu üben.
Wieder schlägt Big Papa die Trommel. Guri holt aus seiner Netztasche ein Bündel gedrehter Grasstäbe. Jetzt wird die Mutprobe kommen, die Big Papa vor Tagen durchgestanden hat.
Der Kampfruf wird angestimmt: «He-yo-we-he-yo-we!»
Die Jungen werden noch fester gehalten, die Grasstäbe noch höher in die Nasen geschoben. Gellende Schmerzensschreie. Guri gibt den Helfern ein Zeichen. Fast gleichzeitig werden die Grasstäbe aus den Nasen gezogen. Blutbäche, Trommelklänge, Schlachtrufe.
Ein Junge hängt wie leblos in den Armen seines Onkels. Er wirft ihn ins Wasser, schüttelt ihn, gibt ihm einige Ohrfeigen – langsam kommt der Bewußtlose zu sich. Zuschauer versuchen, ihm mit anspornenden Worten Mut zu machen. Unter tosendem Beifallsgeschrei werden die Novizen gewaschen und aus dem Fluß geführt.
Im Schatten des Bambusbusches ruhen sich die Erschöpften aus. Zur Stärkung reichen ihnen die Onkel ein kleines Stück Ingwerwurzel.

Nach Guris Erklärungen wird diese Mutprobe zugleich als Reinigungszeremonie angesehen: alles «alte» Blut soll abfließen.
Auch die Festversammlung hat sich am Flußufer niedergelassen. Die Männer kauen Betel, rauchen und unterhalten sich.

Bambusflötenspieler

Etwa nach zwei Stunden: das Pfeifen unsichtbarer Bambusflöten ist zu hören.
«Aiyoo!» kommt ein Ruf aus der Zuschauermenge. Die Jungen schrecken taumelnd hoch, suchen Schutz bei den Männern und halten sich die Hände vors Gesicht.
Immer lauter, immer schriller und durchdringender wird das Pfeifen.
Dann ein Rascheln am jenseitigen Flußufer. Plötzlich tauchen sie auf – zwei, drei Flötenspieler, dahinter zwei unheimlich aussehende Gestalten.
Im Pirschgang, den Oberkörper nach vorn geneigt, schreiten sie am Ufer auf und ab. Abrupt endet das Flötenspiel.

«Nokondi!» ruft Big Papa über den Fluß.
Der Ruf gilt der grauweißen Lehmgestalt, die sich nun langsam dreht und mit den aufgesteckten Bambusfingerhülsen klappert.
Den Novizen werden die Hände von den Augen gerissen. Ängstlich, entsetzt und neugierig zugleich betrachten sie das Fabelwesen.
Big Papa gibt nun einige Erklärungen. Sichtlich beeindruckt nicken die Jungen mehrere Male.
«Wiwaá!» ruft unerwartet Big Papa und wendet sich zum Fluß. Während sich Nokondi in gebückter Haltung an die Uferperipherie zurückzieht, tritt die zweite Gestalt, von Kopf bis Fuß mit Moos und Farnblättern bedeckt, in den Vordergrund. Bewegungslos und gekrümmt verharrt die Figur, die man fast mit einem wildumwucherten Baumstamm verwechseln könnte.
Wieder spricht Big Papa zu den Jungen, eine gute halbe Stunde lang, die Flötenspieler und die «Geister» tauchen unauffällig im Busch unter.
Nach Guris Erklärung bedeutet dieser Abschnitt der Initiation die Offenbarung großer Geheimnisse. Erstmals werden den Knaben die nema-Geisterflöten gezeigt. Sie hören die Ur-Mythe des Komongu-Stammes und sehen die mythologische Darstellung wichtiger Kulturträger, in diesem Fall der Naturgeister: Nokondi ist der Berggeist und Wiwa der Waldgeist.
Big Papa gibt neue Anweisungen. Die Novizen stellen sich entlang der Uferböschung in einer Linie auf.
Je zwei Helfer treten von hinten an einen Jungen heran und umklammern ihn. Jetzt stellen sich die Onkel vor die Knaben und halten ihnen einen Pfeil waagrecht an die Nase. Gleichzeitig setzen laut Trommelschlag und Gesang ein.
Jemand rempelt mich von der Seite an. Guri steht vor mir.
«Was ist?» frage ich kurz angebunden, denn ich fühle mich in meiner Beobachtung gestört.
«Raimond, du bist ein Komongu. Komm!»
Im nächsten Moment packen mich drei Männer und zerren mich zu den Knaben.
Ich habe plötzlich die Eingebung, daß das, was nun mit mir geschieht, rechtens ist. Ohne Widerstand, überzeugt, daß es sein muß, signalisie-

re ich Guri durch Kopfnicken mein Einverständnis. Nun bin ich der siebte im Bund der Leidensgenossen.

Fast sanft drücken mich die Männer auf den Boden und halten mich an Brust, Schulter und Stirn fest.

«Piet, was machen sie mit dir?» höre ich Anja nervös rufen.

«Reg dich nicht auf. Es wird alles halb so schlimm sein. Mach einige Fotos.»

«Bist du fertig?» fragt Guri.

Ich kann nur mit den Augen zwinkern, denn die Umklammerung an Kopf und Körper wird stärker.

Guri kniet sich vor mich hin. Er schiebt mir ein Zuckerrohrstück in die linke Nasenöffnung und preßt es gegen die Scheidewand. In der rechten Hand hält er einen frisch angespitzten Kampfpfeil.

Unablässig schaue ich Guri an. Da – der magische Blick! Ich will meine Augen schließen, um seinem unerträglichen Blick zu entkommen. Vergeblich. Es gelingt mir nicht. Wie gebannt starre ich in Guris Augen, die einen merkwürdigen Glanz bekommen haben. Ob er in diesem Moment nicht genauso unter einem Bann steht wie ich? Dieser Gedanke erschreckt mich. Mein Herz schlägt wie wild. Schweiß quillt mir aus allen Poren. Mein Magen verkrampft sich schmerzhaft. Ich ringe nach Luft. Heiß und kalt läuft es mir über den Rücken. Mein ganzer Körper fängt an zu kribbeln, es hat den Anschein, als tobten Millionen Ameisen unter meiner Haut.

In Bruchteilen von Sekunden ist alles vorbei. Guri sieht mich an, als sei nichts gewesen.

«Gutpela», murmelt er und setzt die Pfeilspitze an.

Mit einer drehenden Bewegung durchdringt die Holzspitze das Naseneptum und bohrt sich in das Zuckerrohrstück.

Ich fühle einen stechenden, lang anhaltenden Schmerz. Meine Augen tränen.

Guri zieht die Spitze vorsichtig wieder heraus. Ist schon alles vorbei? Ich hatte noch Schlimmeres erwartet und atme auf.

Guri werden zwei Federkiele gereicht. Es sind die rotschwarzen Federn des Zwergpapageis.

Behutsam drückt er mir links und rechts die Federkiele durch die Nasenscheidewand.

«Inap», ruft er und klopft mir freundschaftlich auf die Brust.
Beifall bricht aus. Das dumpfe Dröhnen der Handtrommeln setzt ein und begleitet den Gesang der Männer.
Spontan umarme ich Guri, dann meinen Vater, der auf einmal neben mir steht, wir tanzen im Kreis. Mehr denn je fühle ich, daß ich zu ihnen gehöre. Ich bin ein Komongu, das ist mir in diesem Augenblick klargeworden. Eine unerklärliche, unbeschreibliche Gewißheit ist da. Kein Widerspruch, kein Wenn und Aber steht dem gegenüber.
«Komm, Raimond, setz dich», sagt Guri und unterbricht unseren Freudentanz.
«Was ist?» frage ich.
«Wir wollen dich schmücken», antwortet er und ruft meinem Vater etwas zu.
Bald darauf kehrt Kindirum mit einem Bündel Bananenblätter zurück.
«Hier, Raimond, mein Singsing-Schmuck. Nimm ihn. Er gehört jetzt dir», murmelt er gerührt.
Guri zupft an meiner Badehose und gibt mir zu verstehen, daß ich mich ausziehen soll. Unter dem Jubel der Zuschauer wird mir die traditionelle Stammestracht angelegt. Guri bindet einen alten, knielangen monambi um meine Hüften, einen Männerschurz, dessen unteres Ende mit Schweineschwänzen verziert ist. Danach schmückt er mein Hinterteil mit frischen Cordyline-Zweigen, der typischen Gesäßbedeckung für Männer. Während mein Vater offensichtlich Mühe hat, mir die zu engen Oberarmbänder über die Ellenbogen zu schieben, behängt Guri mich mit Hals- und Brustschmuck. Eine mehrreihige, leuchtend gelbe Orchideenhalmkette folgt auf eine dunkelbraune Nußkernkette, die mich fürchterlich kratzt. Ein großes, sichelförmig geschliffenes Perlmuschelstück und zwei Eberhauerzähne bilden die Prachtstücke meines Brustschmuckes.
Inzwischen hat es mein Vater geschafft: Das aus Halmbast geflochtene Oberarmband sitzt an der richtigen Stelle – wie angegossen. Das zweite Oberarmband steckt er nach vergeblichen Bemühungen in seine Netztasche zurück.
Während mein Vater mir ein sechsreihiges Nassa-Schneckenband um die Stirn bindet, bemalt Guri mein Gesicht. Die Wangenpartien be-

Oberarmreifen, aus gelben Rohrstreifen geflochten

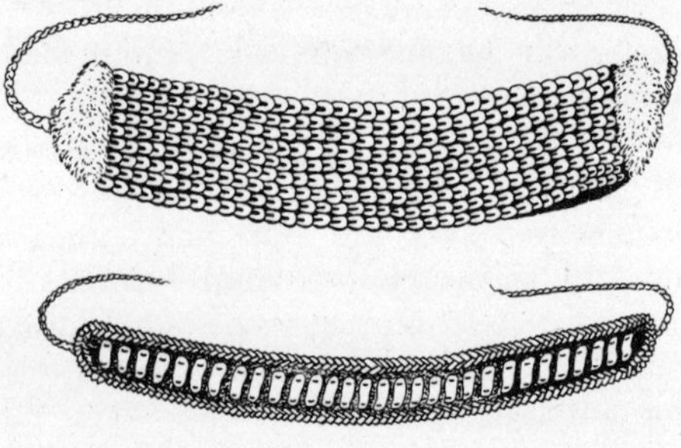

Oben: Stirnband mit Nassa-Schnecken besetzt,
unten: Stirnband mit Käferflügeldecken

tupft er mit roter Pflanzenfarbe. Nase, Stirn und Schläfen streicht er mit ockerfarbigem Lehm an.
Meine glatten Haare erweisen sich als sehr nachteilig, denn schon zum zweiten Mal rutscht mir das Stirnband vor die Augen, was Guri jedesmal veranlaßt, die noch nicht angetrockneten Farbstellen auszubessern.
Nach einigen Versuchen ist es Kindirum gelungen, den schwarzen

Kasuarfederkopfschmuck zu befestigen. Den krönenden Abschluß meines Kopfputzes bildet ein roter Paradiesvogelbalg, den mir Guri etwas ruppig durch Haare und Bänder auf den Hinterkopf steckt.
Er mustert mich von oben bis unten, nickt zufrieden:
«Du siehst gut aus – wie ein We Namba, ein großer Mann.»
Mein Vater schüttelt nur den Kopf. Mein ungewohntes Erscheinungsbild scheint ihm die Sprache verschlagen zu haben.
Big Papa gibt das Zeichen zum Aufbruch. Mit Trommelklang und Gesang zieht der Festzug ins Dorf zurück.
Zu beiden Seiten der dampfenden Erdofenanlage, die sich rund fünfzehn Meter längs über den Dorfplatz zieht, lagert sich die Festversammlung. Auf der einen Seite sitzen die Frauen, ihnen gegenüber die Männer.
Im bunten Gewirr der vielen Köpfe und Federn entdecke ich die ebenfalls neu eingekleideten Novizen. Sie tragen alle den monambi, den Männerschurz. Durch ihre Nasenscheidewand steckt ein dünner, etwa zehn Zentimeter langer Halm.
Die Gäste haben einige Kartons South Pacific Lager Beer mitgebracht. Entgegen meinen Befürchtungen gibt es aber keine Betrunkenen, keinen Streit, keine Rauferei.
Mit dem Schweineessen, das bis in die frühen Morgenstunden dauert, endet die große Initiationsfeier. Die Nasendurchbohrungszeremonie war der letzte Teil und zugleich Höhepunkt der Initiation. Der symbolische Wechsel aus dem Jugendalter ins Männeralter wurde damit offiziell vollzogen.

Erst am dritten Tag nach dem großen Singsing stehe ich wieder einigermaßen auf den Beinen. Der Gedanke an die Abreise hat mich krank gemacht.
«Bist du wieder gesund?» fragt Guri besorgt und fügt hinzu: «Du hast viel zu viel Schweinefleisch gegessen.»
«Mag sein, Guri – trotzdem fühle ich mich noch wie eine leere Kalebasse.»
Guri lacht und klatscht sich vergnügt auf das Hinterteil: «Pekpekwara aii», sagt er und hält sich den Bauch vor Lachen.
«Wo sind meine Schuhe?»

«Die hat Kindirum. Er dachte, du bist noch länger krank», sagt Guri.
«So, dachte er», antworte ich verärgert und gehe barfuß zu Anja.
«Raimond, bleib nicht lange. Ich warte auf dich», ruft Guri mir nach. Was mag er wollen?
Ich betrete unsere Arbeitshütte.
«Gott sei Dank! Geht es dir wieder besser?» begrüßt mich Anja. «Brauchst du noch Kamillentee oder Sulfonamide?» Ich winke ab.
«Stehen irgendwo noch Schuhe von mir?»
Anja sieht mich an:
«Du bist ja barfuß! Wo hast du denn deine Basketballschuhe?»
«Im Kaffeegarten, vermutlich.»
«Woo?»
«Vielleicht gehen sie auch gerade woanders herum, denn Kindirum führt sie aus.»
«So ein Witzbold», sagt Anja und schüttelt den Kopf. Sie gibt mir die Wanderstiefel aus der Alu-Kiste.
«Ist dir klar, daß wir übermorgen schon in Goroka sind?»
Ihre Frage bohrt sich tief in meinen Magen.
«Das ist es ja, Anja, was mich so fertigmacht. Ich habe bisher nicht den Mut aufgebracht, es den Leuten zu sagen.»
Schweigend sehen wir einander an.
«Du wirst es schon schaffen, noch haben wir etwas Zeit», flüstert sie mit belegter Stimme. «Sag ihnen doch...», sie unterbricht, beißt sich nervös auf die Lippen. «Ich weiß es auch nicht.»
Ihre Hände bedecken ihr Gesicht.
«Anja, ich werde jetzt Guri alles sagen, was zu sagen ist.»
Mich packt die Wut. Entschlossen, mit der Absicht, Guri alles zu erklären, gehe ich zu ihm.
Wenige Schritte vor dem Männerhaus gerät mein soeben gefaßter Entschluß schon ins Wanken. Ich bleibe stehen. Was soll ich ihm sagen? Ich höre schon die abertausend Fragen auf mich niederprasseln.
«Raimond, komm!»
Guri steht neben mir.
«Komm, ich werde dir etwas zeigen.»
Ohne Frage und Widerrede folge ich ihm. Nur hinter ihm her zu laufen, ohne ein Wort zu reden, empfinde ich als Erleichterung.

Unvermittelt bleibt Guri stehen. Jetzt erst merke ich, daß wir weit weg vom Dorf sind, in unwegsamem Berggelände.
«Komm», flüstert er und deutet auf eine nahe Felswand.
Über morsche Baumstämme hinweg, durch Dornengestrüpp geht es weiter bergan. Erdrückend nahe steht bereits die Felswand vor uns. Nach einer Weile bleibt Guri stehen, bückt sich und schlüpft in eine kleine Felsöffnung.
«Komm!» höre ich ihn rufen. Seine Stimme klingt hohl und gedämpft. Er muß in einer Höhle sein.
Vorsichtig, auf allen vieren, krabble ich in den Stollen, der nach knapp zwei Metern im rechten Winkel nach links abzweigt. Pechschwarze Finsternis.
«Guri, wo bist du? Ich kann nichts sehen», rufe ich.
«Komm schon», dringt seine Stimme dumpf an mein Ohr.
Im nächsten Moment verspüre ich einen Windhauch vor meinem Gesicht, dann einen leichten Schlag gegen das Kinn. Ich reiße meinen Kopf hoch und stoße mit aller Wucht gegen das Gestein. Weiße und rote Kreise tanzen vor meinen Augen. Stechender Kopfschmerz – mir wird übel. Gleichzeitig spüre ich, wie sich irgend etwas an meinem Kinnbart zu schaffen macht.
Ich versuche ruhig zu bleiben und rutsche rückwärts bis zur Biegung zurück.
Im Zwielicht kann ich erkennen, daß sich eine Zwergfledermaus in meinem Bart verheddert hat. Ihr graubrauner, pelziger Körper hat nicht ganz die Größe einer Zündholzschachtel. Behutsam setze ich das Tierchen in eine Felsspalte.
«Raimond, komm!» ruft Guri ungeduldig.
Ich wäre jetzt lieber draußen an der Luft mit meinem Brummschädel. Widerwillig krieche ich durch den niedrigen Tunnel, der nach wenigen Metern in eine kleine, mannshohe Höhlenkammer mündet.
Guri sitzt aufrecht, mit verschränkten Beinen vor einer Bambusfackel und starrt reglos in die gelbweiße Flamme.
Die Stille wirkt auf mich unerträglich. Mein Blick wandert durch die Höhle. – Ich zucke zusammen: Neben Guri, nahe der Wand liegen zwei Schädelskelette, daneben einige Knochen. Nun ist mir klar, was er mir zeigen wollte.

«Was willst du hier?»
Doch Guri reagiert nicht auf meine Frage. Unablässig schaut er auf die Fackel. Ich sehe keinen Grund, länger in dieser stickigen Totenhöhle zu bleiben und stehe auf.
«Bleib, Raimond», flüstert Guri, «setz dich.»
Er sieht mich eindringlich an:
«Warum füllst du deinen Kopf mit schweren Gedanken?
Nicht nur das viele Schweinefleisch hat dich krank gemacht», sagt er und schüttelt heftig den Kopf, «es sind deine schweren Gedanken!»
«Was, meine schweren Gedanken!»
Es drängt mich, ihm augenblicklich alles zu erklären:
«Guri, in zwei Tagen werde ich Riyofiyaro verlassen.»
Er nickt. «Ich weiß.»
«Was? Du weißt es?!»
«Wir wissen es alle! Warum machst du dir deshalb so schwere Gedanken?»
Ich bin wie betäubt. Unfähig, einen Ton über die Lippen zu bringen, sehe ich Guri an.
Sein Körper beginnt zu beben. Mit einem Ruck erfaßt er meine Hand. Sein stechender «Mongolenblick» raubt mir fast die Sinne.
«Raimond! Die – Ahnen – rufen! Du wirst wiederkommen – und wieder gehen. Yoyauwe hat es so bestimmt.»

Epilog

«Du wirst wiederkommen ... wiederkommen ...
... und wieder gehen ... wieder gehen ...», echot es in mir.
Wie eine ätzende Flüssigkeit brennen sich die Worte in mein Bewußtsein. Mein ganzer Körper, mein ganzes Sein wird von diesem Widerhall durchdrungen. Ein noch nie erlebtes Gefühl des Losgelöstseins fließt in mich ein, überflutet mich.
Wieder höre ich die Worte:
«Du wirst wiederkommen – und wieder gehen.»
Guris Augen sind geschlossen. Dennoch spüre ich, wie eine unsichtbare Kraft von ihm ausgeht und versucht, mich festzuhalten.
Ich habe die plötzliche Gewißheit, daß Guris Worte eigentlich nicht seine waren. Guri ist das Werkzeug einer überirdischen Wirklichkeit. Durch ihn wurden diese Worte übermittelt. Wer hat also gesprochen? Sind es wirklich die Ahnen?
Ohne eine reale Erklärung zu haben, bin ich sicher, daß in diesen Fragen bereits die Antwort liegen muß.
Das Aufflackern der Bambusfackel läßt mich aufblicken: Sonderbar, es ist, als stünde die Flamme in einem Luftzug. Unruhig züngelt sie nach allen Seiten, dann erlischt sie. Kein Glimmen, kein Funke, nichts. Absolute Finsternis. Nur Guris Hand, die noch immer die meine hält, und die modrige Luft, die ich einatme, erinnern mich an das gegenwärtige Dasein in der Totenhöhle. Für einen Moment überkommt mich ein panikartiges Gefühl.
Da – das Phantombild – überdimensional: Raimond, das Gesicht des toten Raimond steht vor mir, mit geschlossenen Lidern, so, wie ich ihn das erste Mal durch den Lichtkegel der Taschenlampe im Sarg gesehen habe.
«Raimond, mein Bruder.»
Ich kann nicht unterscheiden, ob die tonlose Stimme von außen in mich drang, oder ob ich die Stimme in mir hörte.

Langsam, ganz langsam verblaßt Raimonds Bild, löst sich schließlich auf.
Entsetzt starre ich in die Dunkelheit. Lähmende Angst droht mich zu erwürgen. Ich spüre, wie sich meine Haare aufrichten. Ich habe das Gefühl, von unsichtbaren Wesen umgeben zu sein.
Noch fester drücke ich Guris Hand, die mit einemmal zu zittern beginnt.
«Raimond – – Raimond.»
Es sind Guris Worte.
Unfähig, irgend etwas zu antworten, stiere ich in die Richtung, wo Guri sitzen müßte.
«Komm, wir gehen.»
In Sekundenschnelle weicht die nervenzerreißende Spannung. Vorsichtig tasten wir uns zum Höhlenausgang, durchkriechen den Tunnel und stehen bald darauf im gleißenden Tageslicht.

Schweigend marschiere ich in einem traumähnlichen Zustand ins Dorf zurück.
«Hast du ihm alles erzählt?» fragt Anja.
Ich schaue sie einige Sekunden an. Jetzt erst merke ich, wie mein klares Denken wieder einsetzt. Der traumähnliche Zustand kann nichts anderes gewesen sein als Guris gewaltige Suggestivkraft.
«Und? Hast du es ihm gesagt?»
«Nein! Er und sie alle wußten es bereits.»

Anhang

Die Dörfer und ihre Bewohner

Von seiten der Administration werden sämtliche Siedlungsgruppen beiderseits der Hochlandstraße zwischen Daulo-Paß und Chuave (ca. 26 km) als «Siane» bezeichnet. Die Stämme Kofena im Norden und Arango im Süden werden ebenfalls noch zur Siane-Bevölkerung gezählt. Das Siane-Volk bilden elf gleichsprachige Stämme, die sich jedoch dialektisch und kulturell voneinander unterscheiden.
Mit rund 1400 Menschen, die sich auf vierzehn Dörfer verteilen, sind die Komongu die größte Bevölkerungsgruppe innerhalb der Siane-Stämme. Ihr Siedlungsgebiet – 2000 bis 2800 Meter über dem Meer – liegt im Zentrum des Siane-Areals (vgl. Karte).
Die Komongu lassen sich in zwei Gruppen unterteilen, die kulturell voneinander etwas abweichen. So zählen die Dörfer Rurape-Kenendiro, Atarero, Keyu, Wamba, Riyofiyaro, Kurefu und Kofeyaro zur Nordost- und die Dörfer Nonambaro, Fomiyo, Mikarafaro, Monenga, Kirofe und Aketo zur Südwestgruppe.
In den Gruppensiedlungen leben zwischen 40 und 230 Einwohner. Die Siedlungsplätze der Nordostgruppe wurden in den letzten sechzig Jahren durchschnittlich fünfmal gewechselt. Der häufigste Wechsel fand in der Zeit der Akkulturationsphasen (1933 bis 1955) statt. Im Gegensatz zur Nordostgruppe entsannen sich die alten Informanten der Südwestgruppe nur an einen dreimaligen Wohnplatzwechsel im gleichen Zeitraum. Das Dorf Kuifamo wurde bereits vor Jahren aufgegeben.
Die Siane-Sprache wird der East New Guinea Highland-Stock (Sprachgruppe) zugeordnet und heute von etwa 20000 Menschen gesprochen (nach Zaumsegel und Dr. Stephen A. Wurm, Professor of Linguistics/Australian University, Canberra).

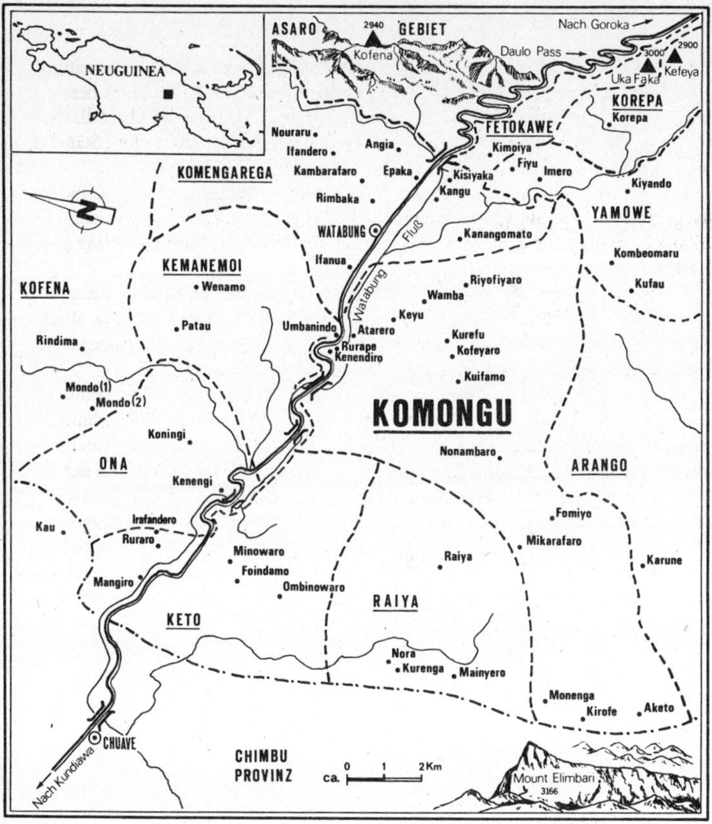

—.—. Provinzgrenze
— — — Stammesgrenze
Hochlandstraße
Fluß
Brücke
• Dorf
⊙ Polizeistation

Das Siedlungsgebiet der Siane-Bevölkerung vom Mount Elimbari aus gesehen.
Die Stammesnamen sind unterstrichen.
Erstellt: Piet Bogner; 1979

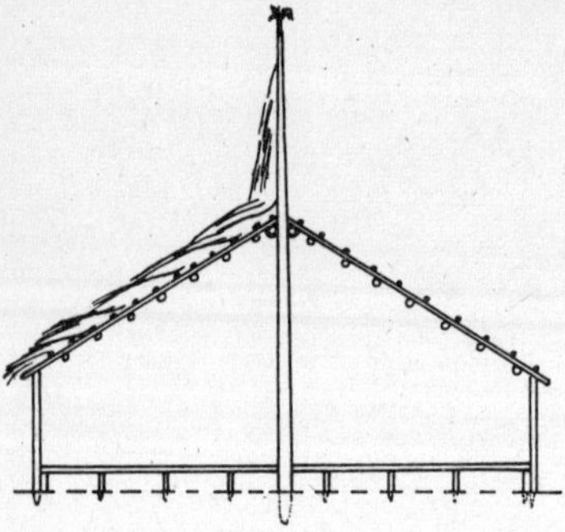

A

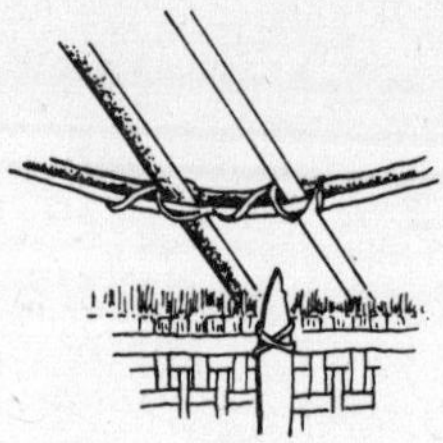

B

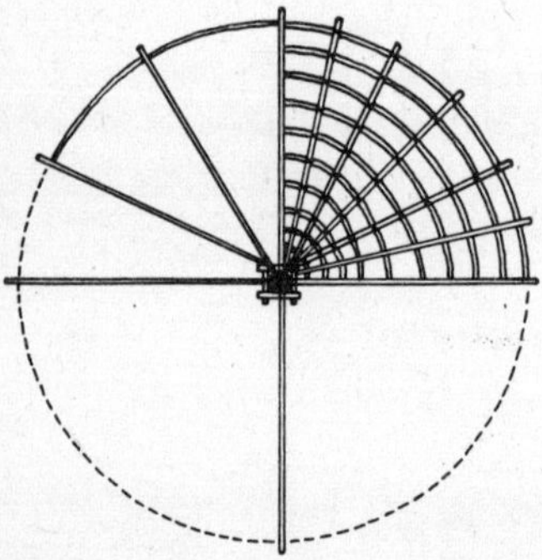

C

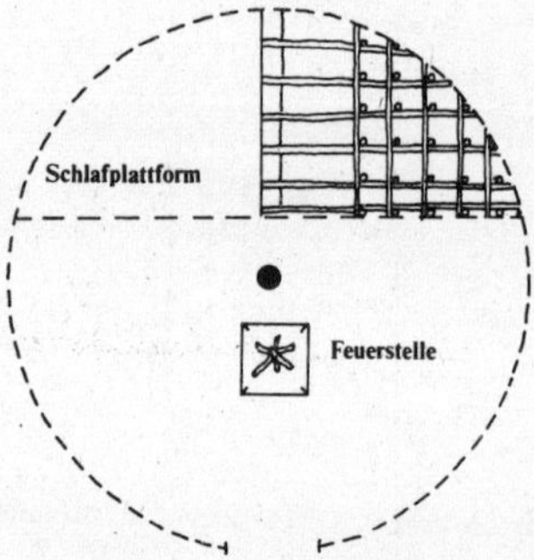

D

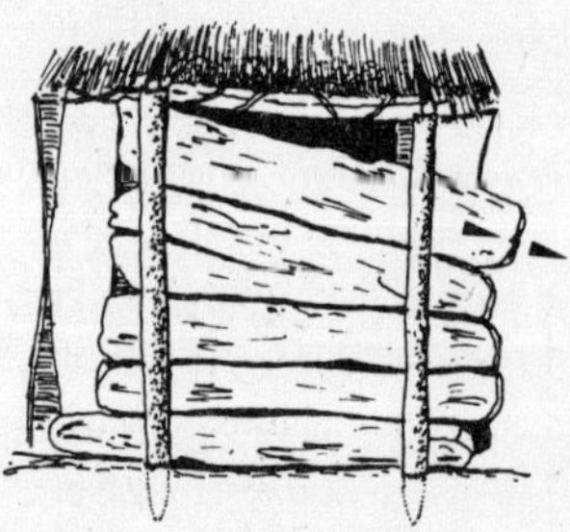

E

FRAUENHAUS

A. Querschnitt

B. Detail der Dachkonstruktion

C. Dachkonstruktion

D. Grundriß

E. Türvorbau

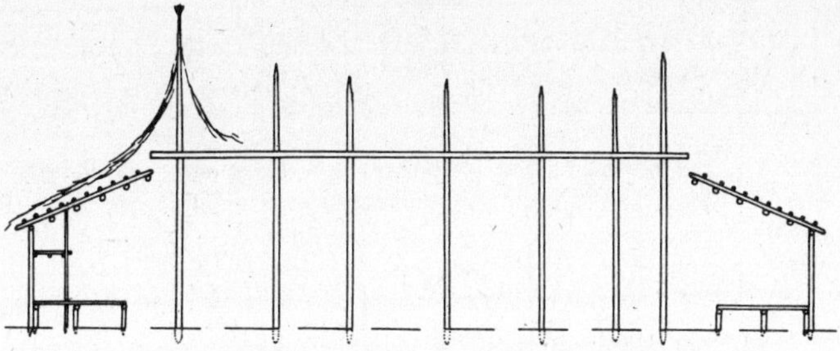

A

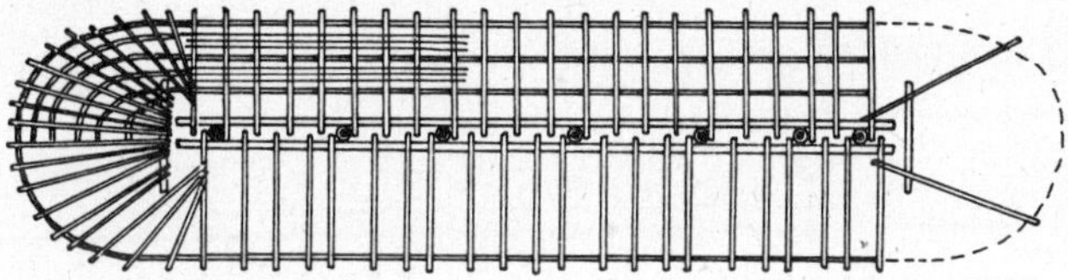

B

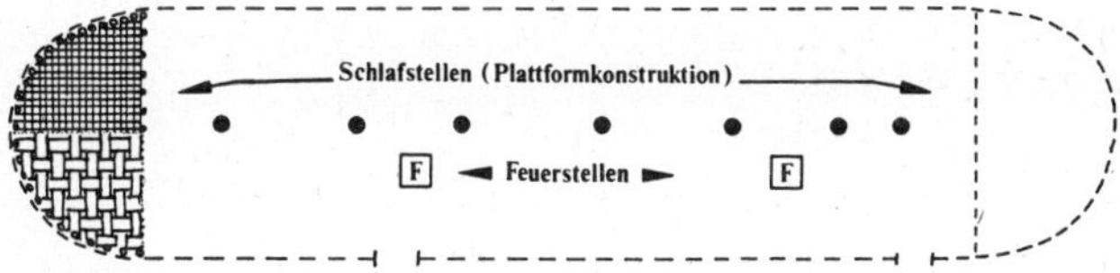

C

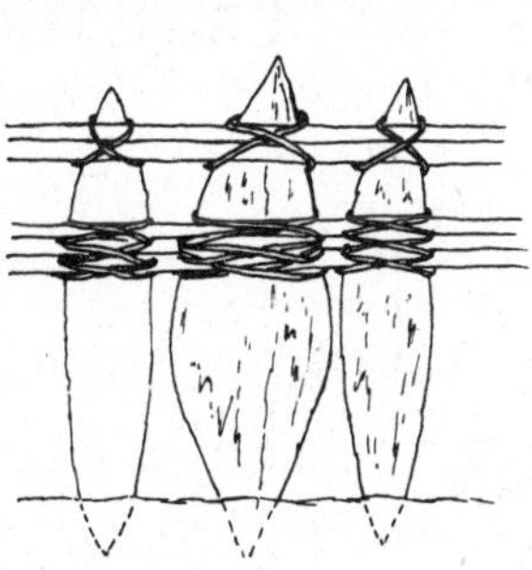

D

MÄNNERHAUS

A. Längsschnitt

B. Dachkonstruktion

C. Grundriß

D. Detail der Wandkonstruktion

Ursprüngliche Zählmethode der *Siane*-Stämme

Nach eingehenden Befragungen aller Informanten der einzelnen Stämme läßt sich ein einheitliches Zahlensystem erkennen, das nach meinen Untersuchungen etwa 150 Jahre unverändert geblieben ist. Es darf angenommen werden, daß dieses System einen weit längeren Datierungswert hat.
Zum Rechnen bzw. Zählen benützen die *Siane*-Leute ihre Hände und Füße. Sie beginnen ausnahmslos mit dem linken kleinen Finger, gehen über die rechte Hand, den rechten Fuß und enden mit der linken kleinen Zehe.[1] Die Zählung beruht auf dem Zusammensetzen der Grundzahlen, wobei neben dem Reihenzählen das Paarsystem angewandt wird. Zum Beispiel: 2+2 oder 5+5, d.h. beide Hände, oder 10+10: beide Hände und beide Füße. Die *Siane* zählen von 1 bis 20; wird weitergezählt, so zieht man eine oder mehrere Personen hinzu.

Linke Hand		
Kleiner Finger	*rauwokoi*	1
Ringfinger	*lere*	2
Mittelfinger	*lere rauwokoi*	3
Zeigefinger	*lere uto lere uto*	4
Daumen	*lere uto lere uto rauwokoi* (heißt gleichzeitig *ande,* eine ganze Hand)	5
Rechte Hand		
Daumen	*ande rauwokoi*	6
Zeigefinger	*ande lere*	7
Mittelfinger	*ande lere rauwokoi*	8
Ringfinger	*ande lere uto lere uto*	9
Kleiner Finger	*ande firinga ande firinga*	10

[1] Im Gegensatz zu vielen anderen Hochlandstämmen Neuguineas, die ebenfalls beim linken kleinen Finger beginnen, jedoch weiterzählen über Arm, Kopf (Augen, Nase), anderen Arm (Ellenbogen, Handgelenke) und wieder beim kleinen Finger der rechten Hand enden. Dabei dienen die einzelnen Körperstellen als Bezeichnung der Zahlen.

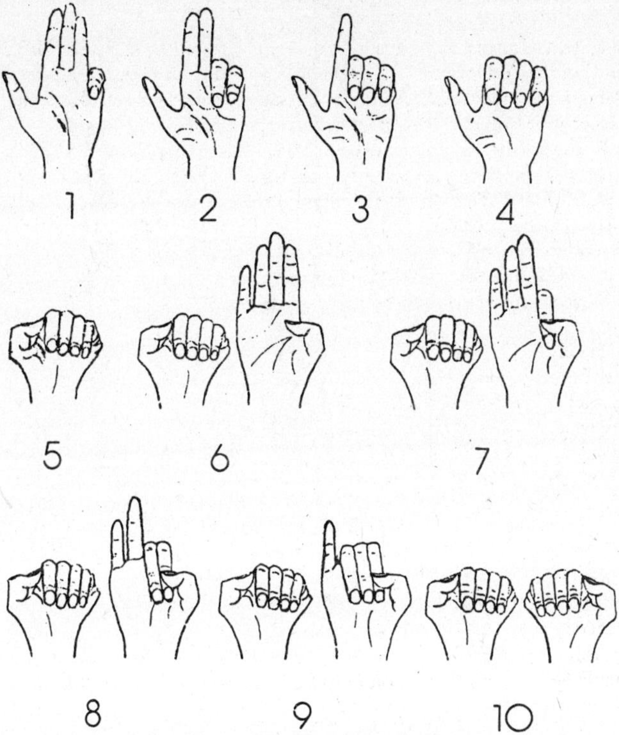

Grundzahlen: 1 und 2 *(rauwokoi* und *lere)*
Zahlenkombinationen: 3 = 2 + 1
4 = 2 + 2
5 = 2 + 2 + 1 oder eine ganze Hand *(ande)*

Rechter Fuß: 11–15, von rechts nach links gezählt
Linker Fuß: 16–20, von rechts nach links gezählt

Ein Teil der magisch-rituellen Gegenstände von Rumba-Guri für die traditionelle Krankenbehandlung

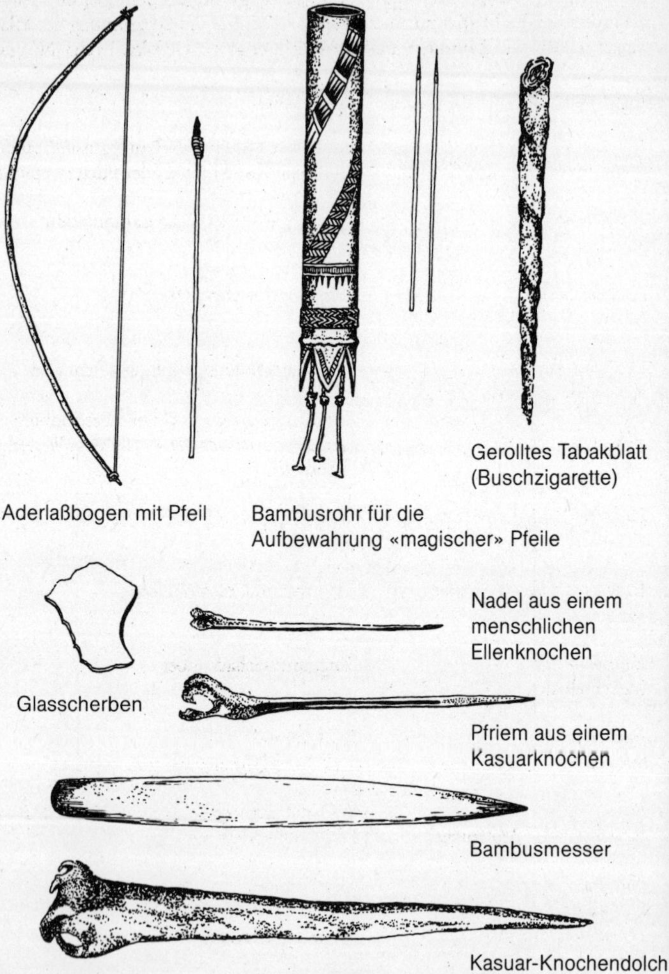

Liste der gebräuchlichsten Heilpflanzen

Nachstehende Heilpflanzen sind eine kleine Auswahl aus dem großen Heilpflanzenrepertoire des Medizinmannes Rumba-Guri. Für die Bestimmung der Pflanzen danke ich Oswald Zaumsegel und Yarmila Dostalova, Goroka, Papua-Neuguinea.

Botanischer Name	Anwendung
Broussonetia papyrifera Papiermaulbeerbaum	Rindenbaststoff für Verband, zum Abbinden von Venen bei Aderlaß oder Fingeramputation
Buddleia asiatica Kraut	Wundbehandlung, Fingeramputation
Centelia asiatica Kraut	Zahn- und Kieferschmerz
Cordyline terminalis verschiedene Sträucherarten mit grünen, rot-weißen und rot-schwarzen Blättern	Wundbehandlung, Prellung, Gicht und Rheuma Exorzismus, magisch-rituelle Behandlung (wird auch verwendet für die Gesäßbedeckung der Männer)
Dicrocephala latifolia Kraut	Wundbehandlung
Ectropotheciopsis novo guinensis Moos	Menstruation, Nasenbluten
Equisetum debile Schachtelhalm	Sangguma-Schadzauber
Euphorbia Strauch	Exorzismus Hals- und Ohrenschmerzen
Ficus Baumstrauch (Brotfrucht)	Verband, zum Abbinden von Venen, z. B. bei Pfeilschußverletzung
Filicales Farnkraut	Exorzismus
Homalanthus nervosus Baum	Wundbehandlung

Imperata cylindrica Gras	Schwächeanfälle (das Aschensalz wird mit Ingwer eingenommen)
Ipomoea batatas Süßkartoffel	Schadzauber (Hauptnahrungsmittel)
Laportea decumana Brennesselstrauch	Exorzismus Körperschmerzen, Kopfschmerzen
Musa paradisiaca Kochbanane	Bauchschmerzen (Nahrungsmittel)
Nicotiana tabacum Tabakpflanze	Rauchbehandlung Exorzismus
Pandanus conoideus Pandanusbaum	Verstopfung (Nahrungsmittel)
Plectranthus scutellarioides Bundbrennessel	Wundbehandlung bei geschlossenem Knochenbruch, Zerrung Exorzismus
Rungia klossii Kraut	Furunkel (Nahrungsmittel)
Saccharum officinarum Zuckerrohr	Wundbehandlung bei Tatauierung (Nahrungsmittel)
Zingiber Ingwer	Kopfschmerz, Schwächeanfall, Entkräftung (wird oft mit Aschensalz eingenommen) (Nahrungsmittel)

Anmerkung:
Sämtliche Pflanzen wachsen im Stammesgebiet der Komongu (2000 m bis 2800 m ü. M.), darüber hinaus im gesamten Siane-Gebiet und in der im Westen angrenzenden Chimbu-Provinz. Die Bewohner verfügen über erstaunlich gute Kenntnisse in der Heilpflanzenkunde, die sie selbst bei leichten Krankheiten, aber auch vorbeugend anwenden. Obwohl die traditionelle Krankenbehandlung heute durch den Kulturwandel (Hospitäler, Krankenstationen) weitgehend abgelöst wurde, werden in abgelegenen Siedlungsgebieten hin und wieder noch die alten Heilpraktiken angewendet. Rumba-Guris Patienten sind fast ausnahmslos ältere Menschen. Sie vertrauen auf die altbewährten Heilmethoden, deren tatsächliche Erfolge nicht nur auf der Wirkung der Heilpflanzen beruhen, sondern auch Resultat der psychologischen Zuwendung sind.

Wörterverzeichnis

Pidgin English (Neo-Melanesian) – Deutsch nach «The Book of Pidgin English» by John J. Murphy, W. R. Smith & Paterson Pty. Ltd., Brisbane 1973

antap	Spitze, oben, Anhöhe
bagarap	kaputt, beschädigt
bagarap bruk pinis	total kaputt, irreparabel
bai bai	auf Wiedersehen
belo taim	Mittagszeit
bikpela	groß
bikkampani	große Firma
biskit	Hartkeks
bisnis	Geschäft
boi	Junge
brata	Bruder
bruk	gebrochen, kaputt
dai	tot
dai pinis	gestorben
diwai	Holz, Baum
doktaboi	ausgebildeter Krankenpfleger
draiva	Fahrer
gawman	Regierung
go	gehen
gut moning	guten Morgen
gut nait	gute Nacht
gutpela	gut
hambak	Unfug, dummes Zeug
harim	hören
inap	genug, es reicht
kaikai	essen
kalabus	Gefängnis
kampani	Firma
katim	schneiden, hacken, fällen
kaukau	Süßkartoffel (*Ipomoea batatas*) Hauptnahrungsmittel der Hochlandbevölkerung
kiap	Regierungsbeamter
kilim	töten
kilman	Mörder
Kina	Muschel, Landeswährung von Papua-Neuguinea
klok	Uhr

kokoruk	Geflügel, Hahn
kopi	Kaffee
Krismas	Weihnachten
laplap	Tuch, das wie ein Rock, knie- oder bodenlang, getragen wird
liklik	klein, schmal
lukluk	schauen, sehen
man	Mann
marita	rote Kernfrucht des Pandanusbaumes
Masalai	Flußgeist, Dämon
maski	Laß das sein!
maunten	Berg, Gebirge
mi	ich
misis	weiße verheiratete Frau
misin pren	Missionsfreund, -helfer
moni	Geld
mudman	Schlamm-Lehm-Mann
muruk	Kasuar, flugunfähiger Laufvogel; ähnl. wie Emu oder Strauß
na	und
nau	jetzt
nogat	nein
olgeta	alle
olrait	in Ordnung, gut
paitim	kämpfen, schlagen, raufen
papa	Vater
pay back	Rückzahlung
pekpek	Exkremente
pik	Schwein
pikinini	Kind
pinis	Ende, Schluß
pisin	Vogel
pispis	urinieren
planti	viel
ples	Dorf, Gebiet, Ort, kleine Stadt
pret	Angst, Furcht
puspus	Geschlechtsverkehr
puspus meri	Prostituierte
rabis	Abfall
rausim	wegschicken (Hau ab!)
Sangguma	Schadzauber, schwarze Magie
save	wissen, verstehen (mi save pinis = ich habe verstanden)

singaut	Ausruf
Singsing	Feste und Feiern aller Art, Tanzen und Singen, Zeremonien
sista	Schwester, Krankenschwester
smok	Zigarette, Tabak
smokim	rauchen
smol haus	separat stehendes Toilettenhäuschen
sori	Traurigkeit, Entschuldigung, «es tut mir leid»
sori tumas	es tut mir sehr leid
stua	Warenhaus, Laden
stori	Geschichte
tambaran	Geist, Seele
tambu	Verbot, tabu
taro	Knollenfrucht (*Colocasia esculenta*)
tenkyu	Danke
toktok	reden, sprechen
tru	wahr, das ist wahr!
wara	Wasser, Fluß, Bach, Quelle
waswas	waschen, baden
wok	Arbeit
wokman	Arbeiter
yu	du